Theologie und Sprache bei Anselm Grün

Theologie und Sprache bei Anselm Grün

Herausgegeben von
Thomas Philipp, Jörg Schwaratzki und
François-Xavier Amherdt

FREIBURG · BASEL · WIEN

Vier-Türme-Verlag

© Verlag Herder GmbH, Freiburg im Breisgau 2014
Alle Rechte vorbehalten
www.herder.de

Umschlaggestaltung: Verlag Herder
Umschlagmotiv: © Sarah Hornschuh

Satz: Barbara Herrmann, Freiburg
Herstellung: fgb · freiburger graphische betriebe
www.fgb.de

Printed in Germany

ISBN 978-3-451-30918-2 (Verlag Herder)
ISBN 978-3-89680-885-1 (Vier-Türme-Verlag)

Inhalt

Einleitung 7
Thomas Philipp, Jörg Schwaratzki und François-Xavier Amherdt

Ein Begleiter auf meinem Weg ins Theologiestudium 20
Basil Schweri

Wegstationen meiner theologischen Sprache 24
Anselm Grün OSB

Heute das Neue Testament verstehen. Ein Gespräch 39
Anselm Grün OSB und Ulrich Luz

Ohne Empathie keine Erkenntnis des ganzen Menschen.
Die erkenntnistheoretische Option hinter der subjektiven
Wahrheit Anselm Grüns 63
Thomas Philipp

Möglichkeiten und Grenzen einer inneren Wahrheit in der
Theologie. Eine fundamentaltheologische Erschließung der
geistlichen Schriften von Anselm Grün 77
Margit Eckholt

Esoterische Elemente im Menschenbild Anselm Grüns?
Wurzeln seiner Anthropologie zwischen Karlfried
Graf Dürckheim und der katholischen Mariologie 91
Helmut Zander

Zwischen Theologie und Psychotherapie.
Ein psychoanalytischer Blick auf die Sprache Anselm Grüns 106
Gerd Rudolf

Inhalt

Heilt Anselm Grün unseren Seelenverlust? Eine jungianische
Antwort auf Grüns Konzept von der Seele 123
Eckhard Frick SJ

Der Umgang mit sich selbst. Anselm Grüns Anleitungen zum
guten Leben
in sozialethischer Sicht........................... 140
Dietmar Mieth

Askese und Verwandlung. Der Umgang mit sich selbst bei
Anselm Grün aus moraltheologischer Sicht 156
Jochen Sautermeister

Christlicher Glaube und Lebenshilfe. Theologische Ethik
zwischen normativem Anspruch, geistlicher Begleitung und
Lebensberatung 172
Josef Römelt CSsR

Der christliche Glaubensweg als Heilungsweg.
Zum spirituellen Konzept Anselm Grüns 188
Ruth Fehling

Mit Gott verschärft sich alles! Unheil und Heil:
in Gottes unendlicher Liebe entfesselte Differenz 203
Ottmar Fuchs

Wahrnehmungen – Beobachtungen – Klarstellungen 225
Anselm Grün OSB

Lebenslauf von Pater Anselm Grün 232

Verzeichnis der Mitarbeiterinnen und Mitarbeiter 233

Personenregister................................ 235

Sachregister 237

Einleitung

von Thomas Philipp, Jörg Schwaratzki und François-Xavier Amherdt

Die Tagung zu *Theologie und Sprache bei Anselm Grün* vom 26./27. April 2013 im schweizerischen Freiburg war die erste ihrer Art. Bislang waren Werk und Wirken Grüns kein Thema der Wissenschaft; die Veröffentlichungen ließen sich an den Fingern einer Hand abzählen.[1] Der vorliegende Band versammelt die Tagungsbeiträge, deren Vortragscharakter beibehalten ist, ergänzt durch zwei weitere Perspektiven[2]. Die ihnen allen gemeinsame Aufgabe erschließt sich durch drei Fragerichtungen: Eine – vor allem theologische – Auseinandersetzung mit Grün muss zuallererst begründet werden (1.). Dann sind ihre Sprach-Form (2.) und nicht zuletzt die relevanten Gesprächsthemen (3.) zu bestimmen. Die folgende Einleitung zu diesem Band möchte anhand dieser drei Problemstellungen zum Weiterlesen einladen. Zudem werden die neuralgischen Punkte der geführten Diskussionen eingetragen, zum besseren Verständnis hier und da aber auch atmosphärische Eindrücke von der Tagung.

Die Beiträge möchten die Leistung der Theologie Grüns würdigen und ihre Grenzen benennen. Wie jede Theologie haben Grüns Positionen ihren Ort in der Zeit und in einem Milieu. Daraus ziehen sie ihre Stärken, dadurch werden sie aber zugleich begrenzt.

---

[1] Vgl. die bei Thomas Philipp: Anselm Grün, Botschaft, Sprache – Rezeption?, in: Michael Felder – Jörg Schwaratzki (Hg.): Glaubwürdigkeit der Kirche – Würde der Glaubenden (FS Leo Karrer), Freiburg i. Br. 2012, 173–183 erwähnten Publikationen; seitdem sind zudem erschienen: Hubertus Lutterbach: Mönchische Ausprägungen des »Katholischen« am Anfang und am Ende der Volkskirche, in: Lebendige Seelsorge 63 (2012), 376–383; Thomas Philipp: Eine Philosophie der Subjektivität, in: Ethica 20 (2012), 99–117; ders.: Anselm Grün: ein Phänomen, in: Lebendige Seelsorge 64 (2013), 177–180; Jochen Sautermeister: Gott in Erfahrung bringen. Konturen eines theologischen Porträts von Anselm Grün, in: Herder Korrespondenz 67 (2013), 397–401.

[2] Vgl. die Beiträge von *Josef Römelt* und *Helmut Zander* in diesem Band.

Folglich dürfen die Biografie Grüns und die Adressaten seiner Schriften nicht unberücksichtigt bleiben. *Anselm Grün* konturiert deshalb zu Beginn seinen wissenschaftlichen und spirituellen Werdegang und entwirft ein eigenes Bild seiner theologischen wie therapeutischen Haltung. Zudem nimmt er die Gelegenheit zu einer Antwort auf die Beiträge am Ende des Bandes wahr. In dieser Vielstimmigkeit gewinnt sein Werk Profil, wird durchsichtig, kann rezipiert und weiterentwickelt werden.

1. Warum soll die Theologie mit Anselm Grün reden?

Wären da nicht diese enormen Auflagen von Grüns Büchern, gäbe es *dieses* Buch wohl nicht. Eine Gesamtauflage von über 19 Millionen gibt der Theologie Grüns Gewicht, auch dann, wenn man nichts mit ihr anfangen kann. Wichtiger ist indes, dass sich der Dialog mit dem Werk Grüns aus der Sendung der Christen selbst ergibt. Es ist, wie Papst Franziskus es vorlebt, Aufgabe der Christen, ihre Frohe Botschaft an die Ränder, an die Bruchstellen zu bringen. Dabei ist es Aufgabe der Theologie, diese Botschaft je neu in die Sprachen dieser Milieus zu übersetzen. Ihre Sendung, ihre Identität selbst treibt die Theologen, sich für die Sprachen dieser Zeit zu interessieren, in sie einzutreten, in ihrem Licht die Botschaft neu zu verstehen. Es geht dann nicht einfach um den Bestsellerautor und gelehrten Benediktinerpater Anselm Grün, sondern auch darum, Menschenbild und Sprache der Psychotherapie zu begegnen, die in den westlichen Gesellschaften erheblichen Einfluss auf die Interpretation des Daseins gewonnen haben und Grüns Werk stark beeinflussen.

Wird Anselm Grün hauptsächlich von Menschen gelesen, die eher ihre Befindlichkeit pflegen als nachdenken möchten? Das wäre ein Vorurteil. Als P. Anselm in den 1980er Jahren für die Jugendarbeit der Abtei Münsterschwarzach verantwortlich war, strömten zu den Kursen über Silvester, Ostern und Pfingsten regelmäßig 200 bis 300 junge Leute zusammen, überwiegend Studierende aus Würzburg, Frankfurt a. M., München, Tübingen und von noch weiter her. Die anspruchsvollen Kurse boten viele Stunden Gebet und Anbetung neben Gemeinschaft, Austausch und Fest. Es war ein lebendiges und begeistertes Milieu, das nach mehr Tiefe und nach geistlicher Erfahrung suchte. Von daher lohnt sich zunächst die Perspektive einer noch jüngeren Generation: So reflektiert *Basil Schweri* die Bedeutung der Schriften Grüns für seine Entscheidung, Theologie zu studieren. Grün habe ihm gezeigt, dass Gerechtigkeit nicht nur die Außenbeziehungen prägen soll, sondern auch den Umgang mit sich selbst. Diese Kopf und Herz erreichende Ethik gewinnt den Zusammenhang zwischen Gut- und Glücklichsein zurück und öffnete einem jungen Mann einen vitalen Zugang ins Theologiestudium. Es bedeutet etwas, ob die Kirche die Sprache der Zeit spricht, auch für ihren eigenen beruflichen Nachwuchs.

Von daher darf noch weiter gedacht werden, welche Rolle Theologen ihrer eigenen spirituellen Haltung und derjenigen ihrer Schüler zumessen, aber auch jener der Heranwachsenden insgesamt. Es könnte zum Ertrag einer wissenschaftlichen Auseinandersetzung mit Grüns Werk gehören, Konsequenzen für eine christlich formulierte Bildungsidee zu ziehen, die am Stellenwert von Authentizität im säkularen Zeitalter nicht vorbeisehen kann.

Wer nach der Anziehungskraft Grüns fragt, hört immer wieder: Pater Anselm sei ein so authentischer Mensch, der in sich ruhe. Dem man, was er sagt, voll und ganz abnehmen könne. Hier leuchtet eine Einheit zwischen Sein und Wort, zwischen Ausstrahlung und Sprache. Der Münsterschwarzacher Pater nimmt sich aus wie eine lebendige Illustration von Charles Taylors Religion in einem säkularen Zeitalter: Authentizität als leitender Wert einer Religion, welche Antwort gibt auf die Zerrissenheit der technisierten Gesellschaft, die das Selbst diszipliniert, rational kontrolliert und instrumentalisiert. Taylor versteht unter der Kultur der Authentizität eine Auffassung des Lebens,

> wonach jeder seine eigene Art hat, sein Menschsein in die Tat umzusetzen, und wonach es wichtig ist, den eigenen Stil zu finden und auszuleben, im Gegensatz zur Kapitulation vor der Konformität mit einem von außen – sei-

tens der Gesellschaft, der vorigen Generation oder einer religiösen oder politischen Autorität – aufoktroyierten Modell.³

Grün wirkt hier als Wegweiser, als Ideal. Die Hörerschaft zeigt sich von seiner Authentizität berührt und begeistert, ohne dass damit unter den Christen schon eine Kultur der Authentizität wüchse, die für alle wirksam würde. Veränderungen im institutionellen Gefüge des Christentums, wie das Münsterschwarzacher »Recollectio-Haus«⁴, stehen noch weitgehend aus.

2. Wie soll die Theologie mit Anselm Grün reden?

Das Gespräch zwischen der 120 Jahre alten Psychotherapie und der Theologie der Christen hat eine Geschichte – bis jetzt keine allzu glückliche: wenige neugierige Grenzgänger, aber Jahrzehnte bitteren Streits um die Rolle der Sexualität und um die Schuldfähigkeit des Menschen. Dahinter stand die unwillkommene Konkurrenz der Therapeuten, welche die Beichtväter schließlich verdrängte. Dann die fordernden, oft steilen Thesen Eugen Drewermanns, und das lähmende Schweigen, das ihm seitens der Schultheologie entgegenschlug. Sein Scheitern. Eine deutschsprachige theologische Rezeption der zeitgenössischen einfühlenden (psychodynamischen) Psychotherapie, wie sie etwa *Gerd Rudolf* vertritt⁵, gibt es gar nicht. Und jetzt: Anselm Grün.

---

³ Charles Taylor: Ein säkulares Zeitalter, Frankfurt a. M. 2009, 792.
⁴ »Das Recollectio-Haus versteht sich als ein Angebot für Priester, Ordensleute und kirchliche Mitarbeiter und Mitarbeiterinnen, die im spirituellen Ambiente der geistlichen Gemeinschaft der Benediktiner von Münsterschwarzach innehalten wollen, über ihr Leben nachdenken wollen, dem nachspüren wollen, was sie in eine Krise gebracht hat, neue Kraft schöpfen wollen für ihr berufliches und persönliches Leben.« (Konzept. Über das Recollectio-Haus, in: http://www.abtei-muensterschwarzach.de/ams/recohaus/konzept [09.07.2013]).
⁵ Vgl. Gerd Rudolf: Psychodynamische Psychotherapie. Die Arbeit an Konflikt, Struktur und Trauma, Stuttgart 2010.

Als auf der Tagung nach den ersten Vorträgen die Diskussionen begannen, machte sich in der Aula Magna der Universität Freiburg (Schweiz) Verblüffung breit. Wie mit Händen zu greifen hatte die Erwartung im Raum gestanden: druckreife, aber gestanzte Sätze, an denen jedes Gespräch abprallt. Doch weit gefehlt! Hier antwortete ein hellwacher Jemand, humorvoll, bodenständig, selbstkritisch und theologisch auf Augenhöhe. Ja, es gibt einen Unterschied zwischen der gesellschaftlichen Rolle »Pater Anselm« und der Person des Benediktiners. Eine öffentliche Person ist holzschnittartiger, näher am Klischee. Manche Züge treten hervor wie farbig markiert, Differenzierungen in den Schatten.

Der Fernsehmoderator und promovierte Theologe Erwin Koller, der spritzig und gekonnt durch die Tagung führte, hatte am kommunikativen Miteinander erheblichen Anteil. Immer wieder entstand so jene geschwisterliche Atmosphäre, die sich auch unter Christen selten genug einstellt: eine vorbehaltlose Anerkennung des anderen, die indes in der Sache dem Partner nichts schenkt (z. B. erlebbar im Gespräch zwischen *Anselm Grün* und *Ulrich Luz*, einem gefühlten Höhepunkt der Tagung). Diese Gesprächshaltung der Kinder Gottes ist das Erste. Doch auch mit ihr gibt es reichlich Gelegenheit, einander misszuverstehen. Kommunikation folgt ja stets Regeln: nicht nur formalen, sondern auch solchen, die sich aus der Pragmatik, dem Vollzug des Sprechens selbst, aus der lebendigen Beziehung zwischen Wort und Erfahrung ergeben. Ohne Beziehung zu diesem Vollzug erfassen Hörende auch die Bedeutung der Worte, also den Sinn der Sache, um die es geht, nicht.[6] Das gilt auch auf der Zeitachse: Begriffe ändern ihren Sinn. Zum Beispiel heißt »Natur« bei Thomas von Aquin, bei René Descartes und in der heutigen Naturwissenschaft je etwas ganz anderes.

---

[6] Auf die theologische und pastorale Bedeutung dieser kommunikationswissenschaftlichen Einsicht wies im Rahmen der Tagung »*Anfang des Anfangs« – und wie geht es weiter? Aktuelle Konzilshermeneutiken und Konzilspragmatiken des Vaticanum II* am 16. Mai 2013 in der Akademie der Diözese Rottenburg-Stuttgart auch Peter Hünermann: Welches ist die Grammatik des Konzils und welches die »folgerichtige« Fortschreibung in der Gegenwart? [Unveröffentlichtes Vortragsmanuskript] hin.

Diese Grammatik wird oft unbewusst befolgt, so wie einer seine Muttersprache ohne explizite Kenntnis ihrer Regeln beherrscht. Dennoch hat der jeweilige Umgang mit diesen Regeln eine Geschichte, im vertrauend Öffnenden ebenso wie im verletzt Verschließenden. Kommunikationsverhalten kann auf Leiderfahrungen zurückgehen, die als Überforderung erlebt wurden. Der Dialog kann es erforderlich machen, die eigene Geschichte neu zu bedenken und ihrer tiefer bewusst zu werden, um verschließende Haltungen loslassen zu können.

Legen die Theologen gegenüber der Psychotherapie, deren Menschenbild, Ethik und Wissenschaftsbegriff eine gewisse Schwerhörigkeit an den Tag? Sie verhaken sich an Äußerlichkeiten, Gespräche misslingen oder finden erst gar nicht statt. Es scheint sie nicht einmal jemand zu vermissen. Haben die Theologen Mühe, eine veränderte Grammatik zu erfassen? In der Tat gibt hier ein völlig anderer Erfahrungsraum der Sprache Boden. Nicht (mehr) *die* Kirche, die *eine* Wahrheit, die Bibel oder das Lehramt – unhintergehbarer Ausgangspunkt ist zunächst das Subjekt: seine Wahrnehmung, seine Beziehungen, auch seine Erfahrung von Leere. Zum Gemeinplatz ist die Einsicht geworden, dass sich die Wahrheit subjektiv oder plural ausspricht. Und das nicht nur in der Psychotherapie, man frage nur die Wegbegleiterinnen der jungen Generation, die Eheberater, frage, welche Themen in Bildungshäusern und im Buchhandel »gehen« und welche nicht – oder man lese: Anselm Grün.

Wie aber redet man mit einem Subjekt? Indem man es anerkennt, nicht wertet; indem man dem Sprechen des Subjekts mit sich selbst, das überwiegend in Bildern, nicht in Begriffen erfolgt, entgegenkommt. Deshalb nimmt Anselm Grün sprachliche Bilder und die gleichnishaften Reden Jesu so ernst. Ohne Einfühlung geht zwischen uns Menschen nichts. Wer nur sieht und denkt, ohne hörendes Herz, ohne Spüren des Gegenübers, wird an der Beziehung scheitern. Diesen Fragen geht *Thomas Philipp* nach.

Wie können die Christen in dieser Sprachwelt ihre Wahrheit verkünden? Indem sie, wie Grün, die anthropologische Wende Karl Rahners psychologisch vertiefen, so *Margit Eckholt*. Grün liest nicht einfach Carl Gustav Jung, weil es gerade gut ankommt. Er liest ihn von Rahner her: Der Mensch, sein innerer Raum ist der Ort, an dem sich die Begegnung mit dem Wort Gottes abspielt. Mit Rahner setzt Grün in diesem Raum immer schon die Gnade als anwesend voraus. Die Sprache Grüns geht dann inkarnatorisch weiter und begleitet in die Einmaligkeit einer menschlichen Geschichte, in deren Intimität der Gottesgeist immer schon gegenwärtig ist. Doch wo liegen Grenzen dieser Sprache innerer Erfahrung des Selbst: in der Schwester, im Leidenden …?

Wenn Theologen den therapeutischen Zugang zum Menschen studieren, ist es sinnvoll, Fachleute einzubeziehen: Der renommierte Psychosomatiker *Gerd Rudolf* begegnet dem Phänomen Pater Anselm zugleich mit Distanz und Sympathie. In einem Dreischritt – allerlei Quellen, Übersetzung in Jung'sche Begriffe, überraschend beherzte Therapie – gibt er den Leseeindruck wieder, den die Texte Grüns hinterlassen. Grün wirkt therapeutisch, indem er das gute innere Objekt stärkt und es im Gebet aktiviert. In der Seele ruhe ein unentdeckter Reichtum, der auf Entdeckung und Nutzung wartet: Rudolf qualifiziert diese Aussage als theologisch und diskutiert ihren Wert für die Psychotherapie. Rudolfs Anerkennung des Vorgehens Grüns und seine Differenzierungen gegenüber idealisierenden Lösungen bieten eine grundlegende Vermittlung an, auf der das Gespräch zwischen Theologie und einfühlender Psychotherapie zukünftig aufbauen könnte.

3. Worüber soll die Theologie mit Anselm Grün reden?

In seinen Büchern legt Grün zu weiten Teilen Schriftauslegungen vor. Die wissenschaftliche Theologie wird an Grün deshalb eine methodische Frage stellen müssen, nämlich nach seiner Form der tiefenpsychologischen Exegese, die vom Werk Drewermanns inspiriert ist. In welches Verhältnis tritt die wissenschaftliche, historisch-kritische Exegese zu ihr? Für *Ulrich Luz* gibt es genau wie für Grün eine Vielzahl legitimer Auslegungen der Bibel. Ein Ausleger kann nicht anders, als etwas in den Text hineinzulegen. Mehr Diskussionsstoff besteht über das Maß der Kritik, mit dem der liberale Exeget dem Neuen Testament begegnet. Gibt es hier auch schlechte, ja, böse Texte? Muss ein Christ sich jeden Text gefallen lassen? Darf der Leser eine Wahl treffen, zum Beispiel paulinischer Christ zu sein und nicht so sehr matthäischer? In ihrer gegenseitigen Anerkennung, in der Bereitschaft, den eigenen Standpunkt zu relativieren, Sinnüberschüsse anzusprechen und zu erlauben, verlassen Luz und Grün den Raum der objektiven Wahrheit. Der Ort, an dem sich die Wahrheit zeigt, ist hier die lebendige Kommunikation. Beiden Autoren ist mit Augustinus wichtig, dass die Bibel nicht nur bezeugt, was historisch objektiv ist, sondern den Hörern zugleich einen Spiegel ihrer inneren Haltung, gleichsam Rollen anbietet: Die Bibel will auch zur Selbsterkenntnis führen.

Immer wieder kam das Gespräch auf die Frage zurück: In welchen Begriffen kann die Wissenschaft der Innenseite des Menschen begegnen? Kann sie heute noch von der Seele sprechen? Oder kann sie es heute wieder? *Eckhard Frick SJ* bestimmt die Seele biblisch als Erfahrung der Lebendigkeit. In der Depression, im Symptom, in der Leere wird diese Lebendigkeit als fehlend erfahren. Doch auch das sind noch Erfahrungen der Seele. Auch in Neurobiologie, Philosophie und Psychologie gibt es eine Leerstelle, eine Seelenlosigkeit, insofern diese Disziplinen dazu neigen, die menschliche Person wie ein Ding zu betrachten. Fricks Vortrag führte zu einer intensiven Debatte mit Rudolf, für den die Begriffe der empirischen Wissenschaft klar definiert und operationalisierbar sein müssen, wenn Therapieformen auf ihren Nutzen hin evaluiert werden. Der Begriff der Seele erfüllt diese Kriterien nicht; er scheint in dieser Hinsicht zumindest unbrauchbar. Dass es ein Mehr des Menschen gibt gegenüber dem empirisch Greifbaren, stellt aber auch Rudolf nicht in Abrede. Jeder müsse ja selbstreflexiv herausfinden, wer er eigentlich sei. Für die Wissenschaft jedoch sei das aus seiner Sicht ohne Relevanz.

Können wir auf das Wort *Seele* verzichten? Kann die Empirie den Rahmen unseres gesamten Erkennens, unseres Menschenbildes bilden? Ist das, was sich mit operationalisierbaren Begriffen beschreiben lässt, schon der ganze Mensch? Oder entgeht uns dann etwas, jenes Stück Individualität, das mehr aus uns macht als berechenbare Wesen? Entgeht uns ein Mehr, das durchaus auf die Selbstwahrnehmung Einfluss nimmt, ohne durch eine Selbstwertskala greifbar zu sein? Ist also eine Psychologie, die nicht von der Seele sprechen will, seelenlos? Dass der Mensch mehr ist, als was sich greifen lässt, ist Grundüberzeugung der Theologie. Aber wie dieses Mehr zum Ausdruck bringen und zugleich wissenschaftlichen Kriterien entsprechen?

Anselm Grün spricht von einem innersten Raum, der von Sünde und Schuld unberührt ist. Hier ist der Mensch in Berührung mit dem unversehrten Bild, das Gott sich von ihm gemacht hat. Dieser Raum ist erfahrbar, ein Mensch kann in Gebet und Meditation in ihn eintreten. Grün kann so klingen, als sei dieser Raum ganz gegenständlich da; auf Nachfrage machte er klar, dass er ihn als Metapher versteht. Kaum zufällig sucht der Benediktiner, den sein Gelübde an einen Ort bindet, die Metapher in der räumlichen Welt. Doch nicht nur er: Nach dem Philosophen Taylor streben im säkularen Bewusstsein Gläubige wie Nichtgläubige nach größerer Erfüllung, sehen sich auf dem Weg zu etwas und setzen damit immer schon einen *Ort* der Fülle voraus.[7] Doch hebt Grüns These den Unterschied zwischen Gott und Mensch esoterisch auf? *Helmut Zander* geht ihren Wurzeln nach und befragt Grün zu seiner Schülerschaft bei Karlfried Graf Dürckheim. An der Esoterik möchte Grün die Sehnsucht hören, um dann eine christliche Antwort zu geben, die Dogmen wie die Unbefleckte Empfängnis Mariens ins Spiel bringt.

Setzt Grüns Sprache der Innenwelt dabei zu sehr auf das Greifbare? *Ruth Fehling* fragt nach den Grenzen der Metapher des innersten Raumes. Wenn das Ganzwerden als unmittelbar realisierbare Option erscheint, als könnte der Mensch aktiv über sie verfügen – treten dann Gericht, Reinigung und Passivität zu weit zurück? Auch *Margit Eckholt* mahnt zur Vorsicht beim Zugriff auf die innere Welt und erinnert an das Noch-Nicht der erwarteten Vollendung.

---

[7] Vgl. Taylor: Zeitalter (s. Anm. 3), 22f.

Die Euphorie eines unkomplizierten Mit-sich-eins-Seins relativiert *Dietmar Mieth* vor allem aus seiner an Meister Eckharts Schriften gewonnenen Perspektive: Nur wer sein Selbst verliere, werde es gewinnen! Es gehe um Läuterung, um Durchbruch zum wahren Selbst, darum, das Selbst aus einer anderen Dimension zu empfangen. Ziel sei nicht, das Selbst zu begreifen, sondern es gerade nicht mehr zu kontrollieren, befreit davon, sich selbst leisten zu müssen. Dadurch wird die räumlich-stabilisierende Metapher eines inneren Raumes problematisch. Und es kommt darauf an, wem ich mich überlasse: Die Konkurrenz der Gottesbilder wird zum ethischen Thema.

Und steht überhaupt jedem Menschen ein solcher innerster Frieden, eine innerste Geborgenheit zu Gebote? *Ottmar Fuchs* stellt neben Grüns heilen innersten Raum jenen höllischer Unterwelt und Zerstörungswut. Den gibt es auch. Wie verhält sich der eine Raum zum anderen? Grün macht die Erfahrung stark, dass das Schwierige vor Gott verwandelt und heil werden kann. Aber gehört auch das zur Gotteserfahrung, was ein Mensch nicht integrieren kann? Für Fuchs dürfen die Grenzen dessen, was Menschen hier und jetzt integrieren können, nicht die Grenzen der Gottesvorstellung umschreiben. Um der oft so dunklen, bleibend dunklen Selbsterfahrung des Menschen gerecht zu werden, bedürfe es einer negativen Anthropologie. In derselben Tendenz setzt sich *Ruth Fehling* von Grüns Vorstellung ab, schon der Gekreuzigte sei der Erlöste.

Nun kennt auch Grün aus der geistlichen Begleitung die Erfahrung, dass Menschen mit Borderline-Symptomatik in ihrem Inneren nur Finsternis begegnen, vor der sie fliehen müssen – ohne deshalb seine These vom heilen innersten Raum zu relativieren. Hier wird deutlich, dass eine Auseinandersetzung mit Grün die Adressaten seiner Schriften im Blick behalten muss, die ihm in einer therapeutischen Situation vor Augen stehen, aus einem bestimmten Milieu stammen und oft inneres Leid mit sich herumtragen. Zudem hat er ein therapeutisches Verständnis von Dogmatik.[8]

---

[8] Vgl. Anselm Grün: Wegstationen meiner theologischen Sprache, in diesem Band, 32f.

Für die einfühlende Psychotherapie kann Heilung nur durch neue, andere Kommunikation erhofft werden. Psychodynamisch entsteht die innere Struktur des Menschen in der Kommunikation des Säuglings und Kleinkindes mit Mutter und Vater. Im Guten wie im Bösen ist der innere Raum ein internalisierter Abdruck stützender oder im Stich lassender Beziehungen.[9] Wäre es – ohne damit über jedes (extreme) Leid des Menschen generell eine Aussage treffen zu wollen – demzufolge oft doch sinnvoll, das Unzerstörte und Unzerstörbare als je neu zugängliche Beziehung zu beschreiben, als Fähigkeit zu beten, die auch dann noch bleibt, wenn ein Menschenherz nur noch Verzweiflung spürt? Eine Beziehung, welche die Wunden in der inneren Struktur zunächst unterfängt, mitträgt und so einem möglichen Heilwerden den Raum öffnet?

Wenn die innere Welt derart an Bedeutung gewinnt, soll die Ethik, so *Jochen Sautermeister*, das Subjekt als Ort des Glückssehnens ernster nehmen und aufmerksamer mit emotionalen und vitalen Kräften umgehen. Bis in die 1950er Jahre habe die Moraltheologie objektive Pflichten im Umgang mit sich selbst gekannt, doch hinter der Pflicht stehe die Angst vor Strafe. Deshalb hemme seitdem der Respekt vor der personalen Würde des Einzelnen diese Sprache. Demgegenüber spreche Grün von der persönlichen Suche. Grüns Weigerung, Verhalten zu werten, verdanke sich einer therapeutischen Haltung. In andere Zusammenhänge, etwa in Erziehung und Ethik, sei sie so nicht übertragbar.

Nach *Josef Römelt* haben die Christen menschliches Handeln immer auch durch geistliche Begleitung und Lebensberatung geprägt, die mehr beabsichtigen als schlichte Anwendung feststehender ethischer Prinzipien. Angesichts immer verworrenerer Lebenslagen sind Begleitung und Ethik weit auseinandergetreten. In dieser Not schlage Anselm Grün eine Brücke: Er verstehe die christliche Glaubenskultur als umfassende ressourcenorientierte Hilfe für das Leben. Grün vermittle Spiritualität von oben mit Spiritualität von unten. Seine Ethik wolle nicht nur einfach das

---

[9] Vgl. Rudolf: Psychotherapie (s. Anm. 5).

Tun des Richtigen lehren, sondern zugleich eine Schule der Authentizität sein.

Hier ließe sich, gleichsam als Denkanstoß einer Beschäftigung mit Grün, weiterfragen: Was bedeutet es für die Bildung der christlichen Multiplikatoren, wenn die Authentizität derart ins Zentrum des Wertesystems tritt? Die persönliche Durchdringung, das Durcharbeiten der eigenen Geschichte und ihrer Schatten vor dem Licht der Auferstehung gewinnen zentrale Bedeutung. Hat es da noch Sinn, dass die Seelsorger von morgen nur akademisch und praktisch ausgebildet werden?

Die Theologie Grüns empfängt von der therapeutischen Kultur der Gegenwart ihre Frage: von der Mühe der Subjektivität mit sich selbst, um sich selbst; und von der Hilfe, die Menschen einander in dieser Lage sein können. Grün kommt aus einer streng asketischen Tradition. Er hat sie mit Ehrgeiz beschritten, scheiterte aber. Nun wurde der barmherzige Umgang Jesu mit den Menschen zum Vorbild des Umgangs mit sich selbst. Das ist etwas anderes als Wellness. Grün schöpft aus der monastischen Tradition Antworten mit einiger Plausibilität. Zugleich setzt er sich Zweideutigkeiten aus. Es spricht aber womöglich nicht gegen Grün, dass sich seine Theologie als Epiphänomen der Seelenlosigkeit lesen lässt, als Teilhabe an der Bodenlosigkeit der Epoche. Genau das macht gute Theologie aus: dass sie die Inkarnation weiterführt, eintritt in die Werkstätten, in denen die Epoche versucht, sich zu finden und eine Zukunft zu bauen.

Die Wirkung Grüns hat mit der Verlagerung des Interesses von der Theologie zur spirituellen Sehnsucht zu tun. Für *Ulrich Luz* spricht Anselm Grün zu kleinen Menschen, in einer verunsicherten Epoche. In einem neuen Raum geht es erst einmal darum, überhaupt Vertrauen zu fassen. Gegenüber dem gläubigen Vertrauen treten bei Grün Hoffnung und Liebe markant zurück, und mit ihnen das Engagement, nicht zuletzt das politische. Grüns Sprache antwortet dabei mit einer besonderen Aufmerksamkeit für die Kommunikation. Diese Sprache möchte einfach sein, ohne banal zu werden. Sie sucht sich der Bewertung von Menschen zu enthalten, sodass sich etwas öffnen und verwandeln kann. Die psychologische Sprache wird so nicht zum Selbstzweck, wie es bei Drewermann klingen konnte.

Nur langsam kann ein neues Bewusstsein mit dem Christentum zur Synthese reifen. Grüns Werk und Wirken darf auf eine eingehende Rezeption hoffen. Ein Anfang ist gemacht. Die Tagung *Theologie und Sprache bei Anselm Grün* war eine gemeinsame Veranstaltung des Lehrstuhls für Pastoraltheologie, Religionspädagogik und Homiletik der Universität Freiburg (Schweiz) und des aki, der katholischen Hochschulseelsorge Bern. Sie ist aus Mitteln des Schweizer Nationalfonds gefördert worden, weitere Unterstützung kam von der Theologischen Fakultät, dem Rektorat und dem Hochschulrat der Universität Freiburg (Schweiz) sowie dem römisch-katholischen Dekanat Region Bern. Dafür sei herzlich gedankt.

Wir möchten schließen mit dem Andenken an Michael Felder (1966–2012), dem nur zwei Jahre auf dem Lehrstuhl für Pastoraltheologie, Religionspädagogik und Homiletik in Freiburg (Schweiz) blieben. Michael Felder hatte wesentlichen Anteil an der Entwicklung der Idee der Tagung, an ihrer Planung, an Auswahl und Einladung der Vortragenden. Ohne seine offene Katholizität, sein Ohr für die Zeichen der Zeit, ohne sein kommunikatives Geschick wäre die Tagung nicht zustande gekommen. Wir haben einen Freund verloren, die Kirche der Schweiz einen Hoffnungsträger. Wir bleiben zurück, dankbar, dass wir ihn unter uns hatten. Im Licht des Auferstandenen sind wir mit ihm verbunden.

Ein Begleiter auf meinem Weg ins Theologiestudium

von Basil Schweri

In diesem Beitrag möchte ich zeigen, welchen Einfluss die Bücher von P. Anselm Grün auf meine Studienwahl hatten und wie sie mir theologische, philosophische und ethische Fragen zugänglich machten. Die Funktion der Schriften Grüns für meinen Weg ins Theologiestudium vergleiche ich mit einer Brücke und mit einer Schnitzeljagd.

1. Die Brücke

Nach der Matura suchte ich ein Fach, das mich persönlich und auf meine Erfahrungen anspricht, etwas, wofür ich Leidenschaft entwickeln kann und bei dem es mich drängt, weiter zu forschen. Bei der Lektüre von Grüns Büchern wurde mir bewusst, dass theologische, philosophische und ethische Fragen ganz konkret mit unserer alltäglichen Erfahrung zu tun haben. Er schafft für mich die Brücke zwischen Theologie, Philosophie und Ethik auf der einen Seite und meinem Leben auf der anderen Seite.

Bevor ich Anselm Grüns Schriften las, verstand ich Gerechtigkeit als moralische Forderung, die mit viel Idealismus umzusetzen sei. Aber den direkten Bezug zu mir selbst sah ich nicht wirklich. Laut Anselm Grün heißt hingegen Gerechtigkeit mit Platon zunächst,

> sich selbst gerecht werden, seinem Wesen gerecht werden, seinen Leib, seine Seele und seinen Geist auf rechte Weise würdigen. Wer sich selbst gerecht wird, der lässt sich nicht verbiegen, der geht aufrecht und aufrichtig seinen Weg. Er wird andere aufrichten, und dann hat Gerechtigkeit eine soziale Komponente: dem anderen Menschen gerecht werden.[1]

---

[1] Jochen Zeitz – Anselm Grün: Gott, Geld und Gewissen. Mönch und Manager im Gespräch, Münsterschwarzach 2010, 104.

Mir gefiel, dass Grün Gerechtigkeit in erster Linie nicht utilitaristisch, deontologisch oder sonstwie begründete. Vielmehr beginnt Gerechtigkeit bei meiner Erfahrung und dem Umgang mit mir selbst und führt zu einem gerechten Umgang mit den Mitmenschen.

Wie Anselm Grün die Brücke zwischen Theologie und meinem Leben schlägt, möchte ich an seiner Exegese von Mk 3 veranschaulichen. Hier geht es um die Heilung eines Mannes, der eine verdorrte Hand hat. Sehr interessant an Grüns Auslegung finde ich die Art und Weise, wie er sich in die einzelnen Akteure dieser Perikope einfühlt und sie so unserer Erfahrung zugänglich macht.

> Ich kann mir vorstellen, was das Problem dieses Mannes war: Mit der Hand gestalte und forme ich mein Leben und packe ich etwas an. Mit ihr nehme ich mein Leben in die Hand. Ich nehme mir, was ich brauche. Und ich gebe, was ich zu geben habe. Mit der Hand berühre ich andere Menschen. Ich gebe ihnen die Hand. Ich nehme Beziehung auf. Ich gebe ihnen Halt. Mit der Hand drücke ich Zärtlichkeit und Liebe aus. Die verdorrte Hand weist auf einen Menschen hin, der sich angepasst hat, der seine Hand zurückgezogen hat. Er will sich die Finger nicht verbrennen, sie sich nicht schmutzig machen.[2]

Zuerst fällt Grüns Einfühlung in den Kranken und dessen Leid auf; dann die Übertragung des körperlichen auf das seelische Leid. Denn sinnbildlich steht für ihn die verdorrte Hand für Überanpassung ans gesellschaftliche Umfeld – diese Tendenz mag mancher bei sich selbst wiederfinden. Diese bildliche und lebensnahe Auslegung der Bibel ermöglicht mir, einen direkten Bezug zu meinem Leben herzustellen. Grüns Texte und Anschauungen öffneten mir also eine Brücke zwischen meinem Leben und theologischen, ethischen und philosophischen Fragen. Ich fühlte mich angesprochen und wusste immer mehr: Theologie ist mein Fach.

Im Studium wurde bald klar, dass Grüns Texte wenig Platz an der Universität haben. Und trotzdem versuchte ich à la Anselm Grün, die Brücke zu meiner Erfahrung zu schlagen. Eine zentrale Frage, die mich deshalb auch während des Studiums immer wieder beschäftigte, war: »Welche Erfahrung steckt hinter diesen theologi-

---

[2] Anselm Grün: Jesus – Wege zum Leben, Stuttgart 2005, 191.

schen Inhalten?« Sei es Dogmatik, Kirchengeschichte, Ethik oder Exegese, ich fragte mich: Welche Erfahrung steckt hinter Franz von Assisis Ordensidealen wie dem Ideal der Armut? Oder welche Sehnsucht steckt hinter Martin Luthers Theologie?

Meine Erfahrung als Hochschulseelsorger zeigt mir: Wenn Menschen Lebensfragen haben, reicht rein theoretisches Wissen über Philosophie, Theologie und Ethik nicht aus. Sie möchten wissen, was diese Theorie mit ihrem Leben und ihren Erfahrungen zu tun hat. Anselm Grüns Bücher haben mir so geholfen, wieder eine Brücke zurück von der Theologie in die Praxis zu schlagen.

2. Die Schnitzeljagd

Vergleicht man meine theologische Entdeckungstour mit einer spannenden Schnitzeljagd, war ich derjenige, der neugierig und freudig den interessanten Hinweisen folgte, die mir Anselm Grün vorangehend auslegte. Die Hinweise waren die vielen Zitate und Verweise auf andere Autoren, die mich zunehmend zu interessieren begannen. So fing ich an, unterschiedlichste Autoren zu lesen: Theologen wie Karl Rahner, die Kirchenväter oder Wüstenväter wie Evagrius Ponticus, Mystiker wie Meister Eckhart, Ordensregeln wie diejenige Benedikts.

Grüns Schriften eröffneten mir viele Einblicke in die Werke anderer Autorinnen und Autoren und bauten mir so eine Brücke zu anderen Welten, die ich nur allzu gerne überquere. Dank Anselm Grüns Erläuterungen gelang mir der Einstieg in schwierig geschriebene Werke. Er hat für mich die Gabe, komplizierte Inhalte verständlich und klar zu erläutern. Wie stark mich die Hinweise von Anselm Grün gepackt haben, wurde mir bewusst, als ich bei der Lektüre eines der Bücher von Anselm Grün über Ernst Blochs Zitat stolperte: »Die Sehnsucht scheint mir die einzige ehrliche Eigenschaft des Menschen.«[3] Daraufhin führte ich mir prompt Blochs *Prinzip Hoffnung* zu Gemüte.

---

[3] Zit. n. Anselm Grün: Das Buch der Sehnsucht, hg. von Anton Lichtenauer, Freiburg

Besonders gefallen haben mir die Engelbücher. Nicht unbedingt wegen der Engel, sondern wegen des tugendethischen Inhalts, denn jeder Engel steht für eine Tugend. Mich fasziniert da vor allem der Zusammenhang zwischen Gut-Sein und Glücklich-Sein. Tugenden werden da nicht bloß als moralische Gebote deklariert, sondern Anselm Grün zeigt sie auch als Wege zu gelungenem Leben. Durch die positive, praxisnahe Sichtweise motiviert, befasste ich mich anschließend mit der Nikomachischen Ethik von Aristoteles und machte die schöne Entdeckung, dass auch Aristoteles die Tugend als Weg zur Glückseligkeit beschreibt.

Geprägt hat mich zudem Anselm Grüns Buch *Herzensruhe*, welches behutsam aufzeigt, wie man in Einklang mit sich selbst kommen kann. Anhand von neun sogenannten *logismoi*, also der neun Laster, die die Wüstenväter darlegten, wird aufgezeigt, was Menschen unglücklich und unruhig macht. Mich beeindruckte die große Lebensweisheit dieser Wüstenmönche so sehr, dass ich unbedingt mehr wissen wollte und auch nach der Lektüre der übersetzten Originaltexte noch immer voller Neugier war. Also machte ich mich mit einem Freund auf die Suche nach dem Übersetzer der Bücher. Zu unserer Freude wurden wir im Tessin fündig und erlebten mit dem Einsiedler Gabriel Bunge einen äußerst interessanten Gedankenaustausch über die Wüstenväter und griechischen Kirchenväter.

Das Studium an der Universität war natürlich anders als dieser freie Suchprozess. Man kann die beiden Welten nur teilweise vergleichen. Aber Grüns Bücher weckten in mir ein Interesse, immer weiterzugehen, neue theologische Welten kennenzulernen. Dieses innere Feuer zeigte mir, dass Theologie mein Fach ist, das ich studieren will.

---

1. Br. 2002, 62; vgl. Varianten dieser Aussage in Ernst Bloch: Das Prinzip Hoffnung, Frankfurt a. M. 1959, 4; ders.: Gesamtausgabe. Bd. 10: Philosophische Aufsätze zur objektiven Phantasie, Frankfurt a. M. 1969, 144; in einem Gespräch mit Theodor W. Adorno unter Leitung von Horst Krüger bei Ernst Bloch: Etwas fehlt ... Über die Widersprüche der utopischen Sehnsucht, in: ders.: Gesamtausgabe. Ergänzungsband: Tendenz – Latenz – Utopie, Frankfurt a. M. 1978, 355.

Wegstationen meiner theologischen Sprache

von Anselm Grün OSB

Da nach den Wegstationen meiner *theologischen* Sprache gefragt wird, möchte ich im ersten Teil meinen theologischen Entwicklungsweg nachzeichnen, bevor ich dann im zweiten Teil systematischer darlegen möchte, wie ich meine eigene theologische Sprache verstehe.

1. Stationen meiner theologischen Entwicklung

1.1 Mein Studium der Philosophie und Theologie

Schon im Gymnasium hat mich die Theologie interessiert. Unser Religionslehrer hat uns begeistert vom Aufbruch des Konzils erzählt. So wuchs schon mit 17 Jahren in mir der Ehrgeiz, im Sinn des Konzils eine theologische Sprache zu finden, die die Menschen von heute anspricht. Damals hat mich vor allem der Dialog mit der Naturwissenschaft interessiert, vor allem mit der Biologie und Physik. So habe ich von den Jesuiten Paul Overhage und Adolf Haas Bücher darüber gelesen, wie Naturwissenschaft und Theologie zusammengehen.

Nach dem Noviziat habe ich dann zwei Jahre Philosophie in St. Ottilien studiert. Die offiziellen Vorlesungen waren natürlich die Metaphysik und Logik im Sinn der Scholastik. Doch P. Quirin Huonder dozierte auch Existenzphilosophie. Sie hat mich damals interessiert. So habe ich vor allem *Sein und Zeit* von Martin Heidegger genau gelesen und mir die wichtigsten Passagen herausgeschrieben. Daneben las ich Albert Camus, Karl Jaspers, Ladislaus Boros und Ernst Bloch. Und ich war ehrgeizig, wollte eine Theologie entwickeln, die auf die Probleme heutiger Philosophie eingeht. Immer wieder habe ich damals mit meinem Onkel, P. Sturmius Grün, korrespondiert und diskutiert. Er war auch Mönch in Münsterschwarzach. Und er war immer hellwach und hat immer moderne Theologie studiert. Bei ihm habe ich mich oft beschwert, dass die Hochschule nur durchschnittlich ist. Ich war damals ehrgeizig, wollte möglichst gut und viel studieren, um dann eine andere Art und Weise der Theologie zu entwickeln. Mein Onkel hat mich immer wieder auf wichtige Themen hingewiesen und mich ermutigt, auch die Philosophie gut zu studieren. Ohne deren Grundlage gibt es keine gute Theologie.

Dann kam ich nach Rom und studierte an der Benediktinerhochschule Sant'Anselmo vier Jahre Theologie. Damals waren die Vorlesungen noch lateinisch. Ich las damals vor allem deutsche exegetische Bücher, aber auch niederländische Bücher und vor allem niederländische Zeitschriften, in denen Edward Schillebeeckx OP und Piet Schoonenberg SJ schrieben. Am meisten interessierte mich die Frage nach der Erlösung. So habe ich schon meine Lizenziatsarbeit zu diesem Thema geschrieben. Dabei habe ich mir Paul Tillich ausgesucht, der ja auch Philosophie, Psychologie und Theologie miteinander zu verbinden suchte. Und es interessierte mich die Frage, warum wir sagen, dass Jesus uns durch seinen Tod am Kreuz erlöst hat. Die Antworten, die ich bisher gehört hatte, befriedigten mich nicht. Nach meiner Lizenziatsarbeit wollte ich darüber auch die Doktorarbeit machen. Zuerst dachte ich daran, das Thema bei protestantischen Theologen wie Albrecht Ritschl oder Friedrich D. E. Schleiermacher zu behandeln. Aber ein erstes Anlesen zeigte mir, dass mir deren Theologie doch fremd blieb. So habe ich mich für Karl Rahner entschieden. Meine Doktorarbeit war dann: *Erlösung durch das Kreuz. Karl Rahners Beitrag zu einem heutigen Erlösungsverständnis.* Der transzendentale Ansatz von Karl Rahner, der jede theologische Aussage als Erfüllung menschlichen Denkens verstand und die Beziehung zwischen dem Wesen des Menschen und seines Denkens und der Botschaft der Bibel aufzeigen wollte, hat mich fasziniert. Außerdem hat mich die Fähigkeit Rahners begeistert, die alte nüchterne Theologie der Scholastik mit dem heutigen

Denken zu verbinden. Es war kein Bruch, sondern eine Fortschreibung der Theologie. Aber zugleich war mir der Ansatz Rahners zu intellektuell. Den konnten nur Philosophen verstehen, aber nicht der normale Leser. In seinen Predigten konnte Rahner die Menschen unmittelbar ansprechen. Aber seine Theologie war doch akademisch. Und so war es mir ein Anliegen, seinen Ansatz weiterzuführen, aber mehr den Dialog mit der Psychologie zu wagen.

Ich habe meine Promotion 1974 abgeschlossen. Kurz danach bat mich der Abt, Cellerar zu werden und dazu noch Betriebswirtschaft zu studieren. Das lag damals ganz und gar nicht in meinem Denkhorizont. Aber es war eine bewegte Zeit. Im Kloster waren viele junge Mitbrüder ausgetreten.

1.2 Graf Dürckheim, C. G. Jung und die alte Mönchstradition

Mit einigen anderen jungen Mitbrüdern waren wir oft in Rütte bei Karlfried Graf Dürckheim, versuchten dort, Zen-Meditation und Jung'sche Psychologie zusammenzubringen. Die Begegnung mit Graf Dürckheim gab uns damals Mut, unsere Revolution gegenüber der alten Klosterdisziplin und Klostertheologie in eine konstruktive Neuerarbeitung mönchischen Denkens umzusetzen. P. Fidelis Ruppert, der dann später Abt wurde, hatte seine Promotion über den Gehorsam bei Pachomius geschrieben. Ihn interessierte, wie man die Jung'sche Psychologie und die mystische Tradition des Christentums, auf die uns die Zen-Meditation gestoßen hatte, miteinander verbinden konnte. So gab er mir den Auftrag, einen Vortrag zu halten bei einer Tagung, die 1975 stattfand: *Beten im Mönchtum*. Zu dieser Tagung luden wir Ordensleute und zugleich Psychologen aus dem Umkreis von Graf Dürckheim ein. Mir gab er das Thema *Reinheit des Herzens* zur Bearbeitung. Da las ich mich in die Schriften der Mönchsväter ein, in die *Apophthegmata Patrum* und in die Schriften von Evagrius Ponticus und Johannes Cassian. Es war für mich eine neue Welt, denn im Noviziat hatten mich diese alten Texte nicht interessiert. Ich war nur für moderne Theologie offen gewesen. Aber auf dem Hintergrund der Jung'schen Psychologie erschlossen sich mir die alten Texte aufs Neue. Und wichtig war mir immer der Ansatz, den P. Fidelis ständig betonte: Welche Erfahrung steckt hinter diesen Aussagen? Und: Wie macht man das, was da beschrieben wird? Diese beiden Fragen haben seitdem alle meine theologischen Schriften mitgeprägt. Damals habe ich nicht nur die Mönchsschriften gelesen, sondern auch viele Kirchenväter wie Origenes, Clemens von Alexandrien, Gregor von Nyssa und Augustinus. Immer ging es mir um ihre Erfahrungen. Und ich war fasziniert von ihrer bildhaften Theologie. Diese bildhafte Theologie bleibt immer eine moderne Theologie. Denn Bilder bleiben offen. Das hat mir vor allem das wunderbare Buch von Hugo Rahner *Die christliche Deutung griechischer Mythen* gezeigt. Hier wird auch deutlich, wie gerade die griechischen Kirchenväter einen Dialog geführt haben mit der griechischen Literatur und Mythologie.

Aus jenem Vortrag ist die erste *Kleinschrift* entstanden, damals noch in einem anderen Verlag, der sich dafür interessiert hatte.[1] Dann wurde ich 1977 Cellerar und die nächsten Themen aus dem monastischen Umkreis, die ich entweder alleine oder mit P. Fidelis zusammen geschrieben habe, haben wir dann im eigenen Verlag veröffentlicht. Es waren: *Gebet und Selbsterkenntnis, Christus im Bruder, Der Umgang mit dem Bösen, Der Anspruch des Schweigens* und *Bete und arbeite*. Bei all diesen Schriften haben wir versucht, möglichst viele Zitate aus den frühen Mönchsschriften zu sammeln und sie dann in einer einfachen Sprache, die immer die Erfahrung mitbedachte, darzustellen und zu kommentieren. Es war also der Versuch, alte Schriften für uns heute zugänglich zu machen, indem wir sie mit der Brille der Psychologie und der geistlichen Praxis lasen.

---

[1] Vgl. Anselm Grün: Reinheit des Herzens (Schriftenreihe zur Meditation 27), Frankfurt a. M. 1978; neu herausgegeben: ders.: Reinheit des Herzens. Wege der Gottsuche im alten Mönchtum (Münsterschwarzacher Kleinschriften 188), Münsterschwarzach 2013.

1.3 Schreiben für konkrete Menschen

Ein anderer Ansatz meiner theologischen Sprache ist aus der Jugendarbeit erwachsen. Seit 1978 habe ich Jugendarbeit in der Abtei gemacht, insgesamt 25 Jahre lang. Wir haben Jugendliche eingeladen, mit uns die Karwoche, das Pfingstfest und die Tage vor Silvester zu verbringen. Damals kamen zwischen 200 und 300 Jugendliche zu den Kursen. Nach jedem Kurs habe ich einen Rundbrief an die Jugendlichen geschrieben. Und das Schreiben dieser Rundbriefe hat meinen künftigen Schreibstil geprägt. Ich habe immer konkrete Menschen vor Augen gehabt. Und ich glaube, meine Sprache war eine dialogische Sprache. Ich habe im Schreiben mit den Jugendlichen einen inneren Dialog geführt. Ich habe versucht, ihre Stimmungen aufzugreifen, ihre Fragen anzusprechen und ihnen eine ermutigende Antwort zu geben. Das hat seither mein Schreiben geprägt. Wenn ich schreibe, habe ich immer konkrete Menschen vor Augen. Ich versuche mich in sie hineinzuversetzen und ihre Fragen zu erahnen. Dann antworte ich ihnen so, dass sie es verstehen können. Und es ist eine ermutigende Sprache, keine moralisierende, keine missionierende, sondern eine Sprache, die die Menschen dort abholt, wo sie stehen, und ihnen einen Weg zeigen möchte, wie sie gut weitergehen können.

1.4 Die Quellen und Themen meiner Bücher

Mein Entwicklungsweg ging dann weiter. Nach und neben den monastischen Themen griff ich auch Themen der Liturgie und der Volksfrömmigkeit auf. Ich schrieb über das heilende Kirchenjahr, über die 14 Nothelfer, über den Kreuzweg, über die Eucharistie und über die wichtigsten Festzeiten im Kirchenjahr: Adventszeit, Fastenzeit, Karwoche und Osterzeit. Immer aber war mir der Ansatz von C. G. Jung wichtig, die Feste und Rituale der christlichen Tradition in ihrer Symbolik zu verstehen und ihre heilende Wirkung darzustellen.

Eine andere wichtige Quelle war für mich die Bibel. Beim Theologiestudium schwankte ich lange, ob ich in Dogmatik oder in neutestamentlicher Exegese promovieren sollte. Immer aber hat mich die Bibel interessiert. Ich habe sehr viele biblische Kommentare gelesen. Dabei hat mich aber auch immer die dogmatische Frage interessiert: Was wird da gesagt? Wie kann ich es verstehen? Und welche Erfahrung steckt dahinter? Dabei hat mich der tiefenpsychologische Ansatz von Eugen Drewermann befruchtet, obwohl ich ihn nicht einfach übernommen habe. Mir war der tiefenpsychologische Ansatz nur eine Hilfe, die spirituelle und die therapeutische Dimension der biblischen Texte zu verstehen und aufzuzeigen. So habe ich zu allen vier Evangelien einen Kommentar geschrieben. Beim Schreiben habe ich die einschlägigen Kommentare gelesen. Bei der Vorbereitung des Matthäusevangeliums habe ich alle Bände von Ulrich Luz gelesen, bis auf den letzten, der war noch nicht erschienen, außerdem von Walter Grundmann, Joachim Gnilka, Rudolf Schnackenburg, François Bovon, Hermann-Josef Venetz usw. Die historisch-kritische Methode war mir immer ein wichtiges Fundament, auf dem ich dann die mehr spirituelle Auslegung aufbaute. Und ich habe immer wieder biblische Einzelthemen behandelt, so die vier Beziehungsgeschichten Vater – Tochter, Mutter – Tochter, Vater – Sohn und Mutter – Sohn oder die Seligpreisungen als den achtfachen Pfad Jesu zum gelingenden Leben als Antwort auf den achtfachen Pfad Buddhas, oder Jesus als Therapeut, seine Heilungsgeschichte, seine Gleichnisse und seine Worte als therapeutische Wege. In den beiden Büchern *Verwandle deine Angst. Spirituelle Impulse* und *Wege durch die Depression* habe ich auf dem Hintergrund psychologischer Einsichten biblische Texte meditiert und überlegt, inwiefern sie uns helfen können, mit der Angst und mit der Depression umzugehen. Dabei möchte ich keinen Gegensatz zwischen der Psychotherapie und biblischer Therapie aufbauen, sondern von der Psychologie her die biblischen Texte lesen und die biblischen Texte fruchtbar werden lassen für die psychischen Probleme wie Angst und Depression.

Und dreimal habe ich noch systematische Bücher geschrieben, zwei zum Thema Erlösung und eines über die gesamte christliche Dogmatik mit dem Titel *Der Glaube der Christen*. Da ging es mir darum, das Unterscheidende des christlichen Glaubens gegenüber den östlichen Religionen darzustellen. Übrigens war das eine andere wichtige Quelle meines theologischen Denkens: die Begegnung mit dem Buddhismus, vor allem mit der Zen-Meditation, die ich bei Graf Dürckheim und dann beim Jesuiten Hugo Lassalle lernte. Dabei ging es mir nie um Vermischung, sondern immer darum, welche christliche Antwort wir auf die Fragen haben, die andere Religionen uns stellen. Dazu auch eines meiner letzten Bücher: *Was glaubst du? Christentum und Buddhismus im Gespräch*, zusammen mit der taiwanesischen Zen-Meisterin Shih Chao-Hwei. Dabei ist mir eben der personale Ansatz des Christentums wichtig. Aber wie verstehen wir Gott als Person?

Daneben habe ich auf Drängen der Verlage Geschenkbücher geschrieben. Die haben natürlich keinen theologischen Anspruch. Sie wollen einfach christliche Haltungen so beschreiben, dass sie einladend sind für die Menschen. Dazu gehören die Engelbücher. Es sind eigentlich Bücher über christliche Tugenden. Oder ich habe Texte über die Trauer geschrieben, die einfach seelsorglich Menschen begleiten möchten in ihrer Trauer. All das sind eher seelsorgliche Texte. Manchmal haben die Verlage aus meinen Schriften Texte zusammengestellt und sie unter modischen Themen herausgegeben, wie Glück und Ruhe.

2. Mein theologischer Ansatz

Die Geschichte meines Studiums und meines Schreibens möchte verständlich machen, was ich heute unter Theologie und theologischer Sprache verstehe. So möchte ich einige Gedanken über meine Theologie systematisch darlegen.

2.1 Dogmatik ist die Kunst, das Geheimnis offen zu halten

Zunächst versuche ich immer, eine Lanze für die Dogmatik zu brechen. Viele meinen ja, Dogmatiker seien sterile Denker, die wüssten alles ganz genau. Für manche ist Dogmatiker schon ein Schimpfwort. Ich sage immer: Dogmatik ist die Kunst, das Geheimnis offen zu halten. Gerade die oft paradoxe Sprache der Dogmatik wahrt das Geheimnis. Sie weiß nicht genau, wer und was Gott ist. Sie lässt vielmehr das Geheimnis Gottes für uns offen. Ein Beispiel: Viele sagen heute: »Jesus war nichts anderes als ein religiös begabter Religionsgründer.« Mit dieser Aussage nivelliere ich Jesus auf etwas Vorfindbares, Verständliches. Damit ebne ich ihn ein und entziehe mich letztlich auch seinem Anspruch. Er ist ein Religionsgründer unter vielen. Wenn ich sage: »Jesus war und ist Gottes Sohn«, dann weiß ich noch lange nicht, was das bedeutet. Aber ich halte das Geheimnis offen. Ich lege Jesus nicht fest auf meine Denkweisen. Ich bekenne demütig, dass ich nie zu Ende bin, über diese Gestalt Jesu nachzudenken. Und ich lege Jesus nicht fest, um mir ihn vom Leib zu halten. Denn sich eine Theorie über Jesus zu machen, ist immer ein beliebter Weg, sich nicht auf ihn einzulassen. Statt Jesus zu begegnen, halte ich eine Theorie dazwischen. Wenn Jesus Gottes Sohn ist, dann muss ich mich immer wieder von neuem auf das Geheimnis seiner Person, auf das Geheimnis seiner Worte und Handlungen einlassen.

Bei diesem Verständnis von Dogmatik lasse ich mich leiten vom Begriff des Geheimnisses, wie es Karl Rahner in seinen Schriften immer wieder betont. Gott ist das Geheimnis, das für uns unbegreiflich bleibt, das nie ganz gelöst wird, sondern als das unbegreifliche, uns entzogene Geheimnis uns dennoch fasziniert und das bei aller Unbegreiflichkeit immer auch Liebe ist.

2.2 Mystagogie

Auch der zweite Ansatz meines Dogmatikverständnisses geht auf Karl Rahner zurück: der mystagogische Ansatz. Theologie soll uns einführen in die Erfahrung Gottes. In Münsterschwarzach haben wir damals als junge Mitbrüder diesen Ansatz etwas nüchterner ausgedrückt, wenn wir biblische Texte oder die Texte der Wüstenväter betrachteten: Welche Erfahrung steckt hinter diesen Worten? Und in welche Erfahrung möchten diese Worte uns hineinführen?

2.3 Therapie

Der dritte Ansatz für mein Verständnis von Dogmatik ist ein therapeutischer Ansatz. Das möchte ich in zwei Schritten erklären. Zunächst gilt für mich eine wichtige Erkenntnis aus der geistlichen Begleitung: Das Gottesbild und das Selbstbild des Menschen korrespondieren miteinander. Wenn ich über Gott falsch spreche, spreche ich auch nicht richtig über den Menschen. Und wie jemand Gott sieht, das hängt immer davon ab, wie er sich selbst sieht. Das strafende Gottesbild entspricht immer einer Selbstbestrafungstendenz im Menschen. Das kontrollierende Gottesbild weist hin auf einen Menschen, der sich selbst und seine Gefühle unter Kontrolle halten muss. Das Bild eines willkürlichen Gottes lässt oft auf die Erfahrung eines willkürlichen – vielleicht alkoholkranken – Vaters schließen. C. G. Jung drückt das so aus: Gott ist das stärkste archetypische Bild. Archetypische Bilder bringen den Menschen in Berührung mit seinem wahren Selbst. Sie zentrieren den Menschen und führen ihn zu seinem Wesen. Wenn nun dieses stärkste archetypische Bild krank ist, wird der ganze Mensch krank. Daher ist es so wichtig, angemessen von Gott zu sprechen. Das ist immer auch heilsam für den Menschen.

Der zweite Schritt geht in eine ähnliche Richtung: Jede dogmatische Aussage möchte auch therapeutisch sein. Sie tut dem Menschen gut. Ich möchte das am Beispiel des marianischen Dogmas erklären: Maria ist im ersten Augenblick ihrer Empfängnis im Hinblick auf die Verdienste Jesu Christi von jedem Schaden der Erbsünde bewahrt worden. An diesem Dogma wird erstens deutlich, dass es das Geheimnis offen hält. Maria ist – so sagt die katholische Dogmatik – immer Typos des erlösten Menschen. Was von Maria gesagt wird, wird also von uns gesagt. Wir sind von der Erbsünde ausgenommen. Doch ist das nicht ein Widerspruch zur Lehre von der Erbsünde? Es ist eben das Paradox, das das Dogma anspricht: Auf der einen Seite leben wir in einer Welt, die von der Sünde infiziert ist. Daran brauchen wir gar nicht zu glauben. Das ist einfach eine Erfahrungstatsache. Auf der anderen Seite sind wir von der

Erbsünde ausgenommen. An diesem Fest wird ja der Anfang des Epheserbriefes gelesen: »In Jesus Christus hat Gott uns erwählt vor der Erschaffung der Welt, heilig und makellos *[immaculati]* vor Gott zu leben.« (Eph 1,4) Ich möchte diese dogmatische Aussage mit Karl Rahner mystagogisch auslegen. Dann heißt es: Dort, wo Christus in mir wohnt, bin ich von der Erbsünde ausgenommen. Die Mystiker sprechen ja vom inneren Raum der Stille, der auf dem Grund unserer Seele in uns ist. Und dort wohnt Gott in uns. Oder wie Jesus im Lukasevangelium sagt: »Das Reich Gottes ist in euch.« (Lk 17,21) *Entos hymin* wird heute oft übersetzt: Das Reich Gottes ist mitten unter euch. Doch ich halte es hier mit Martin Luther, der so schön übersetzt: Das Reich Gottes ist inwendig in euch.

Dort wo das Reich Gottes in uns ist, erleben wir uns selbst auf vier verschiedene Weisen:

(1) Dort sind wir frei von der Macht der Menschen, von ihren Erwartungen, Ansprüchen und Meinungen über uns.

(2) Wir sind heil und ganz. Die verletzenden Worte können in diesen inneren Raum nicht eindringen. Und auch die tiefen Verletzungen der Kindheit haben diesen inneren Kern, das wahre Selbst, nicht verletzt.

(3) Dort sind wir ursprünglich und authentisch. Dort lösen sich all die Bilder auf, die andere uns übergestülpt haben. Dort lösen sich die Bilder unserer Selbstentwertung und unserer Selbstüberschätzung auf. Wir kommen mit dem einmaligen unverfälschten und unversehrten Bild in Berührung, das Gott sich von jedem von uns gemacht hat.

(4) Dort sind wir rein und klar. Dort haben auch die Schuld und die Schuldgefühle keinen Zutritt. Das ist genau das, was das Dogma von der ohne Erbsünde empfangenen Maria meint. Es leugnet nicht, dass wir immer wieder schuldig werden. Aber unterhalb der Schuld ist in uns ein Raum, der ohne Schuld ist, der nicht von der Schuld infiziert und getrübt ist. Und das ist für mich ein höchst therapeutisches Bild, allerdings ist es ein Bild und keine ontologische Aussage.

Wir können über unsere innerste Wirklichkeit nur in Bildern sprechen. Ich möchte das an zwei Beispielen erklären. Ein alter Mann erzählte mir von all dem Schrecklichen, was er im Krieg erlebt und was er selbst an Schuld auf sich geladen hat. Nach seiner Erklärung sagte er zu mir: »Gott verdammt mich, die Menschen verdammen mich. Ich selber verdamme mich. Ich bin nichts wert. Ich kann mich nur noch wegwerfen.« Ich sagte ihm:

> Sie haben wirklich Schuld auf sich geladen. Aber erstens sollten Sie an die Vergebung Gottes glauben. Und zweitens gibt es unterhalb der Schuld in Ihnen einen Raum, der von der Schuld nicht zerstört worden ist. Gehen Sie im Gebet in diesen Raum der Stille und kommen Sie in Berührung mit Ihrem wahren Selbst. Dann können Sie sich wieder annehmen trotz Ihrer Schuld.

Das zweite Beispiel: Ich begleite immer wieder Borderline-Klienten, die keine Mitte haben, sondern nur am Rand ihrer Seele leben. Wenn diese Klienten in der Stille in sich hineinhorchen, haben sie den Eindruck: Je tiefer ich in mich eindringe, desto chaotischer, dunkler, schlechter wird es. Ich bin schlecht. Ich bin schuldig. Und diese Erfahrung führt sie dazu, dass sie nicht zu ihrem innersten Grund kommen können. Sie können ihre Identität nicht finden, weil die Schuld sie von sich wegtreibt. So ist das Dogma von Maria Immaculata ein höchst therapeutisches Bild, ein Bild, das dem Wesen des Menschen gerecht wird. Und indem es vom Menschen richtig spricht, ermöglicht es ihm einen Weg der Heilung.

Was ich vom Dogma der ohne Erbsünde empfangenen Maria aufzuzeigen versucht habe, könnte man von allen Dogmen sagen. Die Kirchenväter haben so heftig um die richtige Formulierung über die Menschwerdung Gottes gerungen und über das Wesen des dreifaltigen Gottes, weil sie in ihren Aussagen auch dem Wesen des Menschen gerecht werden wollten. Und es ist für mich eine höchst spannende Aufgabe, die Aussagen des Credos mal unter diesem Aspekt zu sehen. Alle diese Aussagen sprechen richtig von Gott. Und sie sprechen angemessen vom Menschen. Es sind Aussagen, die den Weg der Selbstwerdung unterstützen, die heilsam sind für den Weg des Menschen.

2.4 Seelsorge

Den vierten Ansatz möchte ich den seelsorglichen Ansatz nennen. Ich schreibe meine Bücher immer als Seelsorger. Seit 22 Jahren begleite ich im Münsterschwarzacher »Recollectio-Haus« Männer und Frauen, katholische und evangelische Pfarrer und Pfarrerinnen, die ihren Weg neu bedenken wollen. Und ich halte viele Kurse für Menschen aller möglichen Berufssparten, und auch viele für Führungskräfte in der Wirtschaft. In meinen Büchern habe ich all diese Menschen vor Augen. Ich möchte ihnen in ihren Glaubensschwierigkeiten helfen, ihnen die Aussagen des Glaubens und der christlichen Tradition, der liturgischen, der asketischen und der mystischen Tradition wie auch der Volksfrömmigkeit so darlegen, dass sie sie verstehen, dass sie sie als menschenfreundlich und hilfreich erfahren. Und ich möchte ihnen in ihren persönlichen Schwierigkeiten, in ihren Ängsten, Depressionen, in ihrem Überfordertsein durch die Arbeit oder das Leben, beistehen. Ich verstehe meine Bücher nicht als Ratgeberbücher. Ich hasse die amerikanischen Ratgeberbücher, die in drei Schritten das Gelingen des Lebens verheißen. Ich versuche vielmehr, die Menschen dort abzuholen, wo sie sind. Und ich versuche von der christlichen Tradition her Wege zu zeigen, wie sie mit ihrer konkreten Lebenssituation umgehen können.

Dabei sind mir drei Aspekte meiner Sprache wichtig:
(1) Ich spreche eine einfache Sprache, die die Menschen verstehen. Aber ich möchte keine banale Sprache sprechen, keine anbiedernde, bewusst auf modern machende Sprache, sondern eine Sprache, die sich der Kultur der deutschen Sprache verpflichtet weiß.
(2) Ich spreche keine moralisierende Sprache, sondern eine ermutigende Sprache. Ich versuche, nicht zu bewerten, sondern einfach zu beschreiben, was ist, und dann daraus Wege aufzuzeigen, wie ich damit umgehe. Ich versuche, kein schlechtes Gewissen zu erzeugen, sondern die Menschen aufzurichten, dass sie aufrecht ihren Weg gehen. Dabei ist mir die Geschichte von der Heilung der gekrümmten Frau (Lk 13,10–17) wichtig. Ich spreche richtig zu den Menschen, wenn sie aufrechter von mir weggehen.

(3) Ich spreche keine belehrende Sprache. Oder besser gesagt: Ich versuche nicht zu belehren. Ich möchte vielmehr mit meinen Worten die Menschen mit der Weisheit ihrer eigenen Seele in Berührung bringen. Ich gehe da von der Theologie des hl. Augustinus aus, der sagt: Im Grunde seiner Seele sehnt sich jeder Mensch nach Gott. Ich versuche, diese Sehnsucht anzusprechen. Ich sage in meinen Büchern oft nichts Neues. Ich möchte die Menschen einfach in Berührung bringen mit dem, was ihre Seele schon weiß. Und ich möchte sie ermutigen, der Weisheit ihrer Seele zu folgen.

2.5 Biblische Inspirationen meiner Sprache

Wenn ich über meine Sprache nachdenke, sind mir drei Aussagen über Jesu Sprache wichtig. Im Johannesevangelium sagt Jesus: »Ihr seid schon rein durch das Wort, das ich zu euch gesagt habe.« (Joh 15,3) Jesus hat offensichtlich so gesprochen, dass die Menschen sich rein fühlten, dass sie in Einklang kamen mit sich selbst. Wenn ich eine Moralpredigt halte, fühlen sich alle beschmutzt. Das bedeutet natürlich nicht, dass Jesus nicht auch provoziert hat. Er hat uns nicht eingelullt mit seinen Worten, sondern durch alles innere Chaos uns in Berührung gebracht mit dem innersten Wesen, in dem wir mit uns im Einklang sind, in dem wir uns rein fühlen und klar. Das zweite Wort: »Dies habe ich euch gesagt, damit meine Freude in euch ist und damit eure Freude angefüllt wird.« (Joh 15,11) Jesus vermittelt also durch seine Sprache den Jüngern seine innere Stimmung von Freude. Freude ist – so sagt Verena Kast – eine gehobene Emotion.[2] Jesus fordert uns nicht auf, uns zu freuen. Vielmehr vermittelt er uns sein Gestimmtsein. Und Jesus geht davon aus, dass seine Worte uns in Berührung bringen mit der Quelle der Freude, die auf dem Grund unserer Seele strömt, die aber oft genug verschüttet ist von unseren Sorgen und Ängsten. Das Sprechen Jesu bewirkt etwas. Wir erleben oft, dass wir uns nach einem Vortrag ärgern oder dass wir aggressiv oder depressiv sind. Das

---

[2] Vgl. Verena Kast: Freude, Inspiration, Hoffnung, Olten 1991 [u. ö.].

hängt nicht nur vom Inhalt ab, sondern von der Art des Sprechens und von der Stimmung, die der Redende uns vermittelt.

Die dritte Aussage über die Sprache Jesu finde ich bei Lukas. Die Emmausjünger sagen von Jesus: »Brannte uns nicht das Herz in der Brust, als er unterwegs mit uns sprach?« (Lk 24,32) Und Lukas beschreibt Pfingsten als Sprachereignis. Der Heilige Geist kommt in Feuerzungen. Wir Christen sollten also in der Schule Jesu so sprechen, dass ein Funke überspringt, dass die Herzen erwärmt werden und dass die Menschen Gottes Tun an sich verstehen. Die Kirchenväter sagen: »Mit der Sprache bauen wir ein Haus.« Es ist mir wichtig, dass ich mit meiner Sprache ein Haus baue, in dem Menschen sich verstanden fühlen, zuhause, angenommen, um dann aus dem Haus meiner Sprache nach Hause zu gehen und die Welt im Geiste Jesu gestalten. Dabei spielt auch die Sprache eine wichtige Rolle, dass wir mit unserer Sprache die oft verletzende, verurteilende und kalte Sprache dieser Welt entlarven und entmachten.

Ich habe versucht, das Anliegen meiner Theologie und das Wesen meiner theologischen Sprache darzulegen. Ich weiß natürlich, dass ich selber immer zurückbleibe hinter meinem eigenen Anspruch. Manchmal ist meine Sprache trotz allen Bemühens doch wertend oder vielleicht auch moralisierend oder belehrend oder doch so kompliziert, dass manche sie nicht verstehen. Da halte ich es mit Martin Heidegger. Wir alle sind unterwegs zur Sprache. Wir haben noch nicht die Sprache gefunden, die den Schlüssel zum Geheimnis Gottes und des Menschen aufschließt. Wir sind gemeinsam auf dem Weg zu dieser Sprache. Und ich freue mich, dass wir in diesen beiden Tagen uns miteinander auf den Weg machen, um im Aufeinanderhören die Sprache zu finden, die dann zu dem führen kann, was Hölderlin in die schönen Worte gekleidet hat:

> Viel hat erfahren der Mensch. Der Himmlischen viele genannt,
> Seit ein Gespräch wir sind
> Und hören können voneinander.[3]

---

[3] Friedrich Hölderlin: Versöhnender der du nimmergeglaubt ... [3. Fassung], in: ders.: Sämtliche Werke. Bd. 2: Gedichte nach 1800/Text, Stuttgart 1951, 136f., hier: 137.

Hölderlin deutet hier die Bedingungen dafür an, dass wir ein Gespräch sind. Wir sprechen aus Erfahrung. Wir reden nicht über etwas oder andere, so dass es nur ein Gerede ergibt. Wir drücken im Sprechen unsere Erfahrung aus. Wir nennen die Himmlischen. Wir wagen es, über das Himmlische und Göttliche zu sprechen, obwohl wir wissen, dass unsere Sprache dem Himmel nicht gerecht wird. Und die dritte Bedingung: Wir hören voneinander. Wir hören nicht nur aufeinander, auf das, was der andere sagt. Voneinander lässt vielmehr an die Herkunft denken. Wir hören vom andern, was ihn bewegt, woher er kommt und wohin er geht, was seine Geschichte ist. Indem wir vom andern hören und von uns sprechen, werden wir ein Gespräch. Das wünsche ich uns allen, dass wir ein Gespräch nicht nur werden, sondern sind.

Heute das Neue Testament verstehen. Ein Gespräch

von Anselm Grün OSB und Ulrich Luz

Das folgende Gespräch führten Anselm Grün und der Neutestamentler Ulrich Luz am Samstag, 27. April 2013, an der Universität Freiburg (Schweiz). Es handelt sich hierbei um eine gemeinsame nachträgliche Niederschrift aus ihren Gesprächsnotizen, die dem Gesprächsverlauf im Wesentlichen folgt. Anstelle der anschließenden Diskussion im Plenum haben die Autoren ein eigenes Resümee des Gesprächs formuliert.

1. Anselm Grüns exegetisches Selbstverständnis

Anselm Grün: Während des Theologiestudiums habe ich bei der Frage meiner Doktorarbeit immer geschwankt zwischen einer exegetischen und einer dogmatischen. Ich habe mich für die Dogmatik entschieden. Aber seither ist mir die Bibel immer eine wichtige Quelle meiner Theologie geblieben. Dabei sind mir vor allem zwei Aspekte wichtig.

Der eine Aspekt ist eher der dogmatische. Ich möchte als Dogmatiker keine Bibeltexte zitieren, um meine dogmatische Theologie zu rechtfertigen. So ist es früher oft geschehen. Aber ich lese die Bibel immer als Dogmatiker. Ich möchte die Theologie darlegen, die etwa Matthäus, Markus, Lukas, Johannes, Paulus und die anderen Autoren des Neuen Testaments entwickeln. Ich möchte erahnen, wie sie Gott verstehen, wie sie Jesus sehen. Und vor allem ist mir das Thema der Erlösung und Heilung eine entscheidende Frage seit Beginn meines Theologiestudiums geworden. So möchte ich verstehen lernen, welche biblischen Modelle es gibt, Erlösung, Befreiung, Heilung zu verstehen. Und ich vergleiche die biblische Theologie immer schon im Dialog mit den damaligen philosophischen und religiösen Strömungen, etwa bei Matthäus mit der jüdischen und zugleich mit der östlichen Weisheit, bei Lukas mit der griechischen Philosophie, bei Johannes mit der Gnosis, bei Paulus zum einen mit der stoischen Philosophie, zum andern mit den Mysterienkulten, wie es etwa im Zweiten Korintherbrief deutlich wird. Ich lese die Bibel also immer mit einem systematischen Blick. Dabei heißt für mich Dogmatik aber immer auch: Welche Erfahrung steckt hinter diesen Worten? Und ich frage mich immer auch philosophisch: Wenn diese Worte stimmen, wer bin ich dann? Wie erfahre ich mich dann? Die Worte schaffen eine eigene Wirklichkeit. Hier berühren sich der theologische und der mystische Zugang zur Schrift. Denn nach Origenes stellt der mystische Zugang immer die Frage: Wer bin ich?

Der zweite Blick ist ein seelsorglicher. Ich möchte einen Dialog mit dem Text führen. Dabei hat mich der tiefenpsychologische Ansatz von Eugen Drewermann sehr befruchtet. Aber ich möchte diesen Ansatz nicht so hoch hängen. Mir ist es wichtig, – in der Tradition der griechischen Kirchenväter – die Bibel bildhaft auszulegen. Ich achte auf die bildhafte Sprache, sowohl des griechischen Urtextes als auch der deutschen Übersetzung. Und ich möchte diese Bilder auf mich als den Leser und auf die Menschen hin öffnen, damit sie durch die Bilder der Bibel mit ihren inneren Bildern und mit der Weisheit ihrer Seele in Berührung kommen. Dabei ist mir der tiefenpsychologische Ansatz nur eine Hilfe. Ich möchte keine neue Dogmatik daraus entwickeln. Das Ziel dieses Ansatzes ist für mich, dass das Wort Gottes wirklich in alle Bereiche meiner Seele, auch in die unbewussten Bereiche, eindringt und mich dort verwandelt. Es geht mir mit den Worten von Papst Gregor dem Großen darum, in Gottes Wort Gottes Herz zu entdecken, dieses Wort in mein Herz eindringen zu lassen, damit es dort heilend auf mich wirkt. Die Psychologie ist mir also nur eine Hilfe, dass ich mit meiner ganzen Wahrheit, auch mit meinen verdrängten Schattenseiten, Christus begegne und in der Begegnung mit ihm Verwandlung erfahre.

Dabei ist mir ein Wort des hl. Augustinus ein wichtiger Schlüssel zur Bibelauslegung geworden. Augustinus schreibt: »Das Wort Gottes ist der Gegner deines Willens, bis es der Urheber deines Heiles wird. Solange du dein eigener Feind bist, ist auch das Wort Gottes dein Feind. Sei dein eigener Freund, dann ist auch das Wort Gottes mit dir im Einklang.« (Sermo 109,3) Die lateinische Fassung klingt noch schöner: »Sermo dei [...] adversarius est voluntatis tuae, donec fiat auctor salutis tuae. [...] Quamdiu tu tibi inimicus es, inimicum habes sermonem dei. Esto tibi amicus, et concordas cum ipso.« Wenn das Wort Gottes uns Angst macht, deuten wir es falsch. Es will dahin führen, dass wir freundlich mit uns umgehen. Und umgekehrt gilt: Wer freundlich zu sich selber ist, der wird ein Herz mit dem Wort Gottes. Ich erlebe in der Seelsorge immer wieder Menschen, die nicht in der Bibel lesen können, weil sie ständig auf Worte wie Verdammung und Verurteilung stoßen und alle Worte in diesem Sinne deuten. Weil sie gegen sich selbst feindselig sind, erleben sie das Wort Gottes als feindselig. Das heißt nicht, dass wir das Wort Gottes nivellieren. Jesus sagt auch harte Worte, um uns aufzuwecken. Denn wir haben oft ein Brett vor dem Kopf. Da braucht es provozierende Worte, damit wir aufwachen. Aber entscheidend ist, dass wir immer zum Leben aufwachen.

Ulrich Luz: Ich gehörte bis vor kurzem nicht zu den 18 Millionen Leserinnen und Lesern Ihrer Bücher. Und auch jetzt habe ich nur weniges gelesen, z. B. das kleine Büchlein *Tiefenpsychologische Schriftauslegung* und das Buch *Jesus – Wege zum Leben,* das ja ein Kurzkommentar zu den Evangelien ist.[1] Was ich gelesen habe, hat mich beeindruckt: *Die Bibel hat mit mir zu tun.* Das merkt man auch daran, dass die Person des Autors Anselm Grün in seinen Bibelauslegungen spürbar wird, im Unterschied zu fast allen wissenschaftlichen Kommentaren zum Neuen Testament, in denen sich der Autor eher hinter seinem Kommentartext versteckt. Die Gefahr des Positivismus, der in der Exegese die Gefahr einer möglichst ob-

---

[1] Anselm Grün: Tiefenpsychologische Schriftauslegung (Münsterschwarzacher Kleinschriften 68), Münsterschwarzach 1992; ders.: Jesus – Wege zum Leben. Die Evangelien des Matthäus, Markus, Lukas und Johannes, Stuttgart 2005.

jektiven Exegese entspricht, die sich ihres konstruktiven Charakters nicht mehr bewusst ist, wird bei Ihnen jedenfalls vermieden.

Gefallen hat mir auch der rezipientenbezogene, seelsorgerliche Charakter Ihrer Bibelauslegungen. Nicht nur Sie als Autor, sondern auch Ihre Adressatinnen und Adressaten werden in Ihren Auslegungen sichtbar: Es sind primär »kleine«, verunsicherte Menschen, die eine Ermutigung brauchen, oder Menschen, die den Kontakt mit der Bibel als einem lebendigen, sie angehenden Wort verloren haben.

Beeindruckt hat mich auch Ihre Offenheit gegenüber anderen Auslegungsweisen. Im Unterschied zu Eugen Drewermann, der tiefenpsychologische Auslegung nach dem Modell von Carl Gustav Jung ziemlich axiomatisch und exklusiv propagiert, wissen Sie, dass andere Zugangsweisen zu biblischen Texten auch ihr Recht haben, z. B. befreiungstheologische in Südamerika oder historisch-kritische hier in Europa. Etwas allgemeiner gesagt: Sie wissen, dass jede Zugangsweise zur Bibel ihren situationellen Kontext hat und kulturgeschichtlich gewachsen ist. Das fand ich wohltuend, gerade gegenüber Drewermann.

Wichtig finde ich auch Ihren Rückgriff auf die altkirchliche Schriftauslegung, besonders auf Origenes. Ich finde selber auch, dass das Modell der Schriftauslegung des Origenes für uns heute äußerst interessant ist: Der geistliche Schriftsinn ist bei Origenes ein mystischer Schriftsinn; die geistliche Lektüre der biblischen Texte bedeutet zugleich eine mystische Einwohnung des göttlichen Logos Christus in den gläubigen Menschen.

Last but not least: Beeindruckt hat mich Ihre einfache Sprache. Dass Sie so einfach, *nota bene* auch so knapp schreiben können, ist wohl eines der Geheimnisse des Erfolgs Ihrer Bücher. Die wenigsten von uns akademischen Theologen schaffen das.

2. Vier Rückfragen

Ulrich Luz: Nun möchte ich vier Fragen an Sie stellen. Sie beziehen sich auf Ihre von Carl Gustav Jung inspirierte tiefenpsychologische Auslegung und sind explorierend, nicht polemisch gemeint – dies darum, weil Sie Ihre tiefenpsychologischen Auslegungen ja in keiner Weise exklusiv verstehen.

Meine erste Frage lautet: Wie verhalten sich in Ihrem tiefenpsychologischen Auslegungsmodell die Entdeckung des Selbst, die Begegnung mit Christus und die Erfahrung Gottes zueinander? Sie formulieren einmal: »Im Verstehen des Textes soll die Sache selbst zur Sprache kommen. Die Sache selbst, das ist immer die Wahrheit des Seins, das ist letztlich immer Gott, der durch das Wort hindurch aufleuchtet«[2]. Das ist für mich sehr nebelhaft, und – ich denke – für einen der vielen Menschen bei uns, welche die Frage nach ihrem Selbst und dem Sinn ihres Lebens nicht mehr als Frage nach Gott stellen, ist das völlig unverständlich.

Anselm Grün: Der von Ihnen zitierte Satz ist im Anschluss an Hans-Georg Gadamer formuliert. In meinen eigenen Worten würde ich das heute eher so sagen: Es geht im Lesen des Textes immer um Begegnung. Ich begegne Gott, der in diesen menschlichen Worten der Bibel zu mir spricht. Und im Wort Gottes begegne ich immer auch mir selbst. Und zwar entdecke ich im Wort Gottes, wer ich selber bin. Ich kann mich fragen: Wie kommt jemand auf die Idee, solche Worte zu schreiben? Wenn das die eigentliche Wahrheit ist, wer bin ich dann selber? Was ist dann meine ursprüngliche Wahrheit? Das Wort Gottes deckt mir meine eigene Wahrheit auf. In den Evangelien begegne ich Jesus Christus. Die tiefenpsychologische Auslegung hilft mir, dass die Begegnung mit Jesus nicht nur fromm ist, sondern dass ich Jesus mit meiner ganzen Wahrheit, mit meinen Schattenseiten, mit meinen neurotischen Seiten, mit meinen Sehnsüchten und Bedürfnissen und mit meiner eigenen Verschlossenheit

---

[2] Grün: Tiefenpsychologische Schriftauslegung (s. Anm. 1), 16.

und Schuld begegne. In dieser Begegnung kann Verwandlung geschehen. Ich halte Jesus nicht nur meine frommen Seiten hin, sondern alles, was ich in der Begegnung mit Jesus in mir entdecke.

Ulrich Luz: Darf ich nochmals nachhaken? Sie haben gestern in Ihrem Vortrag sinngemäß gesagt, der Mensch habe einen innersten Kern seines Selbst, der von der Sünde nicht betroffen und auf den er von Gott her ansprechbar sei. Ich bin da zusammengezuckt und habe mir notiert: »Das ist ja Gnosis!« Ich könnte nicht so sprechen. Oder anders ausgedrückt: Ich könnte eine solche Aussage höchstens als eine sprachliche Konstruktion verstehen, die einem Menschen helfen soll, sich selber von seiner Sünde zu distanzieren und aktiv zu werden, aber nicht als ontische oder ontologische Aussage über die menschliche Psyche oder als eine theologische Aussage, welche die Reichweite der sogenannten Erbsünde einschränkt. Was würden Sie dazu sagen?

Anselm Grün: Zunächst ist die Gnosis durchaus eine Herausforderung an uns Christen. Die Gnosis war ja schon für die frühe Kirche eine Herausforderung. Johannes und auch Paulus haben sich mit der Gnosis auseinandergesetzt, die berechtigten Anliegen aufgegriffen und sie zugleich kritisiert und auf christlichen Boden gestellt. Das Bild vom innersten Kern ist für mich ein Bild, das ich aus den Worten des Epheserbriefes entwickle: »Denn in ihm [Christus] hat er uns erwählt vor der Erschaffung der Welt, damit wir heilig und untadelig sind vor Gott« (Eph 1,4). Über die innerste Wirklichkeit des Menschen kann ich nur in Bildern sprechen. Aber es ist ein heilsames Bild: Trotz aller Schuld, die ich in mir wahrnehme, gibt es den Grund der Seele in mir, in dem Christus wohnt. Und dort, wo Christus in mir wohnt, hat die Sünde keinen Zutritt. Natürlich ist das keine ontische Aussage, aber auch keine rein moralische Aussage. Vielmehr sind wir in der Spannung. Auf der einen Seite leben wir in einer Welt, die von der Sünde infiziert ist. Das meint ja das Bild der Erbsünde. Auf der anderen Seite sind wir – und damit meine ich nicht nur die getauften Christen – alle durch Tod und

Auferstehung Jesu berührt. Und dort, wo Christus uns im Innersten berührt, dort sind wir frei von der Sünde. Wo die Gnade mächtig geworden ist, hat die Sünde keine Chance.

Ulrich Luz: Meine zweite Frage betrifft die auf die Subjektebene bezogenen tiefenpsychologischen Auslegungen, also Textauslegungen, welche Figuren, Sachverhalte oder Erfahrungen biblischer Geschichten auf Aspekte der menschlichen Psyche hin deuten. Es ist klar, dass viele biblische Geschichten einen Innenaspekt haben. Was aber dabei wegfällt, ist der Gemeinschaftsbezug der biblischen Texte. Es gibt aber meines Erachtens kaum einen neutestamentlichen Text, auch keine neutestamentliche Wundergeschichte, die nicht in irgendeiner Weise auch von der Integration eines einzelnen Menschen in die Gemeinschaft sprechen würde. Hier stoßen wir auf einen Grundzug biblischer Anthropologie, die den Menschen immer als gemeinschaftsbezogenes Wesen versteht, als Geschöpf, als Glied des Volkes oder der christlichen Gemeinde etc. Das ist für mich eine große Herausforderung. Die Entdeckung des inneren Menschen ist eine Entdeckung, die sich in den neutestamentlichen Texten erst anbahnt und die dann in der späteren europäischen Individuierungsgeschichte immer wichtiger geworden ist. Aber das gehört wesentlich zur Wirkungsgeschichte des Christentums, ganz besonders des Paulus.

Anselm Grün: Als Benediktiner lebe ich in einer Gemeinschaft. Daher ist mir das Miteinander wichtig. Heilung des einzelnen heißt für mich immer auch, ihn beziehungsfähig zu machen. Die Beziehungsfähigkeit – oder wie Sie es nennen: die Integration des einzelnen Menschen in die Gemeinschaft – gehört wesentlich zur Heilung. Natürlich konzentriert sich die tiefenpsychologische Auslegung vor allem auf den einzelnen und seine Heilung. Aber erstens geht es nicht darum, alle Figuren und Sachverhalte der biblischen Texte immer auf der Subjektstufe auszulegen. Oft steht der einzelne Kranke für einen bestimmten Typus von Menschen. So steht der Aussätzige für einen Menschen, der sich selbst nicht annehmen kann. Aber gerade in der

Heilung des Aussätzigen (Mk 1,40–45) sehen wir auch den Gemeinschaftsbezug. Wer sich selbst nicht annehmen kann, fühlt sich von den anderen Menschen ausgeschlossen. Er muss gleichsam in abgesonderten Dörfern leben. Indem Jesus den Aussätzigen durch seine bedingungslose Annahme heilt, führt er ihn auch wieder in die Gemeinschaft der Menschen zurück und macht ihn gemeinschaftsfähig. Denn wer alle Worte und Blicke der anderen als Ablehnung deutet, der tut sich schwer, mit anderen in Gemeinschaft zu leben.

Ulrich Luz: Da kann ich voll zustimmen und stelle darum gleich meine dritte Frage. Sie betrifft die äußere Geschichte Jesu. Ich meine damit jetzt nicht die historisch-kritische Forschung und schon gar nicht den modernen »historischen Jesus«, sondern ich meine dies, dass alle kanonischen Evangelien der Meinung sind, dass man ein einzelnes Wort Jesu, ein Gleichnis Jesu oder eine einzelne Geschichte mit Jesus nur verstehen könne, wenn man sie als Teil der ganzen Geschichte Jesu versteht. Diese Geschichte ist natürlich eine mythische Geschichte, die mit der Taufe Jesu oder der Inkarnation beginnt und mit der Auferstehung bzw. der Erhöhung Jesu endet, aber sie ist doch eine durchaus äußerliche Geschichte, die Geschichte eines nicht schriftgelehrten Juden aus Galiläa, eines Aussteigers, eines Freundes der Armen, Zöllner und Sünder. Schon in der Logienquelle bahnt sich die Verbindung der Wortüberlieferung mit der Geschichte Jesu an. In allen unseren vier kanonischen Evangelien bildet die Geschichte Jesu den Verstehensrahmen. Erst im Thomasevangelium und in gnostischen Evangelien ist dies anders. In tiefenpsychologischer Auslegung, und übrigens auch in der geistlichen Schriftauslegung des Origenes, ist die Tendenz aber genau umgekehrt: Die mystische Schriftauslegung des Origenes zertrümmert ja sogar die einzelnen Jesusgeschichten und setzt ihre einzelnen Aktanten oder Motive zu einem neuen Sinn zusammen.

Anselm Grün: Mir ist folgende Einsicht von Eugen Drewermann wichtig, die er allerdings nicht immer durchhält: Die Bibel berichtet von Geschehenem, aber sie erzählt uns das Geschehene immer schon in einer bildhaften Sprache. Wir dürfen Bild und Geschichte nicht auseinanderreißen. Es gibt nicht auf der einen Seite die reinen Fakten, auf der anderen Seite die symbolische Ausdeutung. Vielmehr kommen wir an die Geschichte Jesu nur durch die bildhafte Schilderung heran. Aber es ist mir ganz wichtig, die Geschichte Jesu ernst zu nehmen. Dazu gehört auch das Verständnis, wie Jesus selbst reagiert hat auf die politischen und gesellschaftlichen Verhältnisse seiner Zeit, wie er in der Begegnung mit den Menschen in Galiläa und dann mit den jüdischen und römischen Machthabern seine eigene Sendung verstanden hat. Aber bei aller historischen Forschung ist mir klar, dass wir kein Leben Jesu rekonstruieren können. Trotzdem begegnet uns Jesus als ein geschichtlicher Mensch. Und die Geschichte Jesu gehört wesentlich zu seinem Verstehen. Die Heilungsgeschichten verstehe ich so, dass Jesus wirklich körperlich kranke Menschen geheilt hat. Aber diese Geschichten werden für mich durch eine bildhafte Sprache so erzählt, dass wir uns darin wiederfinden und dass die körperlichen Krankheiten zugleich zu Bildern werden für kranke Haltungen in uns, die in der Begegnung mit Jesus heute geheilt werden können. Dabei ist mir wichtiger als die tiefenpsychologische Auslegung die konkrete Begegnung mit Jesus. Die kann geschehen in der Meditation, im Gebet und für mich als Katholik vor allem in der Eucharistie. Da begegne ich diesem Jesus leibhaft. Er berührt mich, der ich mich als unausstehlich empfinde. Indem ich ihn in der Kommunion empfange, höre ich sein Wort: »Ich will es – werde rein!« (Mk 1,41)

Ulrich Luz: Ich denke, dass wir uns auch hier finden können. Mit der »Bildhaftigkeit« der Geschichte Jesu meinen Sie dasselbe, was ich mit »Transparenz« bezeichnen würde. In der Geschichte Jesu spiegeln sich meine eigenen Erfahrungen. In ihr spiegeln sich auch Erfahrungen der frühen Gemeinden mit Jesus, und durch ihn: mit Gott. Die Geschichte Jesu und auch die einzelnen Jesusgeschichten sind voller Identifikations- und Rollenangebote. Sie betreffen sowohl unser Selbstverständnis wie unsere Praxis.

Und daran schließt sich meine vierte Frage an. Sie betrifft das menschliche Handeln. Ich habe hier ein Grundprinzip Drewermanns im Ohr, der sinngemäß sagt, das Sein des Menschen komme vor seinem Handeln, die Erfahrung des Angenommenseins komme vor der äußerlichen Praxis. Wie ist das bei Ihnen? Für Jesus bedeutete ja die Begegnung mit dem nahen Reich Gottes zugleich eine sehr radikale neue Interpretation des Willens Gottes. Für Origenes ist der mystische Sinn der Texte zwar der höchste, allerdings nur den geistlichen Menschen erreichbare. Die moralische Deutung ordnet er der mittleren Menschengruppe der »Fortschreitenden« zu, also den Menschen, die noch nicht im vollen Sinn geistliche Menschen sind. In der Praxis macht es Origenes aber sehr oft umgekehrt: Auf die mystische Schriftauslegung *folgt* oft die moralische, gleichsam als Höhepunkt der Auslegung eines Textes. Bei Ihnen ist es wieder anders als bei Origenes, weil Sie Ihre »mystisch« verstandene Auslegung nicht als eine Auslegung für eine geistliche Elite verstehen und auch nicht als eine Auslegung für psychologisch Gebildete, sondern als eine Auslegung für einfache Menschen. Ich wäre dankbar, wenn Sie dazu noch etwas Klärendes sagen könnten.

Anselm Grün: Ich halte es da mit dem benediktinischen *ora et labora,* das ich auch schon in der Bergpredigt bei Matthäus vorfinde. Matthäus hat ja in die Mitte der Bergpredigt das Vaterunser gestellt. Das heißt für mich: Das moralische Verhalten, wie es in den Forderungen der Bergpredigt beschrieben wird, hat seinen Grund im Gebet und in der Erfahrung der Nähe Gottes. Aber zugleich verlangt das christliche Gebet, dass es sich ausdrückt in einem neuen Verhalten. Ohne die innere Verbindung von Gebet und Handeln würde das Gebet zu einem narzisstischen Kreisen um sich selbst. Und das Handeln würde für uns zu einer Überforderung. Aber was nun zuerst ist – Gebet oder Handeln, Erfahrung Gottes oder ein neues Verhalten –, das kann man nicht sagen. Das gehört zueinander und fließt auch ineinander. Durch das Gebet kann ich anders handeln. Aber manchmal führt mich auch ein neues Verhalten in eine tiefere Beziehung zu Gott. Das Verhalten verändert auch mein Sein.

Ulrich Luz: Ich bin froh um Ihren Hinweis auf die Bergpredigt. In der Bergpredigt, genauer: in der Abfolge von Antithesen (Mt 5,21–48) und dem Text vom Almosengeben, Beten und Fasten, der vom himmlischen Vater spricht, der ins Verborgene des Herzens sieht und dessen Mitte das Unservater ist (Mt 6,1–18), liegt ja ein tiefer Sinn. Man könnte ihn – ganz unprotestantisch – so umschreiben: Wer immer sich strebend bemüht und Gottes Willen tut, soviel er kann (Antithesen), der wird ins Gebet geführt und erfährt dabei die Nähe des himmlischen Vaters, der unser Beten hört. Das Unservater (Mt 6,9–14) ist die Mitte der ganzen Bergpredigt. Und die Erfahrung von Gottes Nähe im Gebet führt dann wieder zurück ins Handeln (Mt 6,19–7,12). Beten heißt gerade nicht: die Hände in den Schoß legen. Betende Menschen sind nach der Bergpredigt aktive Menschen. Dass ich gebraucht werde und etwas tun darf, ist eine Erfahrung von Gnade. Hier halte ich es auch mit der Benediktinerregel und der Bergpredigt und habe deshalb meine Fragen an die tiefenpsychologische Auslegung von Drewermann, der einseitig dem Inneren den Vorrang vor dem Äußeren gibt: Beides lässt sich voneinander nicht trennen. Aber nicht nur an Drewermann habe ich hier Fragen, sondern auch an eine verbreitete Auslegungstradition der Rechtfertigung im Protestantismus: Dass Gott mich rechtfertigt, so wie ich bin, und dass ich deshalb Ja sagen darf zu mir selbst, heißt gerade *nicht,* dass ich nun die Hände in den Schoß legen kann, weil es auf mein Handeln vor Gott nicht ankommt.

3. Die Heilung des Taubstummen – mehr als geistliche Begleitung?

Ulrich Luz: Im nächsten Teil unseres Gesprächs lassen Sie uns beispielhaft zwei neutestamentliche Texte auslegen, zuerst einen, den Sie ausgewählt haben, Pater Anselm, und dann einen, den ich ausgewählt habe.

Anselm Grün: Ich habe die Geschichte von der Heilung des Taubstummen (Mk 7,31–37) ausgesucht:

³¹ Jesus verließ das Gebiet von Tyrus wieder und kam über Sidon an den See von Galiläa, mitten in das Gebiet der Dekapolis.

³² Da brachte man einen Taubstummen zu Jesus und bat ihn, er möge ihn berühren.

³³ Er nahm ihn beiseite, von der Menge weg, legte ihm die Finger in die Ohren und berührte dann die Zunge des Mannes mit Speichel;

³⁴ danach blickte er zum Himmel auf, seufzte und sagte zu dem Taubstummen: Effata!, das heißt: Öffne dich!

³⁵ Sogleich öffneten sich seine Ohren, seine Zunge wurde von ihrer Fessel befreit, und er konnte richtig sprechen.

³⁶ Jesus verbot ihnen, jemand davon zu erzählen. Doch je mehr er es ihnen verbot, desto mehr machten sie es bekannt.

³⁷ Außer sich vor Staunen sagten sie: Er hat alles gut gemacht; er macht, dass die Tauben hören und die Stummen sprechen.

Wenn ich die Heilung des Taubstummen auslege, dann lese ich natürlich etwas in die Geschichte hinein. Ich lege die Geschichte aus auf dem Hintergrund meiner Erfahrung als geistlicher Begleiter und zugleich auch als Bild für das, was in der geistlichen Begleitung oder auch in der Therapie geschehen könnte. Der Taubstumme steht für Menschen, die verstummt sind, weil ihre Worte lächerlich gemacht worden sind, die mundtot gemacht wurden. Und er steht für Menschen, die taub geworden sind, die ihre Ohren verschließen vor dem vielen, was auf sie einströmt. Sie können das oberflächliche Gerede nicht mehr hören oder auch die viele Kritik und Ablehnung, die sie durch Worte erfahren.

Jesus heilt den Taubstummen in sechs Schritten:

Der erste Schritt: Er nimmt ihn weg von der Menge. Es braucht einen intimen Raum des Vertrauens, damit Heilung geschehen kann. Ich kann einem Verstummten nicht befehlen: »Rede doch endlich!« Es braucht erst eine intensive Beziehung, die Jesus mit dem Taubstummen in einem Raum des Vertrauens aufnimmt.

Der zweite Schritt: Jesus legt dem Taubstummen die Finger in die Ohren. Er möchte ihm gleichsam sagen: Alle, die dich ansprechen, möchten letztlich Beziehung zu dir aufnehmen. Du brauchst deine

Ohren nicht zu verschließen aus Angst, dass du nur negative, kritische, ablehnende Worte hörst. Selbst in lauten Worten steckt die Sehnsucht, mit dir Beziehung aufzunehmen.

Der dritte Schritt: Jesus berührt die Zunge des Stummen mit Speichel. Es ist eine mütterliche Geste. Mütter berühren mit Speichel die Wunden der Kinder und sagen: Alles ist wieder gut. Man könnte sagen: Jesus schafft eine mütterliche Atmosphäre, in der der Klient sein darf, wie er ist, in der er nicht bewertet wird. Nur wenn der Klient spürt, dass seine Worte nicht bewertet werden, vermag er ehrlich von sich zu erzählen. Sobald er den Eindruck hat, wir missbilligen sein Handeln, seine Worte, seine Gedanken, seine Situation, dann wird er sich verschließen. Und dann zielt die Begleitung ins Leere. Jesus wendet sich dem Taubstummen zärtlich wie eine Mutter zu. Wir können uns die Gebärde Jesu als Kuss vorstellen, mit dem er dem Taubstummen eine zärtliche Nähe schenkt.

Der vierte Schritt: Jesus blickt zum Himmel auf. Das kann Verschiedenes bedeuten. Einmal ist es immer ein Wunder, wenn Heilung geschieht. Das menschliche Tun ist eines, das andere ist das, was Gott bewirkt. Zum Himmel aufblicken sagt aber auch, dass es letztlich Gott ist, der heilt, und nicht der Begleiter. Im Griechischen steht hier das Wort *anablepo,* aufschauen. Man könnte sagen: Jesus schaut zum Himmel auf. Er sieht im Kranken den Himmel, der in ihm ist. Er sieht im Kranken nicht nur das Beschädigte, sondern auch die Offenheit für den Himmel, für Gott. Und weil er den Himmel in ihm sieht, vermag auch der Kranke an den Himmel in sich zu glauben, an den Raum der Stille, in dem Gott in ihm wohnt, zu dem die verletzenden Worte der Menschen keinen Zutritt haben.

Der fünfte Schritt: Jesus seufzt. Jesus behandelt den Klienten nicht nur als Klienten. Er öffnet sein Herz für ihn, er setzt sich emotional für ihn ein. Er ist mit seinen Emotionen dabei, wenn er diesen in sich verschlossenen Menschen wieder zum Leben führen möchte. Der Taubstumme kann keine Gefühle äußern. Jesus äußert gleichsam stellvertretend für ihn, was er an Gefühlen unterdrückt hat. Das ist ein wichtiger Schritt in der geistlichen und therapeutischen Begleitung. Oft können die Klienten nicht über ihre Gefühle reden. Der Begleiter reagiert dann oft mit den Gefühlen, die der andere unterdrückt. Ich habe einen Priester begleitet, der nach außen hin sehr freundlich war. Aber nach einer Stunde Gespräch war ich immer voller Aggressionen. Ich suchte die Schuld zunächst bei mir. Doch das Team im »Recollectio-Haus« bestätigte mir ähnliche Reaktionen. Dieser Mann habe eine passive Aggression, die er unter seiner freundlichen Fassade versteckt hält. In der Begleitung werden diese Aggressionen offenbar, indem sie der Begleiter übernimmt.

Der sechste Schritt besteht dann in dem Befehl: »Effata – Öffne dich!« (Mk 7,34) Erst in der Atmosphäre von Vertrauen und mütterlicher Liebe vermag der Taubstumme seine Zunge und seine Ohren zu öffnen. Aber es braucht durchaus einen Impuls von außen. Ich erlebe oft Menschen in der Begleitung, die etwas Geheimnisvolles und Schwieriges andeuten, über das sie jetzt noch nicht sprechen können. Manchmal braucht es dann den Befehl: »Jetzt ist der Augenblick. Sie haben etwas angedeutet. Jetzt sprechen Sie es auch aus. Sonst werden Sie es immer vor sich herschieben.«

Markus beschreibt das Öffnen des Taubstummen so: »Sogleich öffneten sich seine Ohren, seine Zunge wurde von ihrer Fessel befreit, und er konnte richtig reden« (Mk 7,35). Nun wagt er es, die Worte zu hören, die an sein Ohr gelangen. Er hat keine Angst mehr, dass er nur Ablehnung und Härte aus den Worten heraushört. Und er kann richtig sprechen. Hier steht das griechische Wort *lalein,* das vom Lallen des Kindes kommt und ein persönliches Sprechen meint. Sprechen kommt von »bersten«. Es bricht aus mir heraus. Das Reden ist dagegen ein Begründen. Hier begründet der Taubstumme nicht etwas. Er redet nicht über etwas, sondern er spricht, er spricht sich aus, er spricht aus sich heraus. Er ist fähig geworden zum Gespräch.

Das ist natürlich nur eine ganz persönliche Auslegung, in der ich versuche, den Text auf dem Hintergrund der geistlichen Begleitung zu verstehen. Ich kann ihn aber auch ganz persönlich so sehen, dass ich der Taubstumme bin und Jesus begegne – in der Meditation, in der Eucharistie – und Jesus diese sechs Schritte der Therapie an mir vollziehen lasse.

Ulrich Luz: Ich finde Ihre Auslegung sehr schön und kann und will gar nichts daran kritisieren. Sie haben diese Geschichte nicht auf der Subjektebene ausgelegt, also nicht im engeren Sinn des Wortes tiefenpsychologisch. Natürlich haben Sie dem Text etwas hinzugefügt, was von Ihnen kam, damit er zu heutigen Menschen spricht. Aber das geht ja gar nicht anders: Jede Auslegung in heutiger Zeit und für heutige Menschen *muss* zu einem Text etwas hinzufügen und in diesem Sinn eine *neue* Auslegung sein. Jede heutige Auslegung hat gegenüber dem ursprünglichen Text einen Sinnüberschuss, der über den Ursprungssinn des Textes hinausführt und seine Sinnpotenzen ausschöpft.

Ich möchte nun aber auf diejenigen Verse von Mk 7,31–37 hinweisen, zu denen Sie nichts oder fast nichts gesagt haben: Da ist einmal der einleitende V. 31, diese merkwürdige Routenangabe: Jesus ist aus dem Gebiet von Tyrus noch mehr nach Norden, ins Gebiet von Sidon gewandert und dann nach Süden an den See von Galiläa mitten hinein in das Gebiet der Dekapolis, wo offenbar unsere Geschichte spielt. Dann ist es der V. 36, das Schweigegebot Jesu und seine Übertretung. Es sind nun offenbar plötzlich wieder andere Menschen da, obwohl Jesus den Taubstummen »für sich« auf die Seite genommen hat. Wenig gesagt haben Sie auch zu V. 37, der Reaktion dieser Menschen, die überwältigt waren (man kann auch übersetzen: »außer sich gerieten« oder »erschraken«) und mit an die Bibel anklingenden Worten sagen, was Jesus für große Dinge getan hat. Alle diese drei Verse haben in verschiedener Weise die Funktion, diese einzelne Wundergeschichte mit dem Ganzen der Jesusgeschichte des Markusevangeliums zu verbinden. Ich will sie jetzt nicht im einzelnen auslegen und auch nicht versuchen zu sagen, was sie für Menschen von heute bedeuten können, sondern nur sagen: Diese Verse zeigen, dass es nicht nur so ist, dass Auslegungen für Menschen von heute gegenüber dem Ursprungssinn des Textes einen Sinnüberschuss aufweisen, sondern dass auch das Umgekehrte der Fall ist: Auch die biblischen Texte in ihrer ursprünglichen Kommunikationssituation und in ihrem ursprünglichen literarischen Ko-Text weisen gegenüber heutigen Auslegungen einen Sinnüberschuss auf. Es ist ebenfalls Aufgabe der wissenschaftlichen Exegese, auch auf solche Sinnüberschüsse der Texte hinzuweisen. Wenn wir einen biblischen Text für heutige Menschen auslegen, fügen wir dem Text nicht nur etwas hinzu, sondern wir blenden auch einen Teil seiner Sinnpotenzen aus. Es ist Aufgabe der wissenschaftlichen Exegese, auf die ausgeblendeten Sinnpotenziale der biblischen Texte hinzuweisen. Und sie muss sich für die biblischen Texte wehren, wenn sie den Eindruck hat, dass eine heutige Auslegung ihren Sinn nicht nur erweitert und neu akzentuiert, sondern ihn verdreht und auf den Kopf stellt.

Anselm Grün: Ihre Bemerkungen akzeptiere ich gerne. Sie weiten meinen Blick. Ich möchte nur etwas sagen zur Reaktion der Menschen in V. 37. Das ist für mich ein hymnisches Besingen der Tat Jesu. Und da fällt mir sofort die lateinische Communio ein, die der gregorianische Choral so wunderbar vertont hat: »Bene omnia fecit. Surdos fecit audire et mutos loqui.« Das kann man nur besingen. Und es ist interessant, dass die Liturgie diese Worte nach der Kommunion singt. Das zeigt: In der Kommunion begegne ich diesem Jesus, der mir jetzt die Ohren öffnet und meine Zunge löst. Und zugleich wird das Verhalten Jesu von meiner persönlichen Erfahrung zu einem gemeinsamen Besingen dieses wunderbaren Rabbi Jesus, der alles gut gemacht hat.

4. Das anvertraute Geld – vom Über-Ich-Gott?

Ulrich Luz: Der Text, den ich ausgewählt habe, ist das Talentengleichnis in seiner matthäischen Fassung (Mt 25,14–30). Ich will jetzt nicht den ganzen Text vorlesen – die Geschichte von den drei Sklaven, denen ein Gutsbesitzer vor seiner Abreise ins Ausland eine unterschiedliche Zahl von Talenten, also eine sehr große Geldsumme, anvertraut, ist ja bekannt. Sie, Pater Anselm, haben diesen Text wiederum sehr schön ausgelegt: Der Parabel geht es, so sagen Sie einmal, um Mut zum Risiko, um Vertrauen. Es geht um Überwindung eines falschen Sicherheitsdenkens und um Überwindung von Angst, auch um Überwindung von Angst vor Gott, der gerade nicht ein »strenger Buchhalter« ist: »Ein krankes Gottesbild macht dich krank«[3]. Ich selbst will nur die letzten fünf Verse des Textes näher betrachten, wo es um die Reaktion des Herrn auf den dritten Sklaven geht, der das einzige Talent, das er bekommen hat, vergraben hat. Manches in diesen von mir übersetzten Versen ist sehr sperrig.

26 Da antwortete ihm sein Herr: »Du schlechter und ängstlicher Sklave! Wusstest du, dass ich ernte, wo ich nicht gesät habe, und einsammle, von wo ich nicht ausgestreut habe?

27 Dann hättest du mein Geld den Bankiers bezahlen sollen, und ich hätte bei meiner Rückkehr das Meine mit Zinsen erhalten!

28 Nehmt ihm also das Talent weg und gebt es dem, der die zehn Talente hat!

29 Denn jedem, der hat, wird gegeben werden, und er wird Überfluss haben. Aber dem, der nicht hat, wird auch das, was er hat, weggenommen werden.

30 Und den unbrauchbaren Sklaven werft hinaus in die Finsternis draußen; dort wird Heulen und Zähneknirschen sein!«

Ich möchte auf ein paar Einsichten und Fragen der wissenschaftlichen Exegese aufmerksam machen: In V. 27 wird deutlich, dass der Erzähler sich den »Herrn« wohl als nichtjüdischen »Kapitalisten« vorstellt, denn nur ein solcher erwartet Zinsen. Historisch ist das nicht unwahrscheinlich; nichtjüdische Großgrundbesitzer gab es vor allem im südlichen Galiläa viele. Aber dass ein heidnischer Spekulant als Bildspender für Gott gebraucht wird, ist schon merkwürdig. V. 29 tönt wie eine resignierte Bemerkung: Wer hat, dem wird gegeben! Die Reichen werden immer reicher! Ein armer Schlucker verliert noch das wenige, das er hat! So geht es eben in der Welt! Dieser Vers wird normalerweise – und das ist meines Erachtens plausibel – als später hinzugefügte Glosse angesehen. Manche vermuten, hier liege die Glosse eines armen Menschen vor, dem die

---

[3] Grün: Jesus – Wege zum Leben (s. Anm. 1), 120f.

Parabel Jesu nicht ganz ohne Grund in den falschen Hals geraten ist. Jedenfalls verrät dieser Vers viel Sympathie für den dritten Sklaven, der im Übrigen sein Geld nach rabbinischer Auffassung sehr sorgfältig aufbewahrt hat.

In V. 30 verraten die Formulierungen »die Finsternis draußen« und »dort wird Heulen und Zähneknirschen sein« eine typisch matthäische Diktion. Die Wendung vom Heulen und Zähneknirschen kommt im Matthäusevangelium fünfmal vor. Die Formulierung ist typisch für die Zuspitzung der negativen Seite des Gerichtsgedankens im Matthäusevangelium: Auch der christlichen Gemeinde kann das Vernichtungsgericht Gottes bevorstehen, wenn sie sich nicht durch ihre Praxis bewährt. Diese Zuspitzung macht mir Mühe: Wenn ich sie psychologisch deute, dann muss ich feststellen: Hier spricht ein »Über-Ich-Gott«, der Angst verbreitet. Es ist ein Gottesbild, das in der christlichen Tradition sehr verbreitet war, dasjenige Gottesbild, von dem sich Tilman Moser in seinem Büchlein *Gottesvergiftung* freizustrampeln versucht.[4] Psychologische Deutung von neutestamentlichen Texten muss unter Umständen auch bedeuten, ihre negativen und destruktiven Sinnpotenzen offenzulegen. Sie kann mich dazu führen, dass ich in einem offenen, aber auch kritischen Dialog mit den Texten manchmal Nein zu ihnen sagen muss. Biblische Texte sind, wie alle menschlichen Texte, ambivalente Texte, und das gilt ja ebenso für jede Religion, auch meine eigene, das Christentum. Der offene Dialog, den ich mit den Texten führen möchte, soll wirklich offen sein, d. h. er darf nicht dazu führen, dass der eine Dialogpartner den anderen definitiv exkommuniziert.

Ein offener Dialog mit den biblischen Texten führt dazu, dass ich immer wieder neu nach ihrem Sinn fragen muss und mich selbst immer wieder neu hinterfragen muss, ob ich nicht die Texte vorschnell an meine eigene Theologie anpasse und wichtige Sinnpotenzen in ihnen ausblende und überhöre. Er führt auch dazu, dass ich immer wieder selbstkritisch fragen muss, wie *andere* den Text verstehen, in der Vergangenheit oder in der Gegenwart. Auslegung ist

---

[4] Vgl. Tilman Moser: Gottesvergiftung, Frankfurt a. M. 1976.

immer auch ein Dialog mit anderen Auslegerinnen und Auslegern. Aber von einem *vorläufigen* Nein zu einem Text, das ich vielleicht aussprechen muss, kann mich ein solcher Dialog nicht entbinden. Würde ich darauf verzichten, so würde ich nicht als *ganzer Mensch* – und dazu gehört auch mein Verstand und meine eigene subjektive Ehrlichkeit – die Texte auslegen. Bei Ihnen, Pater Anselm, habe ich solche sachkritischen Töne gegenüber den Texten eigentlich nie gefunden. Die Texte, so wie Sie sie auslegten, waren immer gute Texte. Sind sie das wirklich?

Anselm Grün: Von meiner psychischen Struktur her bin ich sicher eher optimistisch. Ich würde nie Nein sagen zu einem biblischen Text. Für mich besteht die Auslegung darin, dass ich mit dem Text solange ringe, bis er für mich ein Wort zum Leben wird. Das bedeutet nicht, dass der Text mich bestätigt. Er stellt mich in Frage. Und ich bin dankbar, dass Sie mir von der kritischen Exegese her einige Anhaltspunkte für die Auslegung des Textes geben. Ich würde nie die Ergebnisse der historisch-kritischen Exegese übergehen. Aber für mich spricht aus diesen Versen kein Über-Ich-Gott. Ich würde vielmehr sagen: »Wenn du so ein Angst machendes Gottesbild hast, dann ist dein Leben jetzt schon Heulen und Zähneknirschen. Und wenn du meinst, du müsstest alles, was du hast, kontrollieren, dann gerät dir dein Leben außer Kontrolle.« Peter Schellenbaum hat ein Buch geschrieben unter dem Titel *Abschied von der Selbstzerstörung*.[5] Für mich ist die Lebenseinstellung des dritten Knechtes ein Weg der Selbstzerstörung. Und Jesus möchte uns, gerade indem er uns mit dem dritten Knecht sympathisieren lässt, provozieren. Die Gleichnisse Jesu haben ja immer zwei Aspekte: Sie faszinieren und sie provozieren. Jesus war ein wunderbarer Erzähler, der seine Zuhörer fasziniert hat. Aber fast in jedem Gleichnis gibt es einen Punkt, an dem wir uns ärgern, an dem uns Jesus provoziert. Dort, wo wir uns ärgern, dass dieser arme dritte Knecht so streng behan-

---

[5] Vgl. Peter Schellenbaum: Abschied von der Selbstzerstörung: Befreiung der Lebensenergie, Stuttgart 1987.

delt wird, will uns Jesus sagen: Schaue mal genau bei dir nach. Du hast offensichtlich ein falsches Selbstbild und ein falsches Gottesbild. Du meinst, du müsstest alles in dir kontrollieren und immer auf Nummer sicher gehen. Doch damit schließt du dich selbst vom Leben aus. Und du hast ein falsches Gottesbild. Wenn du Angst vor Gott hast, dass er dich bestraft, wenn du etwas verlierst, dann schaffst du dir jetzt schon die Hölle. Dann ist dein Leben nicht mehr lebenswert.

Wenn ich Gleichnisse im Kurs mit den Teilnehmern bespreche, gibt es immer hitzige Diskussionen. So auch bei diesem Gleichnis. Wenn ich es dann versuche zu erklären, antworten die Leute: »Das hätte Jesus doch auch etwas einfacher sagen können.« Dann sage ich ihnen: »Wenn Jesus alles so plausibel und einfach erzählt hätte, dann würden wir uns bequem in den Sessel zurücklehnen und sagen: Ja, das ist ja ganz nett. Aber wir würden uns nicht aus unserer Reserve locken lassen. Wir würden unsere Lebenseinstellung nicht hinterfragen.« Die Gleichnisse sind für mich ein wichtiger Weg der Therapiemethode Jesu. Man könnte sie seine Gesprächstherapie nennen. Im Gespräch mit den Zuhörern deckt er ihnen ihre krank machenden Bilder von sich und von Gott auf und lädt sie ein, andere Bilder zu entwickeln, die ihrem Wesen eher gerecht werden.

Ulrich Luz: Ich denke auch, dass Jesus ein begabter und seine Zuhörer ernst nehmender Erzähler ist, der die Menschen, die in seinen Gleichnissen vorkommen, nicht karikiert. So sind etwa im Gleichnis vom großen Gastmahl (Lk 14,15–24) die Gründe derer, welche die Einladung des Herrn ablehnen, durchaus plausibel. Oder im Gleichnis von den Arbeitern im Weinberg (Mt 20,1–16) kann man durchaus verstehen, warum die, welche den ganzen Tag in der Hitze geschuftet haben und dann »nur« den im Voraus abgemachten Lohn kriegen, nicht zufrieden sind. Die Menschen in Gleichnissen sind Rollenangebote für die Hörerinnen und Hörer. Jesus verzeichnet diese Menschen nicht, weil er seine Zuhörer ernst nimmt und ihnen eine *echte* Entscheidung ermöglichen will. So ist es auch in unserem Gleichnis: Das Vergraben des Talentes ist für die Hörer ein positiver Hinweis auf die Gewissenhaftigkeit des dritten Sklaven. Erst dann, wenn er sagt: »Ich kannte dich, dass du ein harter Mensch bist; du erntest, wo du nicht gesät hast« (Mt 25,24), werden ihnen die ersten Zweifel gegenüber dem dritten Sklaven gekommen sein. So wie der dritte Sklave möchte ich selbst von Gott, dem ich alles, auch meine »Talente«, verdanke, nicht reden! Und dennoch kann ich den Schlussvers, wo der unbrauchbare Sklave – endgültig! – in die äußerste Finsternis geworfen wird, nicht als Wort zum Leben empfinden. Das »Heulen und Zähneknirschen« ist ja nicht einfach ein bloßes Bild, sondern ein Bild, das wehtut und das Angst macht, und eben ein Bild für einen Ort, an dem das Tor zum Leben endgültig geschlossen ist.

5. Differenzen und Dialog

Ulrich Luz: Ich möchte etwas verallgemeinern. Ich denke, es gibt schon eine Differenz zwischen uns. Sie hängt mit unserer unterschiedlichen Situation und Sozialisation zusammen, mit Ihrer als Seelsorger, mit meiner als Universitätslehrer, vielleicht auch mit Ihrer Identität als Katholik und mit meiner Identität als liberaler Protestant. Und natürlich auch damit, dass wir als zwei verschiedene Menschen dieselben Texte lesen. Auch ich möchte ja, wie Sie, mit den Texten ringen. Aber der Ausgang des Ringens ist für mich offen – ich weiß nicht, ob sie am Ende ein Wort zum Leben werden. Auch ich habe hohe Erwartungen an die biblischen Texte und weiß, dass ich ohne ständiges Gespräch mit ihnen nicht Christ sein kann. Und Christ sein: das möchte ich. Aber ich weiß auch, dass es biblische Texte gibt, die Menschen drangsaliert und geplagt haben, wie zum Beispiel Tilman Moser, der sich nur so von der Angst vor dem Gott, dem er in der Kirche begegnete, befreien konnte, dass er sich von Gott lossagte. Auch ich möchte die Texte immer so interpretieren, dass ich voraussetze, dass sie mir möglicherweise etwas Wichtiges zu sagen haben. Das gilt übrigens für *alle* Texte, nicht nur für die biblischen, und auch für alle Menschen, die ich möglichst *in bonam partem* interpretieren möchte, indem ich mich von Vorurteilen gegen sie freizumachen versuche. Aber das gelingt mir nicht immer, auch bei biblischen Texten nicht. Es gelingt mir nicht immer, die biblischen Texte von ihren manchmal sehr negativen Folgen freizusprechen, die sie in der Geschichte der Kirche gehabt haben (obwohl ich als Exeget das eigentlich gerne möchte). Aber es gibt Fälle, wo ich nicht sagen kann: »Die biblischen Texte sind ein Wort des Lebens; erst die Menschen später in der Kirchengeschichte haben etwas Schlechtes daraus gemacht.« Ich nehme nur ein Beispiel, nämlich wenn Jesus im Johannesevangelium zu den Juden sagt: Ihr *könnt* mein Wort gar nicht hören, denn »ihr habt den Teufel zum Vater« (Joh 8,44), so ist das für mich ein schlechter Text. Ich denke, dass ich den Tausenden und sogar Millionen von Juden, die im Laufe der christlichen Geschichte für ihren »Unglauben« mit dem Leben bezahlen mussten, schuldig bin, das offen und laut zu sagen. Solche Texte gibt es in der Bibel immer wieder. Das ist ganz natürlich, denn das Christentum ist eine *menschliche,* und darum ambivalente Religion. In der Kirchengeschichte gibt es beides, Liebe und Befreiung, und ebenso Verfolgung und Unterdrückung. Und auch in der Bibel gibt es für mich beides, Worte zum Leben und Worte, die ich beim besten Willen nicht als Worte zum Leben interpretieren kann. Das finde ich gut so, denn die Bibel ist Wort Gottes in menschlicher Gestalt und auch sie partizipiert an der Ambivalenz des Menschlichen. Das verstehe ich unter »offenem Dialog«. Ich sage nochmals: Ich möchte nie ein *endgültiges* Urteil über einen biblischen Text sprechen. Denn dann würde ich mich selbst verabsolutieren.

Hier bleibt also wohl eine Differenz zwischen uns. Diese Differenz stört mich nicht – ich finde sie sogar gut. Denn es ist gut, wenn verschiedene Menschen die Bibel *verschieden* lesen und je auf *ihre* Weise zu ihr Ja oder auch Nein sagen. Das gehört zu der Freiheit, die Jesus – zum Beispiel in seinen Gleichnissen – geben will.

Anselm Grün: Ja, es besteht hier sicher ein Unterschied. Ich spreche und schreibe als Seelsorger, der den Menschen die Worte der Bibel so auslegen möchte, dass die Worte für sie Lebensworte werden. Natürlich tue ich mich mit einigen Worten der Bibel schwer. Ich spreche jetzt nicht von der alttestamentlichen Kriegssprache, die wir nur aushalten können, wenn wir sie bildhaft auslegen. Auch im Neuen Testament gibt es für mich vor allem in den Paulusbriefen und im Zweiten Petrusbrief durchaus Stellen, die mehr die psychische Struktur des Schreibers als Gottes Geist aufleuchten lassen. Aber in den Evangelien sehe ich das anders. Vielleicht ist es wirklich meine geistliche Herkunft vom Mönchtum, das die Worte der Bibel immer heilig hielt und versuchte, sie durch »Wiederkäuen« *(ruminatio)* so in sich hineinzunehmen, dass sie wie Honig werden. Ich will meine Auslegung nicht absolut setzen und auch meine Rechtfertigung der Evangelien nicht. Aber ich spüre, dass ich da nicht anders kann. Warum, das kann ich Ihnen gar nicht begründen. Es widerstrebt mir einfach, Nein zu bestimmten Worten Jesu zu sagen.

Das Wort Jesu, das Sie angeführt haben – »ihr habt den Teufel zum Vater« (Joh 8,44) –, hat natürlich in der Kirchengeschichte ganz unheilvolle Folgen gehabt. Und daher ist es wichtig, dass wir dieses Wort sehr genau und sehr kritisch anschauen sollen. Aber trotzdem halte ich daran fest, dass Jesu Worte uns heute angehen. Für mich ist der Dialog Jesu mit den Juden im Johannesevangelium eigentlich ein Dialog Jesu mit dem Zweifler in mir. Die Einwände, die die Juden gegen Jesus anführen, sind meine eigenen Zweifel. Und die harte Kritik Jesu – »ihr habt den Teufel zum Vater« – lasse ich gegen mich selbst gelten. So haben meine Zweifel ihren Grund im *diabolos,* im »Durcheinanderbringer«, in der inneren Verwirrung meiner Seele, die sich ein ganz bestimmtes Bild von Gott und von Jesus macht und sich von Jesus nicht so gerne aus der Verwirrung herausführen lassen möchte.

Ich kann nicht sagen: Wer von uns beiden hat Recht? Es geht hier gar nicht um Rechthaben. Ich akzeptiere Ihre kritische Sicht. Sie hat auch eine wichtige Bedeutung, damit wir die Worte Jesu befreien von ihrer negativen Wirkungsgeschichte. Und vielleicht ist gerade das ehrliche Ringen um die Worte Jesu von den verschiedenen Gesichtspunkten, die wir beide haben, auch für die vielen Leser und Leserinnen fruchtbar, die sich schwertun mit bestimmten Worten Jesu: als Erlaubnis, auf ihre je persönliche Weise mit den Worten Jesu umzugehen. Ich kann jedenfalls am Ende unseres Gesprächs beide Sichtweisen so stehen lassen und bin dankbar für den ehrlichen und offenen Dialog, der auch in mir weiterhin nachklingen und meine Sichtweise auf die Worte der Bibel beeinflussen wird.

Ohne Empathie keine Erkenntnis des ganzen Menschen
Die erkenntnistheoretische Option hinter der subjektiven Wahrheit Anselm Grüns

von Thomas Philipp

Unwissenschaftlich sei die Theologie Anselm Grüns, wie auch schon jene Eugen Drewermanns, ohne festen Inhalt, ungreifbar und *soft*. Und unkontrollierbar: Da könne ja jeder alles sagen! Bedeutungslos für jede ernsthafte Forschung! Solche Meinungen gibt es. Zitieren lassen sie sich nicht; doch sprechen sie durch die Jahrzehnte der Nichtbeachtung der genannten Autoren. Es darf solche Zweifel geben. Sie stellen legitime Fragen: Darf eine Theologie sich derart an subjektiven Zuständen orientieren? Und was bedeutet ihr Auftreten für die Wissenschaft? Die Zweifel beziehen sich nicht auf diese oder jene Aussage Grüns, sondern auf den Weg, wie er zu Aussagen kommt. Sie stellen eine erkenntnistheoretische Frage! Sie verlangen, über das theologische Erkennen als solches etwas zu erkennen. Ihre Bearbeitung fordert also eine gewisse Abstraktheit.

Grün gibt einer subjektiven Wahrheit in der Welt des Glaubens Raum. Er hat sein Vorgehen eher pragmatisch erläutert: etwa warum er hinter theologischen Aussagen immer nach Erfahrungen fragt oder warum seine Schriftauslegung auf Bilder setzt[1]. Als grundsätzliche Frage hat er meines Wissens die subjektive Wahrheit in der Theologie nie aufgegriffen.

Es stellt sich also die Aufgabe, einen Boden zu bereiten, auf dem die wissenschaftliche Theologie Grün ernst nehmen kann. Der erste

---

[1] Vgl. Anselm Grün: Wegstationen meiner theologischen Sprache, in diesem Band, 34; ders.: Bilder von Seelsorge, Mainz 1991, 7–10.16.

Schritt zeichnet den Neuansatz Sigmund Freuds nach. Freud nimmt nicht nur neue Phänomene in den Blick. Zugleich erscheint hier eine subjektive Wahrheit, und eine Erkenntnismethode, die ihr entspricht. Hiervon sind Erkenntnishaltung und Sprache Grüns und Drewermanns abhängig, vermittelt durch Carl Gustav Jung. Der zweite Schritt fragt nach der Möglichkeit einer solchen subjektiven Wahrheit in der Theologie, der dritte nach dem Ort der Empathie in der Methode der Theologie. Schließlich geht es um theologische Sprachformen, die einer subjektiven Wahrheit Rechnung tragen.

1. Psychotherapie: ein erkenntnistheoretischer Neuansatz

Die eine kann ihren Arm nicht bewegen, die zweite nicht das Bein. Die dritte kann nicht sprechen. Aber an den Nerven ist nichts zu finden. Nichts! Körperlich sind die Frauen gesund. Funktionsstörungen ohne jede nachweisbare körperliche Schädigung. Eine rätselhafte Krankheit! Die – natürlich männlichen – Ärzte sprechen, nicht eben freundlich, von Hysterie: wörtlich ungefähr »krankhafte Gebärmutterhitze«. Führende Spezialisten wie der Pariser Psychiater Jean-Martin Charcot definieren die Hysterie unbefangen als Degeneration. Ihm gelingt es, hysterische Schocklähmungen, wie sie etwa bei einem Eisenbahnunglück entstehen, unter Hypnose zu erzeugen. Das ist zwar nicht gerade ein Heilungserfolg, stellt aber doch grundsätzliche Fragen: Entsteht die Hysterie gar nicht durch körperliche Vorgänge, sondern durch Erlebnisse?

Wien, um 1890. Zwei anerkannte Neurologen, gestandene Naturwissenschaftler, einer davon Schüler Charcots, setzen sich mit diesem rätselhaften Phänomen auseinander. 1893 schreiben Josef Breuer und Sigmund Freud:

> Wir fanden nämlich, anfangs zu unserer größten *Überraschung*, dass die einzelnen hysterischen Symptome sogleich und ohne Wiederkehr verschwanden, wenn es gelungen war, die *Erinnerung* an den veranlassenden Vorgang zu voller Helligkeit zu erwecken, damit auch den *begleitenden Affekt* wachzurufen, und wenn dann der Kranke den Vorgang in möglichst ausführlicher

Weise schilderte und dem Affekte Worte gab. Affektloses Erinnern ist fast immer völlig wirkungslos.[2]

Ich halte drei Aspekte fest: Erstens waren die beiden über die Beobachtung *verblüfft*; sie hatten keine Theorie, welche durch dieses Ergebnis Bestätigung gefunden hätte. Sie hatten überhaupt nicht nach einem derartigen Ergebnis gesucht. Zweitens liegt der Schlüssel in einem *subjektiven Erlebnis*: Der »Hysterische leide größtenteils an Reminiszenzen«[3]. Das Erlebnis muss drittens nicht nur erinnert, sondern zugleich *empfunden* und ausgesprochen werden gegenüber dem Arzt, der sich um einfühlendes Verstehen bemüht.

Hier zeigt sich zunächst eine *anthropologische* Einsicht: Ein wesentlicher Teil der Wahrheit über den Menschen ist subjektiv und gefühlshaft verfasst. Dieser Teil der Wahrheit ist kein vernachlässigbares Anhängsel eines insgesamt objektivierbaren Wesens des Menschen, sondern von erheblicher medizinischer Bedeutung. Daraus ergibt sich eine *methodische*, erkenntnistheoretische Einsicht: Es gibt einen Weg der Erkenntnis des Menschen durch eine einfühlende, nahe Beziehung. Er lässt sich durch nichts anderes ersetzen, weder durch naturwissenschaftliche Untersuchung des Körpers noch durch philosophische oder soziologische Analysen und Überlegungen. Der Mensch kann nicht von außen umfassend begriffen und analysiert werden. Aber es ist möglich, ihn zu verstehen, wenn sich sein personales Selbstzeugnis in einer Öffnung von innen her zu erkennen gibt.

Im Alltag leben wir alle mit der unauflöslichen, bleibend subjektiven Wahrheit gerade unserer nahen Mitmenschen. Und unserer selbst. Die Einsicht scheint banal. Nicht so in der Wissenschaft! Denn für sie geraten hier zwei wichtige Werte in Konflikt: die Forderung nach Objektivität der wissenschaftlichen Wahrheit und der Ehrgeiz, den ganzen Menschen zu Gesicht zu bekommen.

---

[2] Josef Breuer – Sigmund Freud: Studien über Hysterie, Frankfurt a. M. 1991, 30 (Hervorhebungen T. P.).
[3] Ebd., 31.

Zwei Lösungen bieten sich an: Die erste besteht auf der Objektivität der Wahrheit, die der Wissenschaft zu erkennen aufgegeben ist. Sie lehnt Freuds Methode als unwissenschaftlich ab, denn sie verletze wichtige Kriterien, etwa intersubjektive Überprüfbarkeit und Wiederholbarkeit eines Erkenntnisvorgangs. Sie schaffe also gar keine überprüfbaren Fakten. Dieser Haltung folgend sind nur objektivierbare Aspekte des Menschen wissenschaftsfähig, mit dem Ergebnis, dass die Wissenschaft den Menschen als ganzen aus den Augen verliert und in die Untersuchung zahlloser fragmentierter Aspekte zerfällt. Die Frage nach einem umfassenden Bild des Menschen stellt sich nicht mehr. Sie ist überholt. Das ist die Haltung des wissenschaftlichen Mainstreams gegenüber der einfühlenden Psychotherapie. Auch in der Psychologie: Sie versucht von außen, mit raffinierten Fragebogen und viel Statistik, den Menschen zu begreifen. So lässt sich gewiss einiges als nützlicher erweisen als anderes. Aber ist Herr B. zufrieden, wenn er nach eingehender Befragung erfährt, dass er unter 100 Individuen am 63-wenigsten Angst hat? Versteht er jetzt, warum und wovor er Angst hat, und wie er mit ihr umgehen soll? Lässt sich *Gnōthi seauton* an die Statistik delegieren?

Die zweite Lösung, jene Freuds, will den Menschen als ganzen vor Augen bekommen und ist bereit, bei der Objektivität der Wahrheit Kompromisse zu akzeptieren. Die Empathie findet als eigenständige Form der wissenschaftlichen Erkenntnis Anerkennung, auch wenn Kant sie nicht als Vernunftgebrauch akzeptiert hätte … Hier ist Denken erlaubt, *und* Spüren; gemeinsam bilden beide eine größere, achtsamere Einheit. Wenn sich die Gefühlswahrheit nur in der einfühlenden Zweierbeziehung zeigt – nun gut, dann schreiben Seelenärzte eben Fallgeschichten, welche die Gefühle, fremde und eigene, glaubwürdig reflektieren und miteinander verbinden. Auch hier gibt es Kriterien, also auch Kritik: Gibt es Widersprüche? Ergibt sich ein Entwicklungsschritt schlüssig aus dem anderen? Lässt der Bericht Emotionen, etwa Wut des Therapeuten in der Beziehung zum Patienten, spüren, ohne sie adäquat zu reflektieren? Diese Kriterien sind freilich weicher, abhängig von subjektiven Sichtweisen.

Soweit die sachliche Alternative. Sie ist aber nicht nur sachlich. Denn die erste Lösung macht den Wissenschaftler zum Repräsentanten einer objektiven, für alle verbindlichen Wahrheit. Sie spendet eine griffige Identität und verleiht Macht. Freuds subjektive Wahrheit relativiert beides, den sicheren Grund des Selbst wie den normativen Einfluss. Darum wird sie als Bedrohung erlebt. Und bekämpft: zunächst mit wilder Wut, heute durch stillschweigenden Ausschluss. An den deutschsprachigen Universitäten wird nicht einfühlend (psychodynamisch) gearbeitet, außer in kleinen Randwelten, in Sozialanthropologie[4] oder Psychosomatik. Gern haben wir das zwar nicht, aber da bei unseren magersüchtigen Töchtern alle anderen Mittel versagen ...

Außerhalb der Universität, in der therapeutischen Klinik, hat sich eine Vielzahl einfühlender Methoden etabliert, eine Sprache, eine ganze Kultur des heilenden Umgangs mit emotionalen Verletzungen. Diese fordert Menschenbild und Wahrheitsanspruch des Christentums heraus, streitbar bei Eugen Drewermann – und eben bei Anselm Grün.

---

[4] Nach Claude Lévi-Strauss: Einleitung [1973], in: Marcel Mauss: Soziologie und Anthropologie. Bd. 1: Theorie der Magie/Soziale Morphologie, Frankfurt a. M. ²1999, 7–41, gilt für alle Wissenschaften, dass der Beobachter in das beobachtete System eingreift und die Ergebnisse beeinflusst. Jedes Objekt ruft subjektive Vorstellungen hervor, welche auf die Erkenntnis einwirken und also vollständig reflektiert werden müssten, was unmöglich ist. »Eine totale Chemie müsste uns nicht nur die Gestalt und die Verteilung der Moleküle in der Erdbeere erklären, sondern auch, wie aus dieser Anordnung ein einzigartiger Geschmack resultiert« (ebd., 22). Also für mich! Unter Einschluss der Tatsache, dass der Erdbeergeschmack mich an die Torten meiner Oma erinnert, sich mit dem Geruch ihrer Wohnung vermischt und so ein spezifisches Wohlsein hervorruft. Schon mein Bruder wird den Geschmack anders beschreiben. Um eine soziale Tatsache zu begreifen, muss man sie erfassen von außen wie ein Ding, das zugleich einschließt, wie der Eingeborene sie bewusst und unbewusst wahrnimmt. Es ergibt sich ein dialogisches Wechselverhältnis von Subjekt und Objekt, das sich nicht auflösen lässt. Die Ethnografie geht mit ihm um »dank der Fähigkeit des Subjekts, sich unbegrenzt zu objektivieren, das heißt (ohne jemals den Punkt zu erreichen, an dem es sich als Subjekt aufgäbe) immer weiter abnehmende Bruchstücke seiner selbst nach außen zu projizieren« (ebd., 23).

2. Subjektive Wahrheit in der Theologie?

Kommt die Wahrheit der Christen wesentlich von außen? Ja, die Frohe Botschaft trägt Wortcharakter, niemand kann sie sich selbst sagen, alles hängt am Hören auf den anderen, der sie mir bringt. Steht also die Wahrheit der Christen in der Schrift, in der kirchlichen Tradition? Weiß in der Praxis folglich der Pfarrer, wo's langgeht?

Ja – und nein. Denn die Schrift bezeugt selbst eine Wahrheit, die von innen kommt. *Der Geist bezeugt unserem Geist, dass wir Kinder Gottes sind* – indem wir bemerken: Es sehnt sich in unserem Innern, in unaussprechlichen Seufzern, die rufen »Abba, lieber Vater!« (vgl. Röm 8; Gal 4,6) Paulus kennt eine innere Wahrheit, die sich unserem Bewusstsein klar bemerkbar macht. Nach Johannes tröstet sie uns. Und führt uns nach und nach in alle Wahrheit ein (vgl. Joh 16,13). Wenn das keine Erfahrungen sind! Durchaus ebenbürtig dem Wort, wie Irenäus von Lyon findet, der bedeutendste Theologe des zweiten Jahrhunderts. Hier formen zwei Hände des Vaters den Menschen, dieses Stück Ton, zum Ebenbild Gottes[5] – das Wort von außen, der Geist von innen, geheimnisvoll zusammenwirkend. Kurz, im Neuen Testament, bei den griechischen Vätern und im Glaubensbekenntnis ist eine innere Wahrheit überhaupt kein Problem, sondern ein unverzichtbares Moment des Heilsplans, der nicht auf Gehorsam, sondern auf die Heilung und Heiligung jedes einzelnen zielt.

Auch Thomas von Aquin verdient, ein Theologe des Geistes genannt zu werden. Für ihn ist die Erfahrung des Geistes das Wichtigste und Stärkste des Neuen Bundes und Ursprung christlicher Identität. Nicht aus eigener Kraft, nicht durch ethische Anstrengung kann ein Mensch glauben, hoffen und lieben, sondern nur, indem der Geist ihn ergreift und innerlich erhebt. Gott gibt wohl dies und das (die geschaffene Gnade); vor allem aber gießt er seinen Geist (die ungeschaffene Gnade) in die gläubigen Herzen ein.[6]

---

[5] Vgl. Irenäus von Lyon: Adversus haereses IV 20,1; 39,2; V 6,1; 28,4.
[6] Vgl. Thomas von Aquin: Summa Theologiae Ia-IIae q. 106 a. 1f.

Wo also liegt das Problem? In der Kirchenspaltung des 16. Jahrhunderts, dem unverarbeiteten Trauma! Nun muss der eine dem anderen beweisen, dass er Unrecht hat. Das kann man nur mit einer objektiven Wahrheit, mit Bibelstellen, mit Konzilsbeschlüssen. Eine subjektive Wahrheit – »so nehme ich es wahr« – scheint eine stumpfe Waffe, eine nutzlose Denkform, ja eine teuflische Gefahr: Hatte sich nicht Martin Luther auf das Gewissen berufen? Die subjektive Wahrheit hatte zur Auflösung der Autorität, zur Spaltung geführt – bedurfte es da noch weiterer Argumente? Alles kam darauf an, die objektive Autorität der sichtbaren, der streitenden Kirche zu schützen. Je mehr Zentralisierung, desto besser! Die Barockscholastik zweifelte daran, ob die Christen den Geist überhaupt bewusst erfahren können: Ist der Gehorsam gegenüber dem Zeugnis von Schrift und Tradition womöglich der einzige Weg, vom Geist zu wissen? Diese Haltung, die alles ins Objektive ziehen will, nahm später Einflüsse des aufklärerischen Rationalismus auf. Im 20. Jahrhundert passte sie sich ängstlich naturwissenschaftlichen Vorstellungen von Objektivität an, neuerdings sogar dem Effizienzkult der wirtschaftsförmigen Universität. Ohne dass wir Theologen uns dessen bewusst wären, bestimmt eine reflexhafte Abwehr jeder subjektiven Wahrheit unsere Sprache.

Ausgenommen ist nur der allerinnerste Bereich des persönlichen Schicksals. Hier und nur hier findet sich eine subjektive Wahrheit unstrittig anerkannt. Sie ist es, die über Heil und Unheil entscheidet. »Nicht gerettet wird aber, wer, obwohl der Kirche eingegliedert, in der Liebe nicht verharrt und im Schoße der Kirche zwar ›dem Leibe‹, aber nicht ›dem Herzen‹ nach verbleibt.« (*Lumen gentium* 14) So lehrt das Konzil, ein klassisches Thema der Predigt aufnehmend. Am Ende kommt es nicht nur auf die objektive Wahrheit der Kirchlichkeit an, sondern auf die subjektive des Herzens. Diese freilich ist der Theologie nicht greifbar, inhaltlich liegt sie außerhalb ihres Gegenstands. Ethisch zeigt sich dieser innerste Bereich im Gewissen. Auch wenn es irrt, behält es seine Würde, so lehrt das Konzil.[7] Auch

---

[7] »Im Innern seines Gewissens entdeckt der Mensch ein Gesetz, das er sich nicht

wenn diese Lehre sich auf Thomas berufen kann – sie widersprach doch einer jahrhundertelangen kirchlichen Praxis. Und die Gewissensentscheidung bleibt ein Grenz- und Sonderfall in einer christologisch angesetzten christlichen Sprachwelt, in der es um objektive Wahrheit geht.

Auf protestantischer Seite verlief die Entwicklung, paradoxerweise, analog. Was als Gewissenstat begann und 1521 auf dem Wormser Reichstag seine volle Würde fand, drohte schon 1525 zu einem Bürgerkrieg zu führen, in dem sich jeder auf sein Gewissen berufen würde. Angesichts des blanken Chaos musste Luther die Orientierung am Gewissen aufgeben und den Gehorsam gegenüber den Landesfürsten predigen. Die Bibel allein, ohne entsprechende differenzierte Kommunikationsmuster der Gemeinschaft, vermag das Gewissen, vermag die Erfahrung des Geistes nicht zu schützen. Letztere muss sich in einen frommen Individualismus ohne jedes politische Gewicht zurückziehen. Ein Dialog, ein echtes Austarieren von subjektiver und objektiver Wahrheit findet auch hier nicht statt.

Ein Pappkamerad! Wirklich? Die Theologen, die sich ernstlich um Drewermann bemühten und um die Hunderttausenden, die ihn lasen, lassen sich an den Fingern einer Hand abzählen.[8] Wir ha-

---

selbst gibt, sondern dem er gehorchen muß und dessen Stimme ihn immer zur Liebe und zum Tun des Guten und zur Unterlassung des Bösen anruft und, wo nötig, in den Ohren des Herzens tönt: Tu dies, meide jenes. Denn der Mensch hat ein Gesetz, das von Gott seinem Herzen eingeschrieben ist, dem zu gehorchen eben seine Würde ist und gemäß dem er gerichtet werden wird. Das Gewissen ist die verborgenste Mitte und das Heiligtum im Menschen, wo er allein ist mit Gott, dessen Stimme in diesem seinem Innersten zu hören ist. [...] Nicht selten jedoch geschieht es, daß das Gewissen aus unüberwindlicher Unkenntnis irrt, ohne daß es dadurch seine Würde verliert« (*Gaudium et spes* 16).

[8] Vgl. Josef Sudbrack: Im Gespräch mit E. Drewermann, in: Geist und Leben 62 (1989), 325–338; ders.: Die Kleriker. Nachtrag zum Gespräch mit E. Drewermann, in: Geist und Leben 63 (1990), 182–199; ders.: Ein Brückenschlag zum Anliegen Drewermanns, in: Geist und Leben 65 (1992), 46–56; ders.: Eugen Drewermann – um die Menschlichkeit des Christentums, Würzburg ³1992; ders.: Exegese und Tiefenpsychologie aus der Sicht geistlicher Exegese, in: Albert Görres – Walter Kasper (Hg.): Tiefenpsychologische Deutung des Glaubens? Anfragen an Eugen Drewermann (Quaestiones Disputatae 113), Freiburg i. Br. ⁴1992, 98–114; Peter Eicher (Hg.): Der

ben, differenziert und kritisch, zugesehen, wie er sich radikalisierte und schließlich selbst ausschloss. Wir haben ihn fallen lassen. Eine theologische Auseinandersetzung mit Anselm Grün und den Millionen, die ihn lesen, beginnt erst heute.

3. Empathie als Methode der Theologie

Die Psychotherapie macht uns Theologen darauf aufmerksam, dass ein Denken, das etwas spürt, während es denkt, menschlicher ist. Sind wir bereit, die Empathie mit uns selbst, das wohlwollende Verstehen unserer eigenen Zustände zu lernen? Sind wir bereit, den verbogenen und verbiegenden Aspekten unserer Geschichte zu begegnen und uns mit ihnen zu versöhnen? Sind wir bereit, engagiert nach Heilung zu suchen? Spüren wir, wenn sich hinter klaren Begriffen Zerrissenheit und Spaltung verbergen? Spüren wir, dass unsere allzu klaren Gewissheiten uns Gefühle vom Leib halten sollen: Selbstzweifel, Schuld – und die Fegfeuer der Scham?

Aber ist denn Empathie, ist Compassion kein Thema der ethischen und praktischen Theologie? Doch, und das ist gut. Aber hier ist die Empathie nur ein Erkenntnisgegenstand unter vielen. Sie ist noch keine eigenständige *Erkenntnisform* gegenüber dem schlussfolgernden Denken.

Anknüpfen hingegen lässt sich an einige der Großen in der Theologie des 20. Jahrhunderts: ein Erbe, dessen sich die Schultheologie kaum bewusst ist. Marie-Dominique Chenu OP sieht Menschen, die »auf emotionaler Ebene mit den Hoffnungen ihres Volkes in Verbindung stehen *[par une communion affectueuse aux aspirations de leur peuple]*«. Diese Menschen, Propheten, haben tieferen

---

Klerikerstreit: Die Auseinandersetzungen um Eugen Drewermann, München 1990; Eugen Biser – Eugen Drewermann: Welches Credo?, hg. von Michael Albus, Freiburg i. Br. 1993; Gregor Fehrenbacher: Drewermann verstehen. Eine kritische Hinführung, Olten [2]1992; Thomas Philipp: Die theologische Bedeutung der Psychotherapie. Eine systematisch-theologische Studie auf der Grundlage der Anthropologie Alexander Mitscherlichs (Freiburger theologische Studien 159), Freiburg i. Br. 1997.

Einblick in die Ereignisse: »Der Prophet ist wirklichkeitsnäher als der Gelehrte, weil er die Geschichte lesen kann. Er nimmt, jenseits abstrakter Prinzipien, die Zeichen der Zeit wahr *[Le prophète est plus réaliste que le docteur, parce qu'il lit dans l'histoire. Il perçoit les signes du temps, au-delà des énoncés de principe]*«[9]. Eintreten in die Geschichte, Geschichtlichkeit der Theologie schließt also ein Gefühl für das soziale Werden ein. Es bedeutet mehr als ein nur intellektuelles Eintreten in die Welt. Chenu will

> auf jene unter uns herrschende ziemlich allgemeine Form einer Unempfindlichkeit gegenüber den Energien, die sich in der kollektiven Gesellschaft finden, hinweisen, die den heutigen Lauf der Welt sehr beeinflussen. In gleicher Weise *spüren* wir nicht recht das eigentliche Problem innerhalb der Menschheitsentwicklung, in deren tiefem Schoß sich die dunklen Erwartungen anhäufen; wir sind nicht empfindsam genug gegenüber den Gesetzmäßigkeiten, die wohl nicht zu fassen, aber dennoch für den Rhythmus des Ablaufes auch der freien Entscheidungen der Einzelpersönlichkeiten äußerst bestimmend sind; ganz allgemein gesprochen möchte ich auf jene Unempfindlichkeit gegenüber dem »sozialen Werden« hinweisen, das wir mehr oder weniger immer in einen Gegensatz zur »sozialen Ordnung« stellen.[10]

Karl Rahner bemerkt im Blick auf die pluralistische und säkularisierte Welt, in welche eine künftige Theologie sprechen muss:

> Dadurch, daß z. B. ein Kleriker von ihr redet, lebt er noch nicht wirklich in ihr. Aber erst wenn er auch in ihr lebt (was nicht heißt: sich in jeder Hinsicht mit ihr allein identifiziert), kann er die Theologie schreiben, die die Zukunft braucht. Zu dieser Annahme der geistig-gesellschaftlichen Situation gehört eben nicht nur das Wissen um fremde »Meinungen«, die einem ebenso fern bleiben wie einem Durchschnittseuropäer das Wissen (das er vermittelt bekam) um tibetanische Medizin, sondern auch das unreflektierte Mitvollziehenkönnen des Lebensgefühls eines Menschen von morgen, der nicht Christ ist.[11]

---

[9] Marie-Dominique Chenu: Les signes des temps, in: Nouvelle Revue Théologique 87 (1965), 29–39, hier: 33f.
[10] Marie-Dominique Chenu: Die Arbeit und der göttliche Kosmos, Mainz 1956, 121 (Hervorhebung T. P.).
[11] Karl Rahner: Über künftige Wege der Theologie, in: ders.: Schriften zur Theologie. Bd. 10, Einsiedeln – Zürich – Köln 1979, 41–69, hier: 46.

Für Juan Luis Segundo SJ schließlich, einen der Väter der Befreiungstheologie, zeigt sich die Gegenwart Gottes in der Geschichte nicht so, dass Gott noch einmal ausdrücklich auf sie hinwiese, etwa durch ein Wunder. Vielmehr ist es in die Verantwortung des Menschen gestellt, die göttlichen Absichten und Prioritäten wahrzunehmen und sie anzuzeigen: »Allein von diesem Engagement her, das die Frucht der Einfühlsamkeit ist, lässt sich abklären, ›wann‹ Gott das offenbart hat, was heute in Form der Bibel vorliegt.«[12]

4. Platzhalter erlauben, subjektive Wahrheit in den Text hineinzulesen

In welchen Sprachformen kann die Theologie diese subjektive Wahrheit angemessen wahrnehmen? Drei Axiome grenzen das Feld ein.

1. Die Frohe Botschaft richtet sich an den ganzen Menschen. Christus ist nicht nur für alle, sondern auch für den ganzen Menschen gestorben. »Was nicht angenommen ist, ist nicht erlöst.« (Gregor von Nazianz) Deshalb ist ein Wissenschaftsbegriff, der auf die sorgfältige Erkenntnis von Teilaspekten des Menschen von vornherein verzichtet, für die Theologie indiskutabel.

2. Drewermann hat den Strumpf gleichsam auf links gezogen, indem er der rein objektiven Wahrheit eine rein subjektive entgegenstellte. Hier ist die Geschichte gegenüber dem Traum von geringer Bedeutung. Da das Wort des anderen wesentlich zur Frohen Botschaft gehört, genügt diese Position nicht.

3. Zu suchen ist nach einem Wahrheitsbegriff, der die Eigenständigkeit der subjektiven *und* der objektiven Wahrheit anerkennt und sie einander sinnvoll zuordnet.

Die Tradition bietet hier wertvolle Ansatzpunkte. Die Christen der Neuzeit haben Sprachformen entwickelt, die als Platzhalter für das

---

[12] Juan-Luis Segundo: Offenbarung, Glaube und Zeichen der Zeit, in: Ignacio Ellacuría – Jon Sobrino (Hg.): Mysterium Liberationis. Grundbegriffe der Theologie der Befreiung, Luzern 1995. Bd. 1, 433–460, hier: 453.

Erleben, die Selbstwahrnehmung und Sprache des Subjekts funktionieren[13]. Zuerst Ignatius! Wer die Exerzitien macht, soll eine biblische Szene selbständig durchgehen und etwas finden, was sie mehr sprechen oder verspüren lässt. Recht bildlich soll man sich die Szene vorstellen, die Personen vor sein inneres Auge treten lassen, soll »hören, was sie sprechen oder sprechen können; und indem man sich auf sich selbst zurückbesinnt, irgendeinen Nutzen daraus ziehen«. Das sei »von mehr Geschmack und geistlicher Frucht, als wenn der, der die Übungen gibt, den Sinn der Geschichte viel erläutert und erweitert hätte. Denn nicht das viele Wissen sättigt und befriedigt die Seele, sondern das Innerlich-die-Dinge-Verspüren-und-Schmecken«[14]. Eine Phantasieübung nennt man so etwas heute. Wozu? Ganz vage heißt es: irgendein Nutzen. Platzhalter einer Erfahrung, die von innen entgegenkommt. Ignatius weiß nicht, was der Suchende finden soll. Selbst soll er's spüren! Er gibt nur Kriterien: Es soll Trost und Geschmack am Leben bedeuten. Also spürbar aufrichten, in sich selbst Boden finden lassen, festigen, heilen. Auch das berühmte ignatianische Motto *a mayor gloria divina* ist mehr ein solcher Platzhalter als eine objektive Wahrheit. Es lautet eben nicht »Zur größeren Ehre Gottes«, sondern »Zu größerer Ehre Gottes«: Ignatius vermeidet den bestimmten Artikel, nur selten spricht er von *la mayor gloria divina*. Es geht nicht darum, den Einzelfall ins Schema des schon Begriffenen einzuordnen. Vielmehr ist es Sache des geistlichen Pilgers, herauszufinden, worin diese größere Ehre hier und jetzt konkret be-

---

[13] Eine Analogie zu solchen Platzhaltern findet Lévi-Strauss: Einleitung (s. Anm. 4), 35, »wenn wir einen Gegenstand, der unbekannt ist, oder dessen Wirkung uns stutzen lässt, als *truc* oder *machin* bezeichnen. *Machin* verweist auf die Maschine und entfernter auf Kraft oder Macht, während die Etymologen *truc* von einem mittelalterlichen Wort ableiten, das die glückliche Hand bei Geschicklichkeits- und Glücksspielen bedeutet. Immer und überall treten Begriffe dieses Typs ein, um wie algebraische Symbole einen seiner Bedeutung nach unbekannten Wert zu repräsentieren, der in sich selber sinnleer und darum geeignet ist, jeden beliebigen Sinn anzunehmen – mit der einzigen Funktion, eine Kluft zwischen Signifikant und Signifikat zu schließen«.
[14] Ignatius von Loyola: Geistliche Übungen, hg. von Peter Knauer, Würzburg 1998, Nr. 123. 2.

steht.¹⁵ Diese Sprache gibt keine objektive Wahrheit zu bedenken. Vielmehr weist sie auf eine unbekannte, aber gegenwärtige Wahrheit hin, für die das Subjekt achtsam werden soll.

Johannes XXIII. und das Zweite Vatikanische Konzil haben die einfühlende Achtsamkeit für die unbekannte Wahrheit des Fremden zu einem Grundbegriff der theologischen Erkenntnistheorie gemacht. Die katholische Kirche glaubt heute, dass in der weltlichen Geschichte Werte des Evangeliums, die *Zeichen der Zeit,* anonym gegenwärtig sind. Zum Beispiel im Eintritt der Frau ins öffentliche Leben. Die Christen sollen sich von diesen Hoffnungen der Zeit berühren lassen, sich je neu einfühlen, eintreten in die konkrete Gegenwart des Geistes. Sie sollen die Zeichen der Zeit aufnehmen. Nur so können sie eine Synthese des zeitgenössischen Hoffens verkörpern und so Zeugen der Frohen Botschaft *in* unserer Zeit sein. Rahners Begriff der anonymen Christen weist die gleiche Struktur der unbekannten Wahrheit im Anderen auf.

Und ebenso Anselm Grün: »An uns liegt es, dem verwandelnden Gott zu glauben und zu trauen und uns und unsere gesamte Wirklichkeit diesem Gott hinzuhalten«¹⁶. Das Kirchenjahr lässt »Heilung finden von den vielen Wunden, die wir mit uns herumtragen«¹⁷ – solche Wendungen weisen auf die Existenz einer subjektiven Wahrheit hin, ohne sie zu kennen, und leiten zu einem menschlichen Umgang mit ihr an.¹⁸

Die Begegnung des Menschen mit seiner letzten Wahrheit findet in der Muttersprache der Seele statt, wie sie aus Beziehungen und

---

15 Vgl. Peter Knauer: Hinführung zu Ignatius von Loyola, Freiburg i. Br. 2006, 94.
16 Anselm Grün: Bilder von Verwandlung (Münsterschwarzacher Kleinschriften 71), Münsterschwarzach 1993, 98.
17 Anselm Grün: Heilendes Kirchenjahr (Münsterschwarzacher Kleinschriften 29), Münsterschwarzach 1985, 82.
18 Die Aufmerksamkeit für die Wirkungsgeschichte bei Ulrich Luz sucht in der Weise, wie ein Text verstanden wurde, Muster einer Beziehungsdynamik des Textes zu finden. Sie benennt die Rollenangebote, die der Text macht. Damit ist noch nicht die subjektive Dynamik des heutigen Hörers erfasst, aber deren Wahrnehmung doch vorbereitet und gefördert.

Verwundungen, aus kultureller und religiöser Formung, aus Erfolg und Scheitern sich herausgebildet hat. Sicher nicht in der Sprache der Theologie oder des Lehramtes! Auch nicht in jener Anselm Grüns. Nein, das Eigentliche geschieht in einer unbekannten Fremdsprache. Theologinnen und Theologen können nur auf die Möglichkeit dieses Eigentlichen hinweisen, provozieren, und zu ihrer Anwendung und Bewährung im Alltag beitragen.

Sie können nicht mehr von einem objektiven Standpunkt her sprechen, der die ganze Wirklichkeit zu überschauen glaubt. Sie können nur eine reale Möglichkeit bezeugen. Mit Ignatius geht es nicht um Einsicht in objektive Richtigkeiten – sie nähren die Seele ja nicht! – sondern darum, Handlungsmöglichkeiten wahrzunehmen. Und konkrete Befreiung. Der Tonfall des selbstsicheren »So ist es!« passt nicht ins 21. Jahrhundert, wohl aber die hörende Haltung der Propheten Chenus. Hier gibt es eine Demut zu lernen.

Zusammenfassend möchte ich festhalten, dass die christliche Wahrheit sich als Gedankensystem, als Ideologie zeigen kann – oder zeitgemäßer als hermeneutisches Vertrauen. Als kommunikative Haltung, die im fremden Gegenüber die göttliche Gegenwart gläubig vermutet, hoffend sucht und so die Einfühlung in die Liebe einschließt.

Möglichkeiten und Grenzen einer inneren Wahrheit in der Theologie
Eine fundamentaltheologische Erschließung der geistlichen Schriften von Anselm Grün

von Margit Eckholt

Zwischen dem Wirken von Pater Anselm Grün und der Theologie liegen Welten. Auf der einen Seite der gefragte Redner und Bestseller-Autor, dessen Bücher Regale in den Buchhandlungen in Buenos Aires oder São Leopoldo füllen. Auf der anderen Seite die Theologie, die sich immer mehr in ihren Kokon einspinnt. Sie spielt auf den unterschiedlichsten methodischen Klaviaturen – hermeneutisch, sprachphilosophisch, genderorientiert oder postkolonial. Sie analysiert die Zeichen der Zeit; doch genau diese unsere Zeit scheint sie immer weniger zu erreichen. Darum danke ich, in Erinnerung an den verstorbenen Pastoraltheologen Michael Felder, für diese Tagung zur Theologie und Sprache bei Anselm Grün. Ich wünsche mir, dass sich die beiden Welten nähern und einer gemeinsamen Sache dienen: einer lebendigen Gotteserfahrung, die sich selbst wissenschaftlich reflektiert und so von Bekehrung, Verwandlung, Heil und Heilung spricht.

1. Spiritualität: ein Zeichen der Zeit

Der große Absatz der Texte, die vielen Vortragseinladungen des Mönchs Anselm Grün stehen für das Zeichen der Zeit der Spiritualität. Die Theologie nimmt es noch viel zu wenig ernst. Ich verwende den Begriff Spiritualität zunächst in einem recht ungenauen, eher publizistischen Sinn. Das Wort ist ja erst um 1950 in den deutschen Sprachschatz aufgenommen worden; es hat Begriffe wie Frömmigkeit, Religiosität und Mystik ersetzt.

Zwar waren früher Aszetik und Spiritualität Teil der Theologenausbildung. Doch standen sie eher am Rand; Gestalt und Inhalt der systematischen Theologie haben sie kaum geprägt. Kein Wunder also, dass neben den theologischen Fakultäten Orte entstanden, kirchlich oder nicht, die einem weiteren Publikum Spiritualität vermitteln. So kam es zu einer beeindruckenden Pluralisierung des Phänomens der Spiritualität. Das Interesse an neuen Formen von Religiosität und an Glaubensformen im Plural ist groß. Doch es bezieht sich nicht mehr auf kirchlich-dogmatische Glaubensaussagen, vielmehr ist mit dem neu erwachten Interesse an Spiritualität Kritik an kirchlichen Institutionen verbunden. Fast zwei Drittel der für die Shell-Studien befragten Jugendlichen geben an, dass Spiritualität für sie von Bedeutung ist, dass die Kirchen jedoch keine Antworten auf die Fragen und Probleme junger Menschen hätten.[1] In diesem Kontext stellt sich die Frage nach den Möglichkeiten und Grenzen einer inneren Wahrheit.

Spiritualität ist ein Zeichen der Zeit. Sie radikalisiert die moderne Trennung von subjektiver Erfahrung und objektivem Inhalt, zwischen Religiosität und Religion. Religion wird im Zuge von Privatisierung, Individualisierung und Pluralisierung zu Religiosität und Spiritualität. Religiöse Erfahrung koppelt sich immer mehr von Gemeinschaften und Institutionen ab, die früher die Autorität des Glaubens gewährleisteten und ihn normativ vermittelten. Von Bedeutung wird eine innere Wahrheit, die sich von äußeren Vorgaben – scheinbar – befreit. In den westlichen Gesellschaften bezieht sich diese Spiritualität auf individuelle Lebenssituationen, nicht mehr auf eine spezifische Religion; sie verbindet sich mit Wellness und Psychotherapie. Statt Glaube, der mit etwas Vorgegebenem verbunden war, mit Dogmen, Riten und einer kirchlichen Gemeinschaft, sind nun Spiritualität und Mystik angesagt. Gerade

---

[1] Vgl. z. B. Lothar Bily: »Religious turn«. Die »Wiederkehr der Religion« als gesellschaftliche und kirchliche Herausforderung, in: Martin Lechner – Angelika Gabriel (Hg.): Religionssensible Erziehung. Impulse aus dem Forschungsprojekt »Religion in der Jugendhilfe« (2005–2008), München 2009, 115–131.

junge Menschen suchen nach einer Erlebnisqualität, nach stärker gefühlsbetonten religiösen Formen, nach einer authentischen und persönlichen Erfahrung des Transzendenten. Damit scheint Theologie als Glaubenswissenschaft obsolet zu werden, weil deren Objekt, der Glaube, mit den Fragen der Menschen und ihrem Leben nicht mehr in Verbindung zu stehen scheint. Das Echo auf Anselm Grün hat mit dieser Erlebnisorientierung von Religion zu tun, mit der Suche nach einer inneren, scheinbar von äußeren Autoritäten freien Wahrheit.

Wenn populärwissenschaftliche Texte diesen Trend aufgreifen, legen sie oft einen angelsächsischen Erfahrungsbegriff im Anschluss an William James zugrunde[2]. Das englische *experience* unterscheidet nicht wie das Deutsche zwischen objektiver Erfahrung und subjektivem Erlebnis. Hier droht Erfahrung zugleich empiristisch verkürzt und subjektivistisch missverstanden zu werden. In diesem Sinn, so der Religionsphilosoph Gerd Haeffner, ist Spiritualität zu einem Modewort geworden, das »eine innere Einstellung meint, die sich der einzelne selbst in großer Distanz zur institutionellen Religion erwirbt, wobei das leitende Ziel oft nicht in mehr besteht als in bloßer Harmonie mit sich (wellbeing).«[3] Innere Wahrheit wird hier zu einer immanenten Größe relativiert.

Es tut also eine Auseinandersetzung mit dem Begriff der inneren Wahrheit not, auch angesichts der Wirkung der Schriften Anselm Grüns! Entdecken viele Hörer/innen und Leser/innen Anselm Grüns etwas in seinen Schriften, was von ihm gar nicht intendiert ist? Unterbietet womöglich eine populäre Rezeption Anselm Grün, sodass gerade eine theologische Klärung nottut? Für Anselm Grün

---

[2] Vgl. Gerd Haeffner: Erfahrung – Lebenserfahrung – religiöse Erfahrung. Versuch einer Begriffsklärung, in: Friedo Ricken (Hg.): Religiöse Erfahrung. Ein interdisziplinärer Klärungsversuch, Stuttgart 2004, 15–39, hier: 15f.; William James: Die Vielfalt religiöser Erfahrung, Olten 1979; Dietmar Mieth: Annäherung an Erfahrung – Modelle religiöser Erfahrung im Christentum, in: ders. – Walter Haug (Hg.): Religiöse Erfahrung. Historische Modelle in christlicher Tradition, München 1992, 1–16.
[3] Vgl. Friedo Ricken: Einführung, in: ders., Religiöse Erfahrung (s. Anm. 2), 9–14, hier: 9.

selbst – und für die Theologie, der sich in einem solchen Gespräch Spiritualität als ursprünglicher Ort theologischer Erkenntnis neu erschließen kann?

Was also heißt innere Wahrheit? In welchem Verhältnis steht sie zu Erfahrung und zu Offenbarung? Ich möchte in den Spuren der christlichen spirituellen Meister einen Zugang zum Begriff der inneren Wahrheit bauen, seine Möglichkeiten erschließen und seine Grenzen benennen.

Theologie und Sprache Anselm Grüns haben sich in der Auseinandersetzung mit Karl Rahner ausgeprägt. Seine Doktorarbeit *Erlösung durch das Kreuz* untersucht den Beitrag von Karl Rahner zu einem heutigen Erlösungsverständnis und baut bereits Brücken zur Rezeption psychologischer Ansätze. Gegenüber Rahners transzendentaler Erfahrung fordert Grün einen stärker auf eine anthropologische Ebene heruntergebrochenen Erfahrungsbegriff[4]. Karl Rahners Schriften legen den theologischen Grund für Anselm Grüns Verständnis von Erfahrung und innerer Wahrheit.

Unter Spiritualität möchte ich darum, nun genauer, »Lebensgestaltung unter der Führung des Heiligen Geistes«[5] verstehen, mit Anselm Grün und über ihn hinaus. Also keine innere Wahrheit von bloß subjektiver Erlebnisqualität! Vielmehr eine innere Wahrheit, die über die je neue Annäherung an die großen Meister christlicher Tradition und mit ihnen an *den* Meister Jesus von Nazaret immer schon vermittelte und gedeutete Erfahrung ist. Eine innere Wahrheit also, die verifiziert wird durch ein Ereignis, das die je eigene

---

[4] Vgl. Anselm Grün: Erlösung durch das Kreuz. Karl Rahners Beitrag zu einem heutigen Erlösungsverständnis, Münsterschwarzach 1975, 264: »Der Mensch kann sich heute nicht ohne weiteres mit den Erfahrungen identifizieren, die die transzendentale Reflexion Rahners voraussetzt. Die transzendentale Begründung der Erlösung verlangt einen zu hohen Abstraktionsgrad. Als Zielvorstellung hat sie die Deszendenzchristologie, die als Ausgangspunkt für ein heutiges Erlösungsverständnis weniger geeignet erscheint. Sowohl die transzendentale Erfahrung wie die Todeserfahrung beziehen sich auf Erfahrungen des einzelnen Menschen und vernachlässigen seine soziale und politische Dimension.«
[5] Gerd Haeffner: Einführung, in: ders. (Hg.): Religiöse Erfahrung II, Interkulturelle Perspektiven, Stuttgart 2007, 9–13, hier: 13.

innere Wahrheit in der Begegnung mit einem Anderen reifen und wachsen lässt.

2. Gnade als innerste Mitte der Existenz: die Möglichkeit einer inneren Wahrheit

2.1 Mit Anselm Grün in den Spuren der alten Meister

Für Anselm Grün sind Vertrauen, Umdeuten, Übersteigen Schritte auf dem Weg zum wahren Selbst. In ihnen prägt sich der lebendige Prozess des Glaubens aus,[6] und zwar vor allem im Tun der Worte Jesu[7]. Dabei trägt den Gehenden ein Ahnen in der Tiefe des Herzens.

> Das ist ein guter Weg, ein Weg, auf dem ich wahrhaft zu meinem Ziel komme, auf dem all meine Sehnsüchte erfüllt werden [...], ein Weg, der mich lebendig macht, der meinem Leben neue Dimensionen erschließt, der mich zur Erfahrung der Einheit mit Gott, dem wahren Grund allen Seins führt, und der mich in der Einheit mit Gott auch eins werden läßt mit meinem innersten Kern und mit allen Menschen.[8]

Auch die Erfahrungen des Kreuzes, die der Mensch auf seinen Wegen macht, werden im Glauben an den Tod und die Auferstehung Jesu zu Dimensionen des Lebens. Sie bedeuten »Selbsterkenntnis als schmerzliche und demütigende Erfahrung der eigenen Schwäche

---

[6] Vgl. Grün: Erlösung (s. Anm. 4), 110: »Als Struktur der Grundvollzüge, in denen der Mensch das Heil Christi ergreift, sieht Rahner das Über-sich-hinaus, das Übersteigen, Sich-aufgeben, Sich-loslassen und das Annehmen. Diese Grundstruktur der menschlichen Existenzvollzüge hat Christus am Kreuz verwirklicht und unserer Erkenntnis und Freiheit eingeformt als den Weg zu unserer Erfüllung, zu unserem Heil.«

[7] Vgl. Anselm Grün: Dimensionen des Glaubens, Münsterschwarzach [7]2004, 96: »Im Handeln nach Jesu Worten erkennen wir erst in aller Tiefe das Geheimnis unserer Erlösung. Glauben heißt nicht nur sehen, sondern von den Worten Jesu her handeln. Und das Handeln führt dann wieder zu einem neuen Sehen. Wir handeln nach den Geboten Jesu, weil wir von ihm erlöst worden sind. Aber indem wir nach den Worten Jesu handeln, entdecken wir zugleich das wahre Geheimnis unserer Erlösung.«

[8] Ebd., 100f.

und Sündhaftigkeit«[9], und darin – in und aus dieser *humilitas* – Gotteserfahrung.

> Gotteserfahrung ist nicht ein Entrücken in himmlische Höhen, sondern sie geschieht in der humilitas, in der Niedrigkeit des der Erde verhafteten Menschen. Gotteserfahrung schließt die schmerzliche Selbsterfahrung mit ein und ist als solche selbst schmerzlich, demütigend und verwundend. Gott schlägt dem, der ihm begegnen will, so lange Wunden, bis er durch alle Verhärtungen und Krusten hindurch sein Herz erreicht. Die Demut ist die Bereitschaft, sich von Gott aller schützenden und abschirmenden Umhüllungen berauben zu lassen, um mit einem verwundeten Herzen Gott liebend begegnen zu können.[10]

Glauben ist also nicht das Für-wahr-Halten einer abstrakten Wahrheit, sondern ein lebendiger Vollzug aus und in der Tiefe der gebrochenen Existenz des Menschen. Glauben heißt Vertrauen, Umdeuten und Übersteigen. Dieser Weg der Selbstentdeckung – so entfaltet es Grün im Gespräch mit Tiefenpsychologie und transpersonaler Psychologie[11] – ist ein Weg der Einswerdung »in eine größere Freiheit und in eine neue Lebendigkeit«[12]. Dieser Weg in den Spuren Benedikt von Nursias führt in die Entdeckung einer inneren Wahrheit. Auf dem Weg des Glaubens entdecke ich mich in meiner *humilitas* und entdecke darin etwas, das größer ist als ich: »Mein wahres Selbst entdecke ich erst, wenn ich die Oberfläche der Gedanken und Gefühle durchstoße und in Berührung komme mit meinem transzendenten Kern«[13].

Dabei spielt Anselm Grün immer wieder Texte der Wüstenväter, von Evagrius Ponticus und der deutschen Mystik ein. Er macht deutlich, dass das Entdecken einer inneren Wahrheit im Voraus von der Erfahrung der Gnade getragen ist.

---

[9] Anselm Grün: Demut und Gotteserfahrung, Münsterschwarzach 2012, 68.
[10] Ebd., 68f.
[11] Grün: Dimensionen (s. Anm. 7), 10.47–64.
[12] Anselm Grün: Einswerden. Der Weg des heiligen Benedikt, Münsterschwarzach ⁴2003, 11.
[13] Grün: Dimensionen (s. Anm. 7), 55.

> Der Mystiker Johannes Tauler meint, in diesen Seelengrund könnten wir nicht aus eigener Kraft gelangen, sondern nur, wenn wir Gott an uns handeln lassen. Und er legt das Gleichnis von der verlorenen Drachme so aus, daß Gott in unser Haus eindringt und alles, was wir als Möblierung unseres Ichs geschaffen haben, erst einmal durcheinanderwirft, um unter all dem Besitz, den wir uns durch unsere Arbeit an uns selbst erworben haben, nach der Drachme zu suchen, nach unserem wahren Selbst. Gott muß also erst die Ausstattung unseres Ichs, die wir durch psychologische Methoden mühsam geschaffen haben, also unsere Ichstärke, unser Rollenverhalten, unsere Selbstsicherheit, unser Selbstvertrauen, umwerfen, damit wir auf die Drachme stoßen, das Wertvollste, das wir in uns haben: Gott.[14]

Im lebendigen Prozess des Glaubens sind Selbsterkenntnis und Gotteserkenntnis miteinander verbunden. Gotteserkenntnis heißt, von Gott erkannt zu werden und sich darin selbst zu erkennen. So ist Glaube gerade kein Weg zur Selbstverwirklichung, sondern ein »Weg weg von den Wünschen und Bedürfnissen unseres Ichs, hin zu Gott, der im Seelengrund schon wohnt, aber den wir in unserem Kreisen um uns selbst übersehen.«[15] Nur indem der Mensch im Voraus von Gott erkannt ist, im je neuen Übersteigen der Erfahrung des Selbst, kann mit Anselm Grün von einer inneren Wahrheit gesprochen werden. So zu glauben bedeutet nicht bloß, »von einer höheren Warte aus sich selbst und sein Leben sehen, sondern sich der Wirklichkeit zuwenden, die schon in uns ist, der Wirklichkeit Gottes und der Wirklichkeit unserer erlösten Existenz.«[16]

Anselm Grün bewegt sich hier, angeleitet von der Weisheit der Wüstenväter und Wüstenmütter, in den Spuren Rahners. Das Innerste des Inneren bzw. der transzendente Kern des Menschen erschließt sich, indem der Mensch sich von Gott erschlossen findet. Im Unterschied zu Rahners Weg- und Alltagsspiritualität folgt Grün den alten Meistern in das Innere des Menschen. Hier, in Auseinandersetzung mit den Antrieben, den Leidenschaften, auch mit

---

[14] Ebd., 56.
[15] Ebd.
[16] Ebd., 57.

dem Bösen, möchte er »unsere Möglichkeiten«, das »Geheimnis unserer Erlösung«[17] entdecken: ein Prozess, ein Einswerden, in dem der Mensch an den Ort des reinen Schweigens in sich vordringt.

> Mit der deutschen Mystik könnten wir sagen, wir übersteigen die Ebene unseres Alltagsbewußtseins und dringen an den Ort vor, an dem in uns reines Schweigen ist. In jedem von uns ist schon dieser Ort, an dem es ganz still ist, ein Ort, der unberührt ist von den lärmenden Gedanken, unberührt von unseren Kränkungen und Enttäuschungen, unberührt auch von unserer Schuld.[18]

Grün zitiert die Herzensmystik Augustins:

> Kehret in euer Herz zurück! Was geht ihr fort von euch, um durch euch zugrunde zu gehen? Was geht ihr einsame Wege? Durch Umherschweifen geht ihr in die Irre: kehret zurück! Wohin? Zum Herrn. Schnell! Zuerst kehre in dein Herz zurück! Ausgewandert von dir schweifst du draußen umher; du kennst dich selbst nicht und fragst nach dem, von dem du geschaffen bist [...]. Kehre in dein Herz zurück! Sieh dort, was du etwa von Gott denkst, weil dort das Bild Gottes ist! Im inneren Menschen wohnt Christus, im inneren Menschen wirst du erneuert zum Bilde Gottes, in seinem Bilde erkenne dessen Urheber.[19]

2.2 Die Qualität der inneren Wahrheit: *adaequatio* mit Jesus Christus

»Wo Gott in uns ist, da sind wir ganz wir selbst, da berühren wir unser eigentliches Geheimnis [...]. An diesem Ort bin ich erst ganz ich selbst, da lebe ich nicht mehr auf reduziertem Niveau, sondern auf dem Niveau, das mir als Sohn Gottes angemessen ist.«[20] Wenn Grün von innerer Wahrheit spricht, so versteht er sie in der

---

[17] Ebd., 96.
[18] Ebd., 57. Ebenso zitiert Grün hier aus dem *Proslogion* des Anselm von Canterbury: »Auf denn, du kleiner Mensch, flieh ein wenig deine Geschäftigkeit! Verstecke dich eine kleine Weile vor deinen lauten Gedanken! Wirf die Sorgen ab, die auf dir lasten, und nimm Abstand von dem, was dich zerstreut!«
[19] Ebd., 57f.; vgl. dazu auch Anselm Grün: Spiritualität. Ein ganzer Mensch sein, Freiburg i. Br. 2011; Mystik. Den inneren Raum entdecken, Freiburg i. Br. ³2011; Herzensruhe. Im Einklang mit sich selber sein, Freiburg i. Br. ²²2012.
[20] Grün: Dimensionen (s. Anm. 7), 58.

Möglichkeiten und Grenzen einer inneren Wahrheit in der Theologie

Tradition der Wüstenväter, der Theologen der Patristik und der mittelalterlichen Mystik als *adaequatio* mit Jesus Christus. Es geht um einen Weg der Angleichung des Menschen an das Bild, das Gott in ihn gelegt hat und dessen Gebrochenheit durch Schuld und Sünde am Kreuz Jesu geheilt wird.

Wie für die patristische Anthropologie ist der Mensch für Grün Kind Gottes und auf Gott ausgerichtet. Schuld, Sünde und zerstreuende Leidenschaften entfremden den Menschen sich selbst, den anderen und seinem Ursprung. Der Weg der Nachfolge Jesu macht ihn dem ursprünglichen Bild ähnlich, das Gott in ihn gelegt hat. Hier gibt es einen Ort, einen Raum, in dem die Erfahrung der Erlösung, der Wahrheit gemacht werden kann. Das unterscheidet sich durchaus von den spirituellen Wanderern am Beginn des 21. Jahrhunderts, oder von der erlebnisorientierten, extrovertierten Spiritualität der pfingstlichen und charismatischen Bewegung.

Als geistlicher Lehrer will Grün anleiten, diese innere Wahrheit zu entdecken, eins mit sich zu werden und so auf die Wirklichkeit unserer erlösten Existenz zu stoßen. Dies geschieht im Hinabsteigen vom Kopf ins Herz. »Im Herzen geht es nicht um unser stolzes Tun, sondern um ein demütiges Empfangen.«[21] Bereits in seiner Doktorarbeit hat Grün dieses passiv-aktive Geschehen des Heilwerdens, der Erlösung, herausgearbeitet, in dem subjektives und objektives Moment aufeinander bezogen und ineinander verzahnt sind.

> Subjektive und objektive Erlösung darf man nicht als Gegensätze verstehen. Man darf sie vor allem nicht als Alternative sehen: entweder subjektive Erlösung als Selbsterlösung oder objektive Erlösung als Fremderlösung. Diese Alternative ist falsch. Denn unsere subjektive Freiheitstat ist immer schon von Gott ermächtigt. Die subjektive Erlösung ist von der objektiven getragen. Gottes Gnade bewirkt die Selbstbefreiung des Menschen von seiner Selbstentfremdung.[22]

Der Mensch macht in sich selbst die Erfahrung des Heils, indem er es annimmt und sich auf den Weg des Glaubens macht. Die subjek-

---
[21] Grün: Demut (s. Anm. 9), 45.
[22] Grün: Erlösung (s. Anm. 4), 109.

tive Heilserfahrung ist immer in die objektive, in Jesus Christus sich ereignende Erlösung eingeborgen; diese geht jeder geschichtlichen Freiheitssituation voraus.

> Die subjektive Annahme des objektiv in Christus angebotenen Heils ist noch einmal ein Geschenk der Gnade Gottes, von der Erlösungstat in Christus bewirkt. »Somit ist auch die individuelle subjektive Erlösung, wo und wenn sie sich ereignet, Wirkung und Sieg des in Christus sich geschichtlich und irreversibel zur Erscheinung bringenden Heilswillens Gottes, also des Kreuzes Christi«[23].

In diesem Sinn konstituiert sich die innere Wahrheit als subjektive Erfahrung über das Außen, die objektive Gabe des Heils. Das Heil ist ein Geschenk an die innerste Mitte des Menschen. Es ist bleibend unverfügbar. »Dieses Heilsangebot ist nicht nur das Gewähren einer Heilschance, es ist vielmehr selbst schon Heil, weil es die Freiheitssituation des Menschen zum Heil hin verändert hat und den Menschen schon vor seiner Freiheitsentscheidung innerlich bestimmt.«[24] Innen und Außen, subjektives und objektives Moment gehören in dieser Bestimmung der inneren Wahrheit zusammen. Es gibt ein äußeres Verifikationskriterium für die Wahrheit, das im Innern – bzw. auf den lebendigen Wegen in das Innere – gefunden wird und das doch mehr als dieses Innere ist. Die Gotteserfahrung geht insofern jeder Selbsterfahrung voraus, und doch geht sie dem Menschen nur auf den Wegen der Selbsterfahrung auf.

> Zu sich selbst findet der Mensch nur, wenn er sein kleines, alles an sich raffen wollendes Ich loslässt und zu jener Mitte vorstößt, in der nicht mehr sein Tun, sondern das demütige Empfangen gefragt ist. Das Entscheidende in seinem Leben kann er nicht selbst erreichen, sondern muss er sich schenken lassen. In der Demut findet der Mensch sich selbst und Gott als den Grund seines Lebens, als den, der sich ihm schenkt.[25]

---

[23] Ebd., 108f.; Grün zitiert hier Rahners Vorlesung *Einführung in den Begriff des Christentums*.
[24] Ebd., 108.
[25] Grün: Demut (s. Anm. 9), 45.

Diese innere Wahrheit ist kein Schlusspunkt. Sie ist lebendig, will gesucht und geschenkt werden, will in der Auseinandersetzung mit den Leidenschaften – den »Dämonen« – je neu gefunden sein. Nicht ich setze hier eine Wahrheit, sondern ich entdecke sie in der Demut und im Leerwerden.

Im Prozess des Übereinstimmens mit sich kann also von innerer Wahrheit gesprochen werden: über das Erkanntwerden von Gott im Innen des Selbst. Dieselbe Logik findet sich in der hermeneutischen Philosophie Paul Ricœurs[26]: indem es seinem Gewissen folgt, kann das Selbst mit sich identisch werden. Doch der Anspruch des Gewissens ist keine bloß subjektive Größe, sondern eine Erfahrung, in der im Bewusstsein Wirkliches aufgeht.

3. Grenze und Nicht-Selbstverständlichkeit der inneren Wahrheit

Der Hinweis auf den Erfahrungsbegriff Ricœurs schlägt die Brücke zur Moderne. Im heutigen Sinn wird Erfahrung erst bei Hume und Kant ein Thema.[27] Ganz anders in der katholischen Theologie des 19. und 20. Jahrhunderts: Hier war Erfahrung, war innere Wahrheit gerade kein Thema. Glaube bedeutete, eine von außen kommende Wahrheit gehorsam anzunehmen. Erfahrungsbezug war als Subjektivismus oder Pietismus verpönt. Hier zeigte sich ein Spiritualitätsdefizit der katholischen Schultheologie.

Erst das Zweite Vatikanische Konzil ebnete Erfahrungstheologen wie Karl Rahner oder Edward Schillebeeckx die Bahn. Eine neue Vermittlung zwischen innerer und äußerer Wahrheit, zwischen Er-

---

[26] Vgl. Paul Ricœur: Soi-même comme un autre, Paris 1990 [dt. Das Selbst als ein Anderer, München 1996].

[27] Vgl. dazu: Lieven Boeve – Yves de Maeseneer – Stijn van den Bossche (Hg.): Religious Experience and Contemporary Theological Epistemology, Löwen 2005; Lieven Boeve – Laurence Paul Hemming (Hg.): Divinising Experience. Essays in the History of Religious Experience from Origen to Ricœur, Löwen 2004; Wolfhart Pannenberg: Die Theologie und die neue Frage nach der Subjektivität, in: Stimmen der Zeit 202 (1984), 805–816.

fahrung und dogmatischer Vorgabe wurde möglich. Das normative Zeugnis der Schrift wird in *Dei verbum,* um nur ein Beispiel zu nennen, zur lebendigen Tradition im inneren Verkosten durch die Leser/innen und Hörer/innen des Wortes Gottes: in ihrem Hineinwachsen in innere Erfahrungen der Wirklichkeit Gottes. In der Tradition eines John Henry Newman kennt das Konzil den *sensus fidelium,* den Glaubenssinn aller. Auf dieser Spur kann man zu einer inneren Wahrheit kommen. Sie findet ihre Grenze am inkarnatorischen Prinzip: am Christusereignis, das sich leiblich, geschichtlich und gemeinschaftlich zeigt. Erfahrung ist mit Schillebeeckx darum »ein Zusammenspiel von Wahrnehmen und Denken, von Unmittelbarkeit und Vermittlung durch Überlieferung.«[28]

Erfahrung, auch innere Erfahrung, ist immer schon gedeutete Erfahrung. Sie findet in einer Überlieferung statt. Sie ist keine unmittelbare Evidenz eines Ereignisses. Jede innere Wahrheit ist eingebettet in den Plural des *sensus fidelium.* Sie ereignet sich in einem Unterscheidungsprozess der Gemeinschaft der Glaubenden. Die Erfahrung der Zeichen der Zeit und ihre amtliche Anerkennung, Volk Gottes und kirchliches Lehramt suchen je neu nach einem Gleichgewicht. Dieses Zusammenspiel der verschiedenen Orte der Glaubenserkenntnis braucht die Theologie als kritische Stimme. Die Theologie steht je neu dafür ein, dass die lebendige Offenbarung unverfügbar bleibt und nicht unserem Machen untersteht.

Dieses lebendige Zusammenspiel begrenzt die innere Wahrheit. Und es stabilisiert sie, gerade gegenüber charismatischen und pentekostalen Religionsformen[29]. Denn wenn Erfahrung als bloßes subjektives Erleben verstanden wird, spitzt sich die Polarisierung zwischen subjektiver Erfahrung und objektivem Glaubensgehalt so zu, dass beide als fragwürdig dastehen.

---

[28] Theologie der Erfahrung – Sackgasse oder Weg zum Glauben? Ein Gespräch mit Edward Schillebeeckx, in: Herder Korrespondenz 32 (1978), 391–397, hier: 392.
[29] Vgl. Margit Eckholt: Pentekostalismus: Eine neue »Grundform« des Christseins, in: Tobias Keßler – Albert-Peter Rethmann (Hg.): Pentekostalismus. Die Pfingstbewegung als Anfrage an Theologie und Kirche, Regensburg 2012, 202–225.

Genau in diesem Sinn bezeichnet Anselm Grün die Dogmen als Richtschnur, »die wir nicht verlassen dürfen. Sie sind verpflichtend für unser Suchen. Sie schließen eine willkürliche Deutung des Glaubens aus, aber sie entheben uns nicht der Verpflichtung, immer weiter zu bedenken und zu erforschen, was sie eigentlich sagen wollen«[30]. In den Spuren der frühen Kirche betont Anselm Grün die soteriologische Dimension des Dogmas, sicher ein Aspekt, der in der Moderne in den Hintergrund getreten ist. So verbindet Grün objektive Wahrheit und subjektive Erfahrung. Die Wahrheit der Dogmen liegt gerade darin, »daß sie uns frei macht, weil sie uns unser wahres Wesen erschließt und uns danach leben läßt. Und so gilt als Kriterium ihrer Deutung, welche Frucht sie hervorbringt. Wenn die Dogmenauslegung eng und ängstlich macht, spiegelt sie nicht den Geist Jesu wider.«[31]

> Ein Dogma ist immer ein Glaubenssatz, von dem man leben kann. Das ist auch ein Kriterium für die Interpretation [...]. Es geht in der Auslegung der Dogmen darum, daß wir davon leben können, daß wir uns in den Dogmen als erlöste Menschen wiederfinden, daß wir in ihnen auf das wahre Geheimnis unserer erlösten Existenz stoßen.[32]

---

[30] Grün: Dimensionen (s. Anm. 7), 18f.; vgl. ebd., 16: »Die Dogmen entfalten nur die eine Tatsache, daß wir durch Tod und Auferstehung Christi erlöst worden sind. Um dieses zentrale Geheimnis unseres Glaubens geht es in allen dogmatischen Sätzen. Damit aber beziehen sich alle Glaubenssätze auf uns Menschen, auf unsere Beziehung zu Gott, auf Gottes Tun an uns. Sie deuten uns unsere Erfahrung von Heil und Erlösung. Sie sind keine abstrakten Sätze, sondern drücken menschliche Erfahrungen aus. Um die Dogmen daher richtig zu verstehen, müssen wir nach den Erfahrungen fragen, die dahinterstehen, und die in ihnen Gestalt gewonnen haben. Wenn wir nach den Erfahrungen suchen, die sich in den Dogmen ausdrücken, so werden wir uns in den Dogmen wie in einem Spiegel sehen. Und wir werden uns in diesem Spiegel besser und wirklichkeitsgerechter erkennen als durch bloße Innenschau. Die Dogmen sagen uns, wer wir eigentlich sind, was das Geheimnis unseres Lebens, unserer erlösten Existenz ist. Die Dogmen rufen in uns die Erfahrungen wach, die wir auf dem Grund unserer Seele gemacht, die wir aber immer wieder verdrängt haben, weil wir keine Worte dafür fanden. [...] Die Dogmen drücken unsere tiefsten Erfahrungen aus und geben uns so den Mut, das, was wir im Grunde unseres Herzens spüren, als echt anzunehmen und aus dieser Erfahrung heraus zu leben.«
[31] Ebd., 22.
[32] Ebd., 21.

Indes wird bei Grün zu wenig deutlich, dass zur Erfahrung des Dogmas die vielfältigen und nicht abgeschlossenen Deuteprozesse in der Gemeinschaft gehören. Auch die geistliche Begleitung eines Menschen ist ein solcher offener Deuteprozess, der innere Wahrheit entdecken hilft und sie zugleich relativiert: indem er sie nämlich je neu auf die Unverfügbarkeit der Wahrheit öffnet.

Geistliche Lehrer wie Pater Anselm sind wichtig, um Menschen den Schatz christlicher Tradition auf attraktive Weise nahezubringen, sie zum Glauben zu befähigen und ihnen Erfahrungsräume zu erschließen, in denen sie zu Subjekten ihres Glaubens werden können: mündige Christen und Christinnen. Die geistlichen Schriften von Pater Anselm, aus höchster theologischer Schulung erwachsen, sind dabei auf eine kritische und hermeneutische Theologie verwiesen. Diese bezieht die – mit Ricœur gesprochen – langen Wege der Deutung ein: im Dienste des je größeren Gottes, der Unverfügbarkeit und letzten Nicht-Erfahrbarkeit Gottes. Das entlastet die geistliche Begleitung. Denn es gibt das Ausbleiben oder sich verzögernde Einstellen einer inneren Wahrheit. Und es gibt das Vertrauen, von anderen – von einem Anderen – begleitet zu werden, der noch der *Fremde* ist, ohne den ich nicht leben kann und der sich auf den vielen Emmaus-Wegen erschließt.

Esoterische Elemente im Menschenbild Anselm Grüns?
Wurzeln seiner Anthropologie zwischen Karlfried Graf Dürckheim und der katholischen Mariologie

von Helmut Zander

Bei Anselm Grün finden sich Äußerungen zur theologischen Anthropologie, die einen katholischen Dogmatiker die Luft anhalten lassen können:

> Dort wo das Reich Gottes in uns ist, [...] kommen [wir] in Berührung mit dem einmaligen unverfälschten und unversehrten Bild [...], das Gott sich von jedem von uns gemacht hat. [...] Unterhalb der Schuld ist in uns ein Raum, der ohne Schuld ist, der nicht von der Schuld infiziert und getrübt ist.[1]

Konzipiert Grün hier eine häretische Anthropologie, insofern Schuldlosigkeit ein Gottesprädikat ist und es den Menschen demgegenüber auszeichnet, schuldfähig (klassisch gesagt: mit der Erbsünde) zu leben? Läuft Grüns Anthropologie auf einen göttlichen Menschen hinaus, auf die Aufhebung des Unterschiedes zwischen Gott und Mensch, die man als Kennzeichen einer sogenannten esoterischen Anthropologie lesen kann und die sozusagen die Erzhäresie fast aller Traditionen des Christentums ist, weil sie die Freiheit Gottes wie des Menschen in Frage stellt? Damit steht auch die Frage im Raum: Woher hat ein fränkischer Benediktiner aus dem Kloster Münsterschwarzach diese Vorstellung?

Freundlicherweise hat er zugestimmt, mit mir ein Gespräch über Fragen zu führen, die sich nicht mit Hilfe seines autobiografischen Vortrags auf der in diesem Band dokumentierten Tagung an der

---

[1] Anselm Grün: Wegstationen meiner theologischen Sprache, in diesem Band, 33.

Universität Freiburg (Schweiz) oder aus seinen veröffentlichten Schriften klären lassen. Dafür danke ich herzlich.[2]

1. Anselm Grüns Begegnung mit esoterischen Traditionen

Anselm Grün verweist in seinem autobiografischen Vortrag offen auf die hohe Bedeutung, die Karlfried Graf Dürckheim (1896–1988) für ihn besaß, und unterstreicht dies im persönlichen Gespräch (»ich verdanke Dürckheim viel«). Bei Dürckheim stößt man unmittelbar auf Traditionen, die gemeinhin mit esoterischen Vorstellungen[3] in Verbindung gebracht werden: etwa auf Carl Gustav Jungs (1875–1961) Lehre von den Archetypen und auf seine Anthropologie, die oft nahe bei der Vorstellung eines göttlichen Kerns im Menschen ist; auf Julius Evolas (1898–1974) initiatische Philosophie (unter der dieser eine Einweihung in höhere Erkenntnis verstand) oder auf Jean Gebsers (1905–1973) ganzheitliche Konzeption des Verhältnisses von Mikro-

---

[2] Das Gespräch fand am 18. Juni 2013 in Münsterschwarzach statt. Zitate, deren Herkunft nicht nachgewiesen ist, stammen aus diesem Gespräch. Der Gesprächstext ist nicht normalisiert.

[3] Die Definition einer westlichen »Esoterik« ist ein Gegenstand kontroverser Debatten. Einer inhaltlichen Definition Antoine Faivres (vgl. Esoterik im Überblick. Geheime Geschichte des abendländischen Denkens, Freiburg i. Br. 2001 [Frz. Orig.: L'Ésotérisme, Paris 1992], 24–33) hat Kocku von Stuckrad mit einem diskurstheoretischen Ansatz widersprochen (vgl. Locations of Knowledge in Medieval and Early Modern Europe. Esoteric Discourse and Western Identities, Leiden – Boston 2010). Wouter Hanegraaff nutzt einen wissenssoziologischen Ansatz, in dem er Esoterik als »rejected knowledge« versteht (vgl. Esotericism and the Academy. Rejected Knowledge in Western Culture, Cambridge u. a. 2012). Ich selbst meine, dass es sinnvoll ist, Inhalte zwar als diskursiv konstituiert, aber nicht als beliebig, sondern als kontingent zu verstehen, wobei das identitätsphilosophische Denken einschließlich der Vorstellung des göttlichen Menschen ein Element ist (vgl. Helmut Zander: Das Konzept der »Esoterik« im Bermudadreieck von Gegenstandsorientierung, Diskurstheorie und Wissenschaftspolitik. Mit Überlegungen zur konstitutiven Bedeutung des identitätsphilosophischen Denkens, in: Monika Neugebauer-Wölk – Renko Geffarth – Markus Meumann (Hg.): Aufklärung und Esoterik: Wege in die Moderne (Hallesche Beiträge zur Europäischen Aufklärung 50), Berlin u. a. 2013, 113–135.

und Makrokosmos. In dieser Perspektive liegt es nahe, in Dürckheim einen Angelpunkt für Grüns esoterische Anthropologie zu sehen.

1.1 Dürckheim und die esoterische Tradition

Der 1896 in München in eine katholische Familie geborene Karlfried Graf Dürckheim wurde in Deutschland nach dem Zweiten Weltkrieg zu einer wichtigen Person für eine erneuerte Praxis der Meditation in der Verbindung von, wie er es nannte, östlichem und westlichem Denken. Seine Biografie und seine Rezeptionsgeschichte sind nur unzureichend erforscht;[4] zudem fehlen Studien zu seinem (alternativ-)religiösen Umfeld. Dazu gehören mit vergleichbaren Interessen etwa die Nachfolger der »Schule der Weisheit« von Hermann Graf Keyserling (1880–1946) oder die Meditationspraxis Hugo-Makibi Enomiya-Lassalles SJ (1898–1990) und von dessen Anhänger P. Willigis Jäger (geb. 1925), ebenfalls Münsterschwarzacher Mönch, sowie katholische Esoteriker, deren Geschichte aber noch ungeschrieben ist.[5]

Dürckheims Lebensbild ist momentan stark von seinen eigenen Deutungen geprägt, insbesondere von einem autobiografischen Bericht unter dem Titel *Mein Weg zur initiatischen Therapie* (um 1978). Hier schildert er seine Kindheit und die ersten Lebensjahrzehnte als eine Abfolge von »Erfahrung[en] des Numinosen«[6]: als

---

[4] Grundlegend Gerhard Wehr: Karlfried Graf Dürckheim. Ein Leben im Zeichen der Wandlung, München 1988, der auf Gespräche mit Dürckheim und Personen in seinem Umfeld sowie auf unveröffentlichtes Material zurückgreifen konnte. Ergänzend und teilweise kritisch Dirk Klaas: Pastoralpsychologie und Transzendenzerfahrung. Impulse für eine diakonische Seelsorge im Werk von Karlfried Graf Dürckheim (Pastoralpsychologie und Spiritualität 14), Frankfurt a. M. 2011.
[5] Exemplarisch zu Valentin Tomberg vgl. Liesel Heckmann [Bd. 2 zus. mit Michael French]: Valentin Tomberg. Leben – Werk – Wirkung, 2 Bde., Schaffhausen 2001/2005; oder zu Johannes Maria Verweyen vgl. Jessica Klein: Wanderer zwischen den Weltanschauungen. Johannes Maria Verweyen (1883–1945). Ein Philosoph in der »Ära der Apostel«, Münster 2009; Helmut Zander: Johannes Maria Verweyen (1883–1945) als Theosoph, in: Gaesdoncker Blätter, N. F. 7 (2005), 37–70.
[6] Karlfried Graf Dürckheim: Mein Weg zur initiatischen Therapie [1978], in: ders.:

Kind, als Jugendlicher und als Soldat im Krieg. Schließlich sei es 1920 mit 24 Jahren nach dem Lesen des elften Spruches von Laotses *Daodejing* zu einem »Erlebnis« gekommen, das er »Seinserfahrung« oder »entscheidende Große Erfahrung«[7] nannte:

> Und da geschah es: »Beim Hören des elften Spruches schlug der Blitz in mich ein. Der Vorhang zerriß, und ich war erwacht. Ich hatte *Es* erfahren. Alles war und war doch nicht, war diese Welt und zugleich durchscheinend auf eine andere. Auch ich selbst war und war zugleich nicht. War erfüllt, verzaubert, ›jenseitig‹ und doch ganz hier, glücklich und wie ohne Gefühl, ganz fern und zugleich tief in den Dingen drin. Ich hatte es erfahren, vernehmlich wie ein Donnerschlag, lichtklar wie ein Sonnentag und das, was war, war gänzlich unfaßbar. Das Leben ging weiter, das alte Leben, und doch war es das alte nicht mehr. Schmerzliches Warten auf mehr ›Sein‹, auf Erfüllung tief empfundener Verheißung. Zugleich unendlicher Kraftgewinn und die Sehnsucht zur Verpflichtung – auf was hin –?«[8]

Beim aktuellen Forschungsstand ist es schwer, die religiöse Biografie Dürckheims angemessen zu beschreiben. Dieser Bericht ist aus der Perspektive des arrivierten Lehrers geschrieben, der 1949 das viel gelesene Buch *Japan und die Kultur der Stille* publiziert hatte, in dem er kulturkritisch »dem Westen« japanische Meditationspraktiken anempfahl. Diese hatte er während des Krieges, als er dort zeitweilig im Auftrag des Dritten Reiches gewesen war, kennengelernt. Der Aufstieg zu einem renommierten geistlichen Begleiter hing eng mit dem Erfolg der »Existentialpsychologischen Bildungs- und Begegnungsstätte« in Rütte (bei Todtmoos im Schwarzwald) zusammen, die er 1951 mit seiner späteren Frau Maria Hippius gegründet hatte und in der er unter anderem körperbetonte Meditationspraktiken lehrte. Mit diesem Programm stand er in den 1970er Jahren, als auch Anselm Grün in Rütte war, im Zenit seiner Ausstrahlung.

Erlebnis und Wandlung. Grundfragen der Selbstfindung, Frankfurt a. M. 1992, 10–59, hier: 17 (dieser Aufsatz ist in der Erstausgabe des Buches aus dem Jahr 1956 noch nicht enthalten).
[7] Ebd., 35.
[8] Ebd., 36.

Dürckheims autobiografischer Text blendet viele Dimensionen ab. Seine akademische Karriere kommt kaum zur Sprache, die er 1930 mit der Habilitation in einer ganzheitspsychologisch ausgerichteten Schule bei Felix Krueger in Leipzig abschloss. Auch über seine Nähe zu paranormalen Phänomenen »wie etwa Hellsehen, Fernfühlen, Fernwirken und Voraussehen«, die er »ohne Zweifel«[9] für gegeben hielt, ließ er sich in diesem Text nicht weiter aus. Des Weiteren kommen sein Aufenthalt in Japan und damit seine Verstrickungen in den Nationalsozialismus nicht zur Sprache. Nach heutigem Kenntnisstand war er dessen überzeugter Parteigänger[10], der nach dem Krieg seine Aktivitäten nicht offenlegte. Als Grün in den siebziger Jahren engen Kontakt mit Dürckheim hatte, war die NS-Zeit »kein Thema«.

Auch seine religiöse Biografie ist nur ansatzweise sichtbar. Jedenfalls sprach er nicht über die Revision seines Gottesbildes Ende der sechziger Jahre, als er das apersonale Göttliche stärker mit personalen Zügen ausstattete.[11] Auch über die Entwicklung seines Konzeptes einer »initiatischen Therapie«, die eines seiner Markenzeichen in der Verbindung von psychologischer Therapie und religiöser Erfahrung wurde und unter der er eine meditative Hinführung zum göttlichen »Sein« im Menschen verstand, berichtet Dürckheim nichts. Wahrscheinlich hat er dieses Konzept ebenfalls in den sechziger Jahren bei dem Esoteriker Julius Evola kennengelernt,[12] der dem italie-

---

[9] Karlfried Graf Dürckheim: Erlebnis und Wandlung, Zürich 1956, 40.
[10] Wehr: Dürckheim (s. Anm. 4), 113–165, hat diese Dimension erstmals in größerem Umfang aufgedeckt. Die Verstrickungen dürften allerdings noch weiter reichen: vgl. das Material bei Herbert und Mariana Röttgen [unter dem Pseudonym Victor und Victoria Trimondi]: Hitler, Buddha, Krishna. Eine unheilige Allianz vom Dritten Reich bis heute, Wien 2002, 203–213. Forschungen von Karl Baier und Brian Victoria dürften Dürckheims nationalsozialistische Überzeugungen noch deutlicher hervortreten lassen.
[11] Vgl. Klaas: Pastoralpsychologie (s. Anm. 4), 131.
[12] Vgl. Manfred Bergler: Die Anthropologie des Grafen Karlfried von Dürckheim im Rahmen der Rezeptionsgeschichte des Zen-Buddhismus in Deutschland. Ein Beitrag zur Begegnung von Christentum und Buddhismus (Erlangen Univ. Diss. 1981), 147.151.

nischen Faschismus nahestand und ein elitäres Initiationsmodell vertrat. Verleugnet hat Dürckheim den Bezug auf Evolas Vorstellungen allerdings nicht.[13] Zudem übte die Psychologie Jungs einen entscheidenden Einfluss auf ihn aus. Jung gehörte für Dürckheim zu den spirituellen Meistern;[14] seine Archetypenlehre war fester Bestandteil seiner spirituellen Therapie.[15]

Versucht man Dürckheim ein Vierteljahrhundert nach seinem Tod in die Religionsgeschichte der zweiten Hälfte des 20. Jahrhunderts einzuordnen, scheinen drei Dimensionen wichtig: Zum Ersten gehört er in die Tradition der Einführung meditativer Techniken.[16] Über seine Bedeutung für die seit den sechziger und siebziger Jahren aufblühende Esoterik- und New Age-Bewegung wissen wir allerdings noch kaum etwas. Zum Zweiten ist seine Attraktivität für religiös orientierte Europäer kaum zu überschätzen, namentlich für Christen. Im Hintergrund stand die Prägung seines religiösen Denkens durch das Christentum, vielen galt er als »gläubiger Katholik«[17], für Grün hatte er »einen Sinn gehabt fürs Katholische«. Vermutlich nahm diese Orientierung am Christentum gegen Lebensende zu, war aber mit dem Anspruch versehen, sich vom Superioritätsanspruch Europas zu verabschieden:

> Wir haben unseren Weg wie der Osten den seinen. [...] Was immer der Osten an Grundhaltungen zum Leben, deren Vorwalten sein kulturelles Antlitz bestimmt, seit Jahrtausenden pflegt – wenn auch in anderer Form und zum anderen Ende –, sie finden sich auch bei uns, als Leitmotiv in einzelnen Zeiten und Menschen, als Kontrapunkt im Ganzen unseres Werdens.[18]

---

[13] Vgl. etwa Karlfried Graf Dürckheim: Der Ruf nach dem Meister. Die Bedeutung geistiger Führung auf dem Weg zum Selbst, München 1986, 14; dazu Wehr: Dürckheim (s. Anm. 4), 237–239.
[14] Dürckheim: Ruf (s. Anm. 13), 17.
[15] Vgl. etwa Dürckheim: Erlebnis (s. Anm. 9), 39.
[16] Zu deren Geschichte im 20. Jahrhundert vgl. Karl Baier: Meditation und Moderne. Zur Genese eines Kernbereichs moderner Spiritualität in der Wechselwirkung zwischen Westeuropa, Nordamerika und Asien. 2 Bde., Würzburg 2009.
[17] Klaas: Pastoralpsychologie (s. Anm. 4), 130.
[18] Karlfried Graf Dürckheim: Japan und die Kultur der Stille [1949], München-Planegg ³1949, 74f.

Drittens schließlich gehört er in eine Tradition der Wahrnehmung religiöser Phänomene, die Patina angesetzt hat, insofern sie mit Kollektivsingularen arbeitet, die die Komplexität von Kulturen unterschlägt. Seine Rede von »dem Westen« und »dem Osten«, von »abendländischer Geisteshaltung« und »dem abendländischen Menschen«[19] ebenso wie seine beständige Rede von »Wesen« und »Sein« konstruieren Entitäten, die es nur auf einer sehr abstrakten Ebene gibt; die aktuellen Perspektiven auf eine Austausch- und Verknüpfungsgeschichte und auf die konstruktiven Dimensionen unserer Religionshistoriographie waren ihm fremd.

1.2 Anselm Grün, Dürckheim und das katholische Milieu

Anselm Grün ist »Anfang der siebziger Jahre, wie einige von uns [Benediktinern],« nach Rütte gegangen. Als erster sei P. Fidelis Ruppert dort gewesen, ebenfalls Mönch in Münsterschwarzach, von 1982 bis 2006 Abt des Klosters. Er engagierte sich für die Etablierung einer Meditationspraxis in Münsterschwarzach und richtete das »Recollectio-Haus« für Priester und Ordensleute, die psychologischer Hilfe bedürfen, ein. Auch P. Meinrad Dufner, der als Künstler und Mönch in Münsterschwarzach lebt, ging noch vor Grün nach Rütte. Diese Präsenz war umstritten. »Unser Abt damals [Bonifaz Vogel], der war ja skeptisch, aber er hat uns gelassen, […] und es hat uns sicher gerettet, dass wir nicht abgewandert [also ausgetreten] sind«. Anselm Grün weilte dreimal in Rütte: einmal drei, zweimal zwei Wochen.[20] Er war »dann bei ihm [Dürckheim] zu Gesprächen, er hat da mit Rollen gearbeitet, und dann hat er eigentlich auch verteilt, so an die Hippius, die hat dann mehr mit Rollen gearbeitet, andere [haben mit] Aikido, Fingerfarben [gearbeitet], alles Mögliche, da hat man dann so ein Programm bekommen, oder Eutonie«, während man »zwei oder drei Wochen in Rütte« war.

---

[19] Ebd., 22f.
[20] Anselm Grün: Stationen meines Lebens. Was mich berührt – was mich bewegt, Freiburg i. Br. 2009, 25.

Schließlich seien »ganze Scharen von Mönchen und Nonnen« bei Dürckheim gewesen. Die persönlichen Kontakte mit ihm blieben beschränkt. »Man hat dann am Anfang und am Ende ein Gespräch bei Dürckheim gehabt.« Zudem war »jeden Morgen [...] Meditation im Zen-Do. [...] Viel gesagt hat er da nicht, er hat mit gesessen, er hat kurz eingeführt, und er hat einmal in der Woche einen Vortrag gehalten«. Grün habe Dürckheim »als weisen, auch als verständnisvollen Menschen erlebt, nicht als Guru«. Dieser war später auch in Münsterschwarzach. »Dürckheim war [...] zweimal hier, hat hier einen Kurs gegeben, war auch ein paar Tage hier, hat das [Klosterleben] miterlebt«.

Die Gründe der Attraktivität Dürckheims waren für Grün mit der Krise des Ordenslebens nach den 1968er Jahren verbunden, in denen monastisches Leben und die Konzentration auf Spiritualität als unpolitische Weltflucht gelten konnten und die Körperdistanz christlicher Traditionen auch innerkirchlich kritisch gesehen wurde. Dürckheim jedoch habe »Verständnis für das Ordensleben« gehabt, das »nach dem Konzil infrage gestellt«, teilweise als »Auslaufmodell« betrachtet worden sei. »Dürckheim hat uns einfach Mut gemacht«, auch hinsichtlich körperbezogener Zen-Praktiken: »Wir müssen«, habe Dürckheim gesagt, »auch auf den eigenen Leib, auf die eigene Seele hören. [...] Im Leib zu sein war wichtig: [...] ich bin mein Leib, nicht: ich habe einen Leib«. Per saldo habe man damals durch Dürckheim »auch wieder eine Begründung unseres Mönchtums erlebt«. Bei Dürckheim lernte Grün den Zen und seine Mediationspraktiken kennen, ehe er sie bei Lassalle vertiefte.[21] In dieser Rolle habe er ihn »erlebt als einen nicht-dogmatischen Menschen, sondern der ehrlich war auf der Suche, Mut gemacht hat, nichts Manipulierendes, was Verständnisvolles, [...] der offen war für Zen, aber auch für das Christliche«. Hingegen war Dürckheims Programm einer initiatischen Therapie kein Thema für Grün, der sich dezidiert das Recht auf Rezeption der ihm angemessen erscheinenden Dimensionen vorbehält: »Ich bin nie ein Schüler von je-

---

[21] Anselm Grün: Wegstationen meiner theologischen Sprache, in diesem Band, 30.

mand gewesen, weder von Jung noch von Dürckheim, [...] ich habe das wahrgenommen, die Begegnungen haben mir gutgetan für meinen eigenen Weg«.

In Rütte traf er auf ein breites Spektrum alternativreligiös interessierter Christen, nicht zuletzt auf Katholiken, darunter viele Mönche. Fidelis Ruppert hatte bei Dürckheim Jungs Traumanalyse kennengelernt und setzte sich für die manchmal umstrittene Präsenz seiner Mitbrüder bei Dürckheim ein. In Rütte waren auch der Jesuit Josef Sudbrack (1925–2010), der 1986 die Gesellschaft »Freunde christlicher Mystik« gründete und über neue Religionen und Esoterik publizierte, oder der Münsteraner Spiritual Johannes Bours (1913–1988). Fern blieb Rütte Grüns Mitbruder Willigis Jäger, der psychologischen Methoden distanziert gegenüberstand und sich auf Zen-Praktiken konzentrierte. Die in diesen Biografien aufscheinende hohe Bedeutung Dürckheims hat eindrücklich der katholische Theologe Aloys Goergen (1911–2005) beschrieben. Er lehrte Liturgiewissenschaft in Bamberg und war zwischen 1969 und 1975 Präsident der Akademie der Bildenden Künste in München. Für ihn war seine »Entdeckung der Meditation durch die Begegnung mit dem soeben aus Japan zurückgekehrten Karlfried Graf Dürckheim«[22] verursacht. In einem autobiografischen Text macht Goergen deutlich, welch dramatische Folgen die Begegnung mit Dürckheim haben konnte:

> [In einem Gespräch] sagte Graf Dürkheim unvermittelt: »Setzen Sie sich auf diesen Stuhl«. Offenbar hielt er den Augenblick für gekommen, das theoretische Gespräch zu beenden und mich einer Situation auszusetzen, die damals nur als Schock empfunden werden konnte. Er begann meine Körperhaltung zu korrigieren, wandte sich dann dem Atem zu, was mir seit der fast gleichzeitigen Begegnung mit der Celler Atemschule und dem Atemtraining bei Margarete Langen weniger neu war. Dann sagte er: »Legen Sie die rechte Hand auf das Knie. Legen Sie die Spitzen des Daumens und des Zeigefingers

---

[22] Aloys Goergen: Glaubensästhetik. Aufsätze zu Glaube, Liturgie und Kunst, hg. v. Albert Gerhards und Heinz Robert Schlette, Münster 2005, 36. Die Kenntnis des Werks von Goergen verdanke ich Gesprächen mit Heinz Robert Schlette.

zusammen, schließen Sie die Augen. Jetzt hören Sie nur auf das, was ich Ihnen sage; ohne etwas zu wollen oder etwas zu tun.« Er sagte ruhig und eindringlich: »Fingerspitzen werden warm.« In der Tat – sie wurden warm. Er wiederholte den Satz noch zweimal oder dreimal. Die Fingerspitzen waren wie heiß geworden. Damit begann die Entdeckung der Kraft der Imagination. Es war ein Schlüsselerlebnis.[23]

Die meditativen Praktiken waren allerdings nur eine Dimension, mit der Dürckheim nachhaltige Wirkungen ausübte. Von ihm gingen für Grün zudem entscheidende Impulse aus, Psychologie und Seelsorge miteinander zu verbinden. Die zentrale Figur dafür war Jung,[24] der von Dürckheim hoch geschätzt wurde[25] und für das (alternativ-)religiöse Denken im 20. Jahrhundert eine immense Bedeutung besitzt. Er hatte Medizin studiert, spiritistische Séancen besucht, aus denen seine Dissertation über okkulte Phänomene entstand, und am Burghölzli, der psychiatrischen Klinik der Universität Zürich, mit Hypnose-Techniken gearbeitet. Früh engagierte er sich für die Psychoanalyse Freuds, mit dem er sich aber 1912 überwarf, auch, weil er Religion nicht als Projektion betrachtete. Als Spiritus Rector des Eranos-Kreises wurde er eine wichtige Referenz für Religionsintellektuelle seit den 1930er Jahren.[26] Auch Jung zeigte zu Beginn der nationalsozialistischen Herrschaft Verständnis für dieses Regime, revidierte die Position jedoch Mitte der dreißiger Jahre. Mit seinen Vorstellungen von einem gegen Freud gerichteten »kollektiven Unbewussten« und der damit verbundenen Suche nach kulturübergreifend auffindbaren »Archetypen« wurde er zu einer wichtigen Referenz religiös ausgerichteter psychologischer Verfahren.

Jungs Werk lernte Grün über Dürckheim um 1973/74 intensiver kennen. »Dürckheim und C. G. Jung« hätten ihn angeregt, »in der

---

[23] Ebd., 49.
[24] Vgl. Deirdre Bair: C. G. Jung. Eine Biographie, München 2005.
[25] Vgl. Wehr: Jung (s. Anm. 4), 201–203 passim.
[26] Vgl. Steven Wasserstrom: Religion after Religion. Gershom Scholem, Mircea Eliade, and Henry Corbin at Eranos, Princeton 1999; Hans Thomas Hakl: Der verborgene Geist von Eranos: Unbekannte Begegnungen von Wissenschaft und Esoterik. Eine alternative Geistesgeschichte des 20. Jahrhunderts, Bretten 2001.

Bibel, in der Dogmatik zu fragen, was heißt das, welche Erfahrung steckt dahinter«, und zu verstehen, dass »alle Bilder [...] eine therapeutische Bedeutung [haben], nur eine informative Bedeutung, das wäre zu wenig. Und das ist sicher von C. G. Jung auch geprägt, [aber das] weiß ich nicht genau, ich bin da eher so ein Eklektiker und keiner, der da systematisch dran arbeitet«. Grüns Interesse betraf näherhin sowohl die Verbindung von Seelsorge und Psychologie im Allgemeinen als auch zentrale Vorstellungen Jungs im Besonderen, etwa die Nutzung von Bildern und deren symbolische Interpretation, die Vorstellung vom göttlichen Menschen oder eines Göttlichen im Menschen und nicht zuletzt die Konzeption der Archetypen. Letzteres wird exemplarisch sichtbar in Grüns über Karl Rahner verfasster Dissertation, in der er christliche Erlösung mit Hilfe von Jung deutete. Grüns *theologia crucis* kumuliert in einer Lösung, die er Jung verdanke: »das Kreuz als Weg zur Selbstwerdung des Menschen«[27]. Demzufolge solle der Mensch seine »Ganzheit« erreichen, »indem er die Gegensätze, die er in sich vorfindet, vereinigt«; »indem er an seinen Gegensätzen leidet, wird er der göttlichen Gegensätzlichkeit inne«[28]. Voraussetzung dabei sei, dass Gott nicht vom Leiden gereinigt werde, dass man Gott nicht nur (mit Jung) als das *summum bonum* betrachte, sondern auch »das Dunkle und Böse in Gott«[29] hineinnehme. In dieser Perspektive deutet Grün das Kreuz als »die Einheit der Gegensätze« im Feld von Erlösung und Leiden.[30] Das Kreuz sei nicht nur »Zeichen der Erlösung«, sondern auch »Archetyp des Selbst«[31], wobei »Symbole und Archetypen [...] Energietransformatoren [sind], sie aktivieren die seelischen Kräfte des Menschen.«[32]

---

[27] Anselm Grün: Erlösung durch das Kreuz. Karl Rahners Beitrag zu einem heutigen Erlösungsverständnis, Münsterschwarzach 1975, 246.248.
[28] Ebd., 248.
[29] Ebd., 259.
[30] Ebd., 249.
[31] Ebd., 250.
[32] Ebd., 251.

In solchen Äußerungen wird deutlich, dass man ein Feld von hegemonialen, also kulturell dominierenden, und nichthegemonialen Praktiken betritt, dessen Umfang und dessen Konsequenzen für großkirchliche Theologien noch kaum erforscht sind. Dieser Befund bestärkt die Vermutung, dass Grüns sündloser und damit strukturell göttlicher Bereich im Menschen einer esoterischen Tradition verdankt ist – was nun zu prüfen ist.

2. Maria und die menschliche (Un-)Schuld

Angesprochen auf diese Möglichkeit, meinte Anselm Grün nach kurzem Nachdenken: »Meine Anthropologie: Ich bin mir selber da nicht klar, ob ich die C. G. Jung oder Dürckheim verdanke, eigentlich frag ich dann gar nicht so danach, eigentlich denk ich, dass meine Anthropologie von der katholischen Dogmatik her ist«. Dann blättert er ein Kapitel seiner Beschäftigung mit der Mariologie auf. Im Hintergrund steht das Mariendogma der Immaculata Conceptio, der Unbefleckten Empfängnis Mariens, die Pius IX. 1854 definiert hatte und derzufolge Gott Maria als Gottesmutter vor der Erbsünde bewahrt habe. Karl Rahner hatte im Rahmen der Hundertjahrfeier dieses Lehrsatzes dessen Interpretation aus einer marianischen Sonderdogmatik gelöst und die Immaculata Conceptio als typologische Aussage für jeden erlösten Menschen verstanden:

> Karl Rahner sagt, und das ist eigentlich auch meine katholische Theologie, Maria ist immer Typos für den erlösten Menschen, also die Aussagen über Maria sind keine Aussagen über die Sonderrolle, über die wir irgendetwas wissen aus der Offenbarung. [...] Wenn diese Aussage der Dogmatik, dass Maria im Blick auf Jesus Christus ohne Sünde empfangen wurde, wenn das irgendeinen Sinn haben soll, dann kann es nur diesen Sinn haben, dass in uns ein Bereich ist, dort wo Christus in uns ist, hat die Sünde keinen Zutritt. Das entspricht auch dem Paulus,[33] da sehe ich mich eigentlich biblisch.

---

[33] Vgl. die paulinische Rede vom »Christus in uns« (Gal 2,20).

Glaube leben. Glaube lesen.

Lesen Sie CHRIST IN DER GEGENWART, die Wochenzeitschrift

- Nachrichten und Berichte aus Kirche und Kultur, Glaube und Gesellschaft
- Kommentare und Analysen zu aktuellen Fragen und dem politischen Zeitgeschehen
- Anregungen zum inneren Leben
- moderne Spiritualität und religiöse Impulse
- Bibelauslegung, Meditation, Liturgie und Gebet

Inklusive des monatlichen Sonderteils BILDER DER GEGENWART

- mit großen Bildreportagen zu wichtigen Themen der Zeit
- mit Gedanken in Wort und Bild zu den religiösen Werken der modernen Kunst
- mit Stimmen und Porträts aus der globalisierten Welt

4 Gratis-Ausgaben für Sie.

☐ **Ja,** senden Sie mir bitte kostenlos die nächsten vier Ausgaben von CHRIST IN DER GEGENWART.

- Wenn ich nach den Probe-Ausgaben CHRIST IN DER GEGENWART nicht mehr lesen will, werde ich Ihnen dies innerhalb einer Woche nach Erhalt der dritten Ausgabe mitteilen.
- Möchte ich CHRIST IN DER GEGENWART weiterlesen, muss ich nichts weiter tun.
- CHRIST IN DER GEGENWART erscheint wöchentlich und kostet € 46,80 pro Halbjahr (für Studierende € 30,–) zzgl. Versand.
- Ich gehe kein Risiko ein. Ich kann den Bezug jederzeit ohne Kündigungsfrist beenden.

Vor- und Zuname

Straße, Hausnr.

PLZ, Ort

Datum, Unterschrift

Preisstand 1.1.2014 · CG-S1401SO

Karte bitte ausfüllen und abschicken.

- Mit der Post
- Per Fax an (0761) 2717 222

Bestelltelefon: (0761) 2717 200
E-Mail: kundenservice@herder.de
www.christ-in-der-gegenwart.de

Deutsche Post
ANTWORT

CHRIST IN DER GEGENWART
Verlag Herder
79080 Freiburg

Bitte freimachen, falls Marke zur Hand

Bei Rahner findet man diese Vorstellung in Texten aus dem Jahr 1954.[34] Er begründete dabei die »Demokratisierung« der Mariologie mit einem letztlich für alle Menschen geltenden asymmetrischen Verhältnis von Gnade und Schuld, einem »undialektischen Vorrang der Gnade vor der Schuld«[35].

Wenn es aber keine Sonderrolle Mariens gibt, muss konsequenterweise die dogmatische Aussage von der Unbefleckten Empfängnis für alle Menschen gelten. Wenn es bei Maria einen von der Erbsünde freien Bereich gibt, muss es ihn auch in jedem anderen Menschen geben. Dann aber ist man unmittelbar bei Grüns Aussage von einem sündenfreien Kern. Neben dieser Diskussion gebe es aber noch eine

> zweite Quelle, aus der ich schöpfe, [das] ist mir die Anthropologie von [dem spätantiken Mönch] Evagrius Ponticus [...]. Der spricht vom Wort Gottes in uns, von Jerusalem, Schau des Friedens, von dem inneren Licht, der spricht jetzt nicht [von] ohne Sünde, der spricht eigentlich auch von diesem inneren Ort.

Schließlich legt Anselm Grün immer wieder Wert auf die praktische Bedeutung derartiger Theologumena. »Und dann ist mir einfach so aufgegangen, im Umgang mit Menschen, wie auch das heilsam ist«.

Nun wäre Grün kein guter Dogmatiker, wüsste er nicht um das Problempotenzial einer solchen Aussage. Er weiß, dass man sie panentheistisch oder pantheistisch auslegen kann, dass man Mensch und Gott letztlich mit einem solchen Ansatz in eins setzen kann, womit, wie gesagt, die Freiheit Gottes und die Freiheit des Menschen zur Disposition stünden. Er kennt die Debatten um Meister Eckhart, bei denen der Vorwurf eine Rolle spielte, die Rede vom »Grund« oder »Abgrund Gottes« in der Seele des Menschen führe zum göttlichen Menschen. Deshalb, und das habe ich beim Ein-

---

[34] Karl Rahner: Das Dogma von der Unbefleckten Empfängnis Mariens, in: ders.: Schriften zur Theologie, Bd. 3, Einsiedeln – Zürich – Köln 1956, 155–167, hier: 158f.166f.; nicht jedoch in dem im gleichen Jahr publizierten Aufsatz: Die Unbefleckte Empfängnis, in: ders.: Schriften zur Theologie, Bd. 1, Einsiedeln – Zürich – Köln 1954, 223–237.
[35] Rahner: Dogma (s. Anm. 34), 167.

gangszitat aus rhetorischen Gründen unterschlagen, fügte er schon auf der Tagung im schweizerischen Freiburg an die Rede vom »Raum, der ohne Schuld ist« an, dass dies »für mich ein höchst therapeutisches Bild [ist], allerdings ist es ein Bild und keine ontologische Aussage«[36]. Die Sache »mit dem göttlichen Menschen«, so Grün,

> klar, das ist immer eine Gratwanderung. Augustinus sagt ja auch, Gott ist Mensch geworden, damit der Mensch vergöttlicht wird, aber der Unterschied zur Esoterik ist eben, dass [dort] das Göttliche wie ein Besitz ist im Menschen, und Gott in uns – wie Augustinus sagt: Gott ist mir innerlicher, als ich mir selber bin – ist eben auch der unverfügbare Gott [...]. Über diese innere Wirklichkeit können wir nur in Bildern sprechen.

Auf die Frage, ob er nie Angst gehabt habe, als Häretiker zu gelten, schüttelt er lachend den Kopf: »Ich habe in Rom in Dogmatik promoviert und ich weiß, was Dogmatik ist«. Dem Grundsatz, dass alle Dogmen auf Christus bezogen und Bilder seien, könne niemand widersprechen. Eher werde er »von evangelischen Theologen angegriffen«, sofern sie die Überzeugung verträten, dass »der Mensch [...] total verdorben« sei.

Anselm Grüns Anthropologie ist damit ein Paradebeispiel für die Komplexität der Interferenzen zwischen hegemonialen und nichthegemonialen Strömungen in der katholischen Tradition. Auf der einen Seite ist er mit alternativreligiösen Vorstellungen und Traditionen über die Begegnung mit Dürckheim und die Rezeption von Jung eng verbunden. Auf der anderen Seite aber erhielt seine Anthropologie des *homo immaculatus conceptus* die entscheidenden Anstöße gerade nicht aus dieser Tradition, sondern aus der dogmatischen Reflexion in der deutschsprachigen katholischen Theologie, wie sie sich im Umfeld Karl Rahners zum Mariendogma der Unbefleckten Empfängnis um die Mitte des 20. Jahrhunderts finden. Esoterische Wurzeln im Menschenbild Anselm Grüns, wie sie im Untertitel zur Diskussion gestellt werden, gibt es insoweit also

---

[36] Anselm Grün: Wegstationen meiner theologischen Sprache, in diesem Band, 33.

nicht. Anselm Grün hat seine Theologie und seelsorgerliche Praxis als eine eigenständige Synthese aus traditionell katholischen Vorstellungen entwickelt, in deren Kontext es gleichwohl alternativreligiöse Vorstellungen gibt. Seine Theologie ist ein Beispiel dafür, dass phänomenale Gemeinsamkeiten nicht auf eine gemeinsame Genese zurückgehen müssen. Es handelt sich um strukturell ähnliche Denkmuster, die aber aus unterschiedlichen Begründungslinien herkommen und damit, das ist für eine theologische Argumentation zentral, andere Konsequenzen hinsichtlich der Bestimmung des Verhältnisses von Gott und Mensch besitzen, wie sich bei Anselm Grün zeigt, der aus seiner dogmatischen Tradition heraus der Möglichkeit eines Freiheitsverlustes in Anthropologien der totalen Vergöttlichung des Menschen wehrt.

Aber natürlich sind die Dinge komplexer, weil eine solche Unterscheidung getrennte Größen postuliert, die es in der Realität nicht gibt. Die strukturellen Gemeinsamkeiten zwischen den Anthropologien Jungs und Dürckheims hier und der universalisierten marianischen Anthropologie dort stehen in einem Feld gemeinsamer Fragen. Bei Anselm Grün und seinen Mitbrüdern, die sich um Hilfe für psychisch angeschlagene Priester, Mönche und Nonnen kümmern, und bei Dürckheim, der ein Konzept der spirituellen Psychologie für religiös musikalische Menschen entwickelt, steht die Suche nach einer Psychologie im Hintergrund, für die Religion auch eine existenzielle Größe war. Hier sollten religiöse Erfahrung und Körperlichkeit zu Angelpunkten einer Revision ihrer jeweiligen Spiritualität werden. Aber sie teilen auch eine strukturell ähnliche Antwort. Die Anthropologie, in der der Mensch mit göttlichen Prädikaten versehen wird, reflektiert die christlichen Traditionen, seit sie in der Antike mit der Idee vom göttlichen Kern des Menschen in Kontakt kamen. Diese Anthropologie wurde insbesondere in der Rezeption der neuplatonischen Philosophie ein zentrales Element dessen, was man seit den 1790er Jahren Esoterik nennt. Insoweit partizipieren beide an einer anthropologischen Option, die im westlichen Christentum die hegemoniale Dogmatik zumindest als strukturelle Alternative seit ihrem Bestehen begleitet.

Zwischen Theologie und Psychotherapie
Ein psychoanalytischer Blick auf die Sprache Anselm Grüns

von Gerd Rudolf

In seiner Dissertationsschrift *Die theologische Bedeutung der Psychotherapie* verweist Thomas Philipp[1] auf ein »starkes Bedürfnis nach einer Verbindung von Theologie und Psychotherapie«[2]. Das ihn und mich beschäftigende Thema betrifft also die Frage, wie in der Psychotherapie und in der Seelsorge über den Menschen gesprochen wird und wo beide Vorgehensweisen sich berühren. Die hier auftauchenden methodischen Probleme und Möglichkeiten ihrer Bewältigung hat Philipp in der genannten Arbeit mit großer Sachkenntnis nach beiden Seiten hin erörtert. Er macht keinen Hehl daraus, dass er sich von der Psychotherapie etwas erhofft. Sein Buch endet mit dem Satz: »Psychotherapie bedeutet theologisch vor allem ein helleres Strahlen der Hoffnung, dass den Menschen eine von der Liebe durchatmete göttliche Existenzform erreichbar ist«[3].

Unsere Tagung greift dieses Thema sehr konkret auf, indem sie das Werk eines psychotherapeutisch tätigen Seelsorgers – Pater Anselm Grün – in den Mittelpunkt rückt und die Frage nach seiner Sprache aufwirft. Es ist dies eine Sprache, die in hunderten von Büchern Millionen von Lesern erreicht hat, sodass zu Recht gefragt werden darf, worin das Geheimnis dieses Erfolges liegt, zumal es be-

---

[1] Für die Einladung zu dieser Tagung nach Freiburg (Schweiz) bedanke ich mich herzlich bei Herrn Dr. Thomas Philipp, den ich in den 1990er Jahren kennenlernte, als er in der Heidelberger Psychosomatischen Universitätsklinik, die ich bis 2004 leiten durfte, an seiner Dissertation arbeitete.
[2] Thomas Philipp: Die theologische Bedeutung der Psychotherapie. Eine systematisch-theologische Studie auf der Grundlage der Anthropologie Alexander Mitscherlichs (Freiburger theologische Studien 159), Freiburg i. Br. 1997, 25.
[3] Ebd., 254.

kanntermaßen gegenwärtig schwer ist, Menschen mit religiösen Themen zu erreichen. Mir wurde in diesem Zusammenhang der Auftrag gegeben, die Sprache Grüns aus dem Blickwinkel Freud'scher Psychoanalyse zu untersuchen. Das will ich gerne versuchen, obwohl ich mich selbst nicht als Freud'schen Psychoanalytiker betrachte, da meine lange zurückliegende Ausbildung eher neoanalytisch-integrativ war und meine Entwicklung sich in die Richtung einer psychodynamischen Psychotherapie vollzogen hat. Ich bin überhaupt ziemlich ungeeignet, ein »-ianer« zu sein, sei es nun Freudianer, Jungianer oder was auch immer, weil ich eine solche personenbezogene Jüngerschaft für unvereinbar mit einer wissenschaftlichen Einstellung halte. In einer wissenschaftlichen Disziplin geht es nicht um Personen und deren Credo, sondern um Sachverhalte und deren nachgewiesene Evidenz.

Was kann gemeint sein mit psychoanalytischem Blick auf die Grün'schen Schriften? Ich verstehe dies als Umkehrung des Philipp'schen Themas, das heißt, als die Frage nach der psychotherapeutischen Bedeutung der Theologie am Beispiel der Schriften Grüns. Ich werde diese daraufhin betrachten, was in ihnen psychoanalytisch schlüssig ist, vor allem aber auch, wie sie psychotherapeutisch wirksam werden.

Bekanntlich richtet sich der psychoanalytische Blick auf das Gegenüber als Subjekt und seine unbewussten Seiten und auf die eigene subjektive Antwort darauf. Für viele Psychoanalytiker ist dieses intersubjektive Geschehen das Zentrale und Eigentliche, es ist im doppelten Sinne subjektiv und nicht hinterfragbar, auch nicht objektivierbar, vielleicht am ehesten sprachwissenschaftlich-hermeneutisch, metaphernanalytisch etc. zu erschließen. Themen wie Krankheit, Symptomatik, Therapieziele, Behandlungsergebnis sind dabei weniger von Bedeutung. Aus einer wissenschaftlichen Sicht der Psychotherapieforschung lässt sich heute freilich auch jeder dieser Punkte operational definieren und reliabel einschätzen (z. B. in der Anwendung der Operationalisierten Psychodynamischen Diagnostik [OPD][4]).

---

[4] Vgl. Arbeitskreis OPD (Hg.): Operationalisierte Psychodynamische Diagnostik

Da Psychotherapien lange dauern und viel Geld kosten können, nehmen sich die Kostenträger, z. B. Versicherungen und die Gesundheitsbehörden, das Recht, nach der Wirksamkeit von Therapien zu fragen. Ebenso haben Patienten, die sich einer Therapie unterziehen, gute Gründe, die Frage zu stellen, welche Besserungschancen eine Therapie bietet. Niemand möchte Zeit und Geld für eine Placebo-Behandlung aufwenden und erst recht nicht für etwas, das womöglich mehr schadet als nutzt. Deshalb fragt die empirische Therapieforschung: Was kennzeichnet und unterscheidet Therapieverfahren, was nützen sie und wie können sie ggf. schaden? Mit solchen Fragen habe ich mich in meiner beruflichen Zeit beschäftigt.[5]

Wenn ich dieser Fraktion der wissenschaftlich interessierten Psychoanalytiker beigetreten bin, dann nicht, weil ich keine Freude an Hermeneutik hätte, sondern weil ich nicht nur für mein hermeneutisch-intellektuelles Vergnügen bezahlt werden möchte, sondern dafür, dass den Patienten möglichst gut geholfen und möglichst wenig geschadet wird. Vor dem Hintergrund dieses Psychotherapieverständnisses will ich versuchen, einen Blick auf die Sprache Grün'scher Schriften zu werfen.

OPD. Grundlagen und Manual, Bern 1996; ders. (Hg.): Operationalisierte Psychodynamische Diagnostik OPD-2. Das Manual für Diagnostik und Therapieplanung, Bern 2006.

[5] Vgl. Sven Olaf Hoffmann – Gerd Rudolf – Bernhard Strauß: Unerwünschte und schädliche Wirkungen von Psychotherapie. Eine Übersicht mit einem Entwurf eines eigenen Modells, in: Psychotherapeut 53 (2008), 4–16; Gerd Rudolf: Opferüberzeugungen. Die neuen Störungsbilder – Faszination und Schwierigkeiten, in: Forum Psychoanalyse 28 (2012), 359–372; ders. u. a.: Umstrukturierung als Ergebnisparadigma der psychodynamischen Psychotherapie – Ergebnisse aus der Praxisstudie analytische Langzeittherapie, in: Zeitschrift für Psychosomatische Medizin und Psychotherapie 58 (2012), 55–66.

1. Das Verständnis des Seelischen bei Grün

Ein zentraler Gegenstand der Grün'schen Schriften, von denen ich einige gelesen bzw. als Vorträge gehört habe, ist das alltägliche Leben der Menschen, und darin insbesondere das seelische Leben, die Seele. Weil dieses Thema des Psychischen oder der Seele sowohl für Psychotherapeuten wie für Theologen ein zentraler Gegenstand ist, will ich Grüns Verständnis dieses Begriffes als Erstes untersuchen. Dazu eignet sich das Buch *Was ist die Seele?*[6] besonders gut. In dieser Schrift lassen sich zahlreiche Definitionen finden:

– Die Seele sei das Lebendige, das Leben als Seele, die Seele als Leben (das erinnert an Aristoteles).
– Es heißt, die Seele sei unsagbar tief, sodass man sie nicht ausloten kann (so sagt es auch Heraklit).
– Sie sei Sammelplatz gemachter Erfahrungen, die für uns zum Teil schwer zugänglich sind (das entspricht moderner neurobiologisch fundierter Gedächtnistheorie).
– Sie sei Phantasie, Kreativität, Denken des Herzens, Spontaneität, Intuition (das sind teils jungianisch klingende, teils romantische Formulierungen).
– Berührungen mit meiner Seele als Tiefe in mir sei das Innerlichste, Kostbarste, was ich habe (hier wird eine positivierende, idealisierende Bewertung vorgenommen).
– Sie stelle den Bezug zur religiösen Welt her, sei offen für das Göttliche. Sie vermittele mir die Gewissheit, dass ich Gott gleichsam in mir trage; sie drücke etwas aus von der Gottunmittelbarkeit des Menschen (damit verlässt die Beschreibung die psychologische Ebene und wechselt in den theologischen Bereich hinüber).
– Sie sei eine heilende Instanz, die hintergründig in mir wirkt: »Die Seele will mir z. B. durch meine Depression etwas sagen«. Diese intentionale Zuschreibung erinnert mich an Formulierungen der älteren Psychosomatik: »Mein Körper will mir etwas sa-

---
[6] Anselm Grün – Wunibald Müller: Was ist die Seele?, München ²2011.

gen.« Bezogen auf die oft beschworene Ganzheitlichkeit des Menschen handelt man sich damit freilich ein Problem ein. In der Rede von Ich und mein Körper und Ich und meine Seele sind wir eigentlich schon zu dritt. Ein konkretistisches Auseinanderfallen von Ich und Seele und Körper im Erleben eines Menschen ist allerdings meist ein Signal psychischer Störung.
– Zuletzt betonen die Autoren, Seele sei »ein unscharfer Begriff, nicht klar zu definieren; gerade das Schillernde reizt, den Reichtum der Seele zu erahnen«. Das ist ein besonders interessanter Punkt. Grün betont immer wieder, dass er gerne die Sprache der Bilder heranzieht, der Metaphern, der Gleichnisse, der Legenden. Die damit erzielte Unschärfe ist geeignet, ein Thema mit dem nächsten zu verknüpfen, so wie es im assoziativen Denken, in Träumen, in der Meditation geschieht. Auf diesem Wege kann, so Grün, »die geheimnisvolle Sphäre überpersönlicher Faktoren, die dem Menschen irgendwie zugrunde liegen, berührt werden«. Diese Aussage markiert eine deutliche Gegenposition zu einem wissenschaftlichen Umgang mit Begriffen, der bemüht ist, sie inhaltlich möglichst eindeutig zu definieren und voneinander abzugrenzen.

Der Begriff »Seele«, wie er von Grün und Müller benutzt wird, verknüpft kulturgeschichtlich frühe, d. h. antike Aspekte des Begriffs mit späteren christlich-religiösen Bedeutungen und allgemeinen Charakterisierungen des Menschlichen.

In diesem Zusammenhang fällt auf, dass Psychotherapeuten und Psychiater in der Schweiz auch heute nicht selten von »der Seele« sprechen und schreiben, was man in Deutschland in der fachlichen Diskussion vermeidet. Die hier gebräuchliche, betont nüchterne Redeweise von psychischen Vorgängen, von kognitiven, emotionalen, unbewussten Prozessen oder einer *theory of mind* hat vielleicht mit dem Nachklang der NS-Zeit zu tun, in der der Seelenbegriff in ideologischer Weise missbraucht wurde. Bereits 1933 lautete der »Feuerspruch« anlässlich der öffentlichen Verbrennung der Bücher Sigmund Freuds: »Gegen seelenzerfasernde Überschätzung des Trieblebens, für den Adel der menschlichen Seele!« Später, im Jahr 1934, sprach Jung von der germanischen Seele und dem arischen Unbewussten, dem schöpferisch-ahnungsvollen Seelengrund als kostbarem Geheimnis des germanischen Menschen.[7] Ein vieldeutig-vager Begriff wie »die Seele« eignet sich eher für eine solche missbräuchliche Verwendung als ein inhaltlich klar definierter. Karl Jaspers hat in seiner *Allgemeinen Psychopathologie* bereits einleitend betont, dass »die Seele« kein Gegenstand der wissenschaftlichen Betrachtung sein kann: »Dass die Seele kein Ding ist und dass schon die Rede von der Seele durch Vergegenständlichung irreführt«[8]. Nur die Erscheinungen des Seelischen, das, als was sie in der Welt wahrnehmbar werde, wie z. B. die Sprache, der verstehbare Ausdruck, die somatischen Begleiterscheinungen, die Handlungen könnten untersucht werden.[9]

Grün und Müller, um auf die Anfangsfrage zurückzukommen, verwenden den Seelenbegriff in seiner breitesten allgemeinen Bedeutung, die wahrscheinlich über das Psychische hinausreicht und vor allem die religiösen Aspekte einschließt.

2. Grüns psychotherapeutischer Ansatz

Welche psychotherapeutische Auswirkung kann die beschriebene Sprache entfalten? Grün schätzt in seinen Ausführungen den raschen Positionswechsel zwischen Metaphern, biblischen Gleichnissen, Aussagen früher Mystiker oder antiker Philosophen, Alltagserfahrungen, etymologischen Assoziationen etc. Diese Technik der Verknüpfung und Amplifikation erinnert an jungianisches Vorgehen generell und an Techniken der Traumbearbeitung speziell. Das Ziel ist nicht, ein Thema (z. B. einen Konflikt) deutlich herauszuarbeiten, sondern immer neue Verbindungen herzustellen, die

---

[7] Vgl. Regine Lockot: Erinnern und Durcharbeiten. Zur Geschichte der Psychoanalyse und Psychotherapie im Nationalsozialismus, Frankfurt a. M. 1985.
[8] Karl Jaspers: Allgemeine Psychopathologie, Heidelberg ⁴1942, 9.
[9] Vgl. ebd., 8.

schließlich möglicherweise zu einem ganz neuen Punkt führen können, der eine Alternative oder eine Lösungsmöglichkeit für das zentrale Problem darstellt. Der stete Bilder- und Positionswechsel könnte auch geeignet sein, so etwas wie eine Tranceinduktion zu leisten, wie sie in meditativen Verfahren verwendet wird, um das kognitiv-stringente Denken regressiv aufzuweichen und den Menschen für den Empfang einer neuen Botschaft vorzubereiten.

Die Botschaft scheint mir zu sein, dass gerade solche Menschen, deren Leben unter Umständen karg ist an Glück, Erfolg oder Emotionalität, auf ihre persönliche Bedeutsamkeit angesprochen werden und zwar:
– auf einen inneren seelischen Reichtum, der noch unentdeckt und ungenutzt in ihnen bereit liegt, oder
– auf einen jederzeit verfügbaren Bezug zum Göttlichen.

Das sind nun keine psychotherapeutischen, sondern theologische Aussagen. Ihre psychotherapeutische Funktion ist eine aufwertende und supportiv-haltgebende. Der Hörer oder Leser, der die Aussage für sich akzeptiert, könnte sich fortan auf ein gutes inneres Objekt stützen. Ich habe an anderer Stelle auf ähnliche Beispiele in den Briefen Bonhoeffers aus der Nazi-Haft vor seiner Hinrichtung hingewiesen, wo es ihm möglich wurde, sich von den guten Mächten seines liebevollen Bezugs zur Familie oder zu Gott »wunderbar geborgen« zu fühlen.[10] Diese Thematik des intrapsychischen guten Objekts ist für den grundlegenden Aufbau der Persönlichkeit von großer Bedeutung. Die Möglichkeit, sich in einem inneren Dialog darauf beziehen zu können, ist ausschlaggebend für die strukturelle Fähigkeit der Selbstberuhigung, Selbstfürsorge und Selbstbeelterung, wie sie gesunderweise im Menschen vorliegt oder aber in ihrer Entwicklung therapeutisch gefördert werden kann.

---

[10] Vgl. Gerd Rudolf: Strukturbezogene Psychotherapie. Leitfaden zur psychodynamischen Therapie struktureller Störung, Stuttgart ³2013, 165.

3. Anmerkungen zur Jung'schen Psychotherapie

Der psychotherapeutische Blick auf die Schriften Grüns lässt erkennen, dass hier häufig Konzepte jungianischer Therapie verwendet werden, weshalb ich eine kurze Anmerkung zu diesem Konzept einschieben möchte.

Bei Jung finden sich viele Aspekte, die Freud in seiner Sehnsucht nach Rationalität beiseite gestellt hatte. In seiner religionskritischen Schrift *Die Zukunft einer Illusion* spricht Freud von »unserem Gott Logos«.[11] C. G. Jungs Gegenposition, die ebenso sehnsuchtsvoll erscheint, gilt dem Irrationalen, Emotionalen, dem Bildhaften, Kreativen und nicht zuletzt dem Religiösen. Die jungianische Welt ist heute zweigeteilt. Es gibt eine mittelgroße Anzahl von Therapeuten, die eine jungianische Ausbildung absolvieren, aber es gibt weltweit sehr viele Menschen, die sich in C. G. Jung-Gesellschaften mit seinem Gedankengut beschäftigen. Die heutigen jungianischen Therapeuten, z. B. Verena Kast[12], betonen die Sicht auf den Menschen als schöpferisches, sich stetig entwickelndes, Sinn suchendes, kulturschaffendes Wesen, das in seiner Fähigkeit, sich von inneren Bildern ergreifen zu lassen, auch religiös erleben kann. Diese eher vorsichtige Bilanz steht in starkem Kontrast zu der traditionellen jungianischen Psychologie mit ihrer mythisch-religiösen Tönung, wie sie etwa noch bei Frieda Fordham[13] zusammengefasst ist.

Freilich sind weder die Psychoanalyse Freuds noch die Psychologie Jungs im Kern reine Therapiekonzepte. Beide enthalten durchaus spekulativ gemeinte Entwürfe zum Verständnis der Natur des Menschen und seiner Kultur. Freud zum Beispiel äußerte sich in seinen späten Jahren geradezu skeptisch zu den Möglichkeiten, sei-

---

[11] Vgl. Sigmund Freud: Die Zukunft einer Illusion [1927], in: ders.: Gesammelte Werke. Bd. 14: Werke aus den Jahren 1925–1931, [London 1948] Nachdruck: Frankfurt a. M. 1999, 323–381, hier: 378.
[12] Vgl. Verena Kast: Was fehlt der Psychotherapie ohne Jung? [Vortrag auf dem »50. Gedenktag in Zürich: C. G. Jungs Werk im 21. Jh.« am 6. Juni 2011].
[13] Vgl. Frieda Fordham: Eine Einführung in die Psychologie C. G. Jungs, Zürich – Stuttgart 1959.

nen Entwurf therapeutisch zu nutzen. Gleichwohl sind die in dem umfangreichen Werk von Jung oder Freud dargelegten Menschenbildentwürfe wichtig für die grundlegende therapeutische Haltung, die jungianische oder freudianische Therapeuten ihren Patienten gegenüber einnehmen.

So ist es nach jungianischer Überzeugung wichtig, dass Menschen auf dem Weg der Individuation einen Gang in die Tiefe ihrer Person wagen und dabei durch die Begegnung mit Archetypen heilsam erschüttert werden. Wenn man Person und Werk in Zusammenhang bringt, erfährt man in den ausführlichen Darlegungen zu Jungs Biographie[14], wie stark Jung als Sohn eines Pfarrers durch die Erfahrungen mit seiner psychiatrisch kranken Mutter und den Versuch, diese Erfahrungen positiv zu bewältigen, geprägt ist. Jungianische Therapeuten haben die Tendenz oder auch die Fähigkeit, neben den pathologischen Zügen ihrer Patienten immer auch kreative Ansätze zu sehen. Dabei kann es freilich geschehen, dass sie die Entwicklung eines Patienten, der in der Beschäftigung mit seinen inneren Bildern den Realitätsbezug verliert und z. B. psychotische Symptome ausbildet, als Ausdruck einer Nachtmeerfahrt ansehen und diese als notwendige Voraussetzung dafür, dass der Patient irgendwann wieder ans Licht gelangt und im übertragenen Sinne neugeboren wird. Freilich kann dies auch in einer suizidalen Katastrophe enden, wenn man sich nicht bemüht, einen solchen Patienten in seiner vulnerablen Struktur zu stützen und in seinen Realitätsbezügen zu festigen.

Die heutigen jungianischen Therapeuten halten sich eher bedeckt gegenüber der jungianischen These, wie sie noch in den 1950er Jahren formuliert wurde, dass religiöse Funktionen, der Bezug auf innere Mächte, Geister, Dämonen, Götter im psychischen Unbewussten ebenso bedeutsam seien wie unbewusste Konflikte und dass es auf dem Weg zur Individuation die wichtigste Entwicklungsaufgabe sei, den Archetypus des Gottesbildes ins Bewusstsein zu überführen. Letzteres halte ich nicht für ein psychologisches,

---

[14] Vgl. z. B. Deirdre Bair: C. G. Jung. Eine Biographie, München 2003.

sondern bereits für ein theologisches Konzept, das sich einem empirisch-wissenschaftlichen Zugang verschließt. Generell sind empirische Untersuchungen zu Chancen und Risiken des jungianischen Therapieansatzes selten. Allerdings tauchen gerade gegenwärtig Überlegungen auf, ob und wie jungianische Konzepte empirisch validiert werden könnten.

Der Grün'sche Ansatz greift insbesondere die religiösen Aspekte des Jungianischen auf und lässt sie ins Theologische münden: In der Tiefe der menschlichen Seele liegt das unzerstörbare Gute und Kreative, das zugleich die Verbindung zu dem Göttlichen bildet. Darüber hinaus nutzt er aber auch, wie im Folgenden gezeigt wird, konkrete jungianische Therapietechniken, z. B. die Arbeit mit subjektstufigen und objektstufigen Deutungen oder speziell die Auseinandersetzung mit dem Schatten.

4. Das Thema der Zerrissenheit

Zu den mir empfohlenen Schriften gehört auch eine mit dem Titel *Zerrissenheit*[15]. Darin geht es um die Auseinandersetzung des Menschen mit seinen problematischen, widersprüchlichen, abgewehrten Persönlichkeitsanteilen. Grün fasst diese mit dem Jung'schen Begriff des Schattens zusammen. Als Ausgangspunkt wird menschliche Zerrissenheit »als Grundgefühl unserer Zeit« definiert. Ob das so ist, lässt sich empirisch schwer belegen. Vermutlich gab es zu allen Zeiten eine Tendenz, das jeweils Heutige als belastet, unnatürlich, zerrissen anzusehen und das weit Zurückliegende als das lange verlorene Paradies zu idealisieren. Das Gegenideal zur heutigen Zerrissenheit, Zerstreutheit, Unausgeglichenheit wird im Zustand der Ganzheit, der Einheit, der Sammlung gesehen und dieser Zustand mit dem Jung'schen Begriff des »wahren Selbst«, der »wirklichen Identität« verknüpft. Das Ziel sei es also, die Zerrissen-

---

[15] Vgl. Anselm Grün: Zerrissenheit. Vom Zwiespalt zur Ganzheit, Münsterschwarzach ^{6}2007.

heit zu überwinden und die Ganzheit des wahren Selbst zu gewinnen.

Wie immer verfolgt Grün zunächst philosophische und psychologische Linien, die schließlich in theologische einmünden. Bezogen auf antike Philosophen wird betont, dass das Leben immer gegensätzlich ist, dass aber zugleich auch der Wunsch nach Einheit besteht. An biblischen Texten wird die krankhafte Zerrissenheit des Menschen am Beispiel einiger von Dämonen Besessenen aufgezeigt und ebenso die Heilung dieser Menschen durch die Austreibung der Dämonen. Diese biblischen Geschichten werden von Grün, wie er sagt, tiefenpsychologisch interpretiert, zugleich wird aber auf »Jesus, den Therapeuten« verwiesen: »Wir brauchen Jesus, den Therapeuten, der die Dämonen aus uns heraustreibt.« Bei dem, was in den biblischen Geschichten als Dämonen bezeichnet ist, handelt es sich laut Grün um unlösbare Beziehungskonflikte zwischen den Patienten und ihren Angehörigen (was psychologisch und psychodynamisch durchaus plausibel erscheint). Die Austreibung der Dämonen bedeute eine Metapher für die Auseinandersetzung mit Verleugnung und Abspaltung der genannten Konfliktthemen; auch das ist psychoanalytisch schlüssig.

Es folgen dann zahlreiche Beispiele in einer eher assoziativen Aneinanderreihung. Grün führt an, was alles abgewehrt und verleugnet werden kann und wozu das führt. Es geht einmal um die Leidenschaften, die Triebe, also um etwas Normales. Es geht zum Zweiten um die Sünde, also das Böse, das den Schatten bildet. Als Drittes wird die Spaltung als Ausdruck einer multiplen Persönlichkeitsstörung verstanden und als Viertes als die Aufspaltung zwischen unterschiedlichen Persönlichkeitsseiten, wie sie bei Mafiosi und Terroristen vorkommen. Das sind extrem verschiedenartige Zustände, die psychodynamisch wenig miteinander zu tun haben. Die Überwindung der Spaltungsvorgänge wird zunächst psychotherapeutisch, dann aber theologisch vorgetragen: »Ich darf mich, so wie ich bin, Christus hinhalten. Ich bin von ihm ganz und gar geliebt und angenommen. Das befreit mich von meiner inneren Zerrissenheit«. Das ist womöglich theologisch eine befriedigende Wendung, psychotherapeutisch ist sie es weniger (z. B. im Blick auf die extrem schwere Störung der dissoziativen multiplen Persönlichkeit). Aber je mehr man sich mit Grüns Texten vertraut macht, desto eher ist man auf eine abermalige überraschende Wendung gefasst. Sie kommt in diesem Fall nahtlos und ohne Aber: »Der Blick auf Christus darf nicht zu einem Hinwegsehen über die eigenen Schattenseiten werden.« Er warnt unter Berufung auf Paulus davor, »unsere Bekehrung und Erlösung allzu optimistisch zu sehen, als ob wir mit unserer Lebensgeschichte nichts mehr zu tun hätten«. Das ist psychotherapeutisch wichtig. Weiter heißt es: »Nur wenn wir unsere eigene Geschichte mit ihren Verletzungen und Kränkungen in unsere Beziehung zu Christus bringen, kann uns Christus von dem Zwiespalt heilen, in dem wir uns auch nach intensiven Gotteserfahrungen und großartigen spirituellen Erlebnissen immer noch befinden«. Hier erfolgt wieder ein Wechsel von psychotherapeutischen zu theologischen Ansätzen: »Wir brauchen Jesus, den Therapeuten, der die Dämonen aus uns heraustreibt«.

Nach dem anfänglichen Wechseln zwischen verschiedenen Positionen bezieht Grün in der zweiten Hälfte des Buches eine eindeutige Stellung, die man als Psychotherapeut gut unterschreiben kann: Jeder muss selbstreflexiv herausfinden, wer er oder sie eigentlich ist. Dabei ist es entscheidend, dass man sein zentrales Problem, seine Illusion, seine infantilen Größenphantasien, seine kindlichen Ansprüchlichkeiten, seine Leidenschaften ins Auge fasst und diese Seite annehmen kann. Grün nennt das jungianisch: sich mit dem Schatten versöhnen und die Gegensätze integrieren; ich würde sagen: für die eigene Person, so wie sie ist, Verantwortung zu übernehmen. Besonders hervorgehoben wird von Grün das Risiko, das sich idealisierende Menschen und sich idealisierende Gemeinschaften tragen (die es im religiösen Feld wahrscheinlich ebenso häufig gibt wie im sozialen und psychologischen). Sie neigen dazu, ihren Schatten zu übersehen bzw. ihn auf andere zu projizieren. So verwundert es dann nicht, dass besonders fromme Gurus plötzlich durch sexuelle Affären in die Schlagzeilen geraten.

Nach diesem Ausflug in die therapeutische Welt kehrt der Autor abschließend wieder zu dem menschlichen Grundmotiv der Sehnsucht nach Einheit zurück und beschreibt, auf welche Weise christliche Mystiker versucht haben, diesen Zustand zu erlangen.

Es soll nicht respektlos klingen, wenn ich abschließend zu diesem Buch über Zerrissenheit sage, es sei auch etwas zerrissen, als lasse der Autor andere Mitautoren oder andere Teilpersönlichkeiten zu Wort kommen, die eine jeweils andere Meinung vertreten. So entdeckt der Leser, der sich davon nicht schwindlig machen lässt, unterschiedliche Linien: In einer ersten Linie zitiert der Autor die vertrauenswürdigen Quellen von Aristoteles über die Evangelien bis zu den Kirchenvätern. In einer zweiten Linie versucht er, möglichst viel in Jungianische Begriffe zu übersetzen, und zum Dritten äußert er überraschend beherzt eigene Überzeugungen und erscheint darin psychologisch schlüssig und authentisch.

Insgesamt lässt sich festhalten, dass Grün in der Beschreibung menschlicher Probleme immer wieder vom Seelsorger zum jungianischen Therapeuten und von dort zurück zum Theologen wechselt und abschließend im religiösen Bezugsrahmen argumentiert. Bezüglich solcher religiöser Aussagen habe ich meinen weltlichen Psychotherapie-Kollegen immer wieder dringend abgeraten, auf diese Weise ihre persönliche Weltsicht einzubringen, weil dadurch ziemlich komplizierte therapeutische Entwicklungen angestoßen und problematische therapeutische Beziehungen aufgebaut werden, zumal es sich bei den heute »spirituell« genannten Einstellungen häufig um vage buddhistische oder allgemein esoterische Überzeugungen handelt. Einem Geistlichen kann man freilich diesen Wechsel zwischen psychotherapeutischen und theologischen Positionen nicht verwehren, er verletzt ja keinen Rahmen, sondern kehrt letztlich wieder in sein eigentliches Bezugssystem zurück. Als säkularer Therapeut muss ich ihn nicht darum beneiden, dass er so ungebrochen mit dem zugrunde liegenden Guten argumentieren und ggf. die therapeutische Aufgabe an Jesus weiterreichen kann. Ein weltlicher Psychotherapeut verfolgt mit anderen Mitteln ähnliche Ziele. Strukturell geht es um den Erwerb eines basalen Vertrauens in die Welt und zu wichtigen Objekten bzw. um die Bewältigung tiefsitzender Zweifel und Defizite bezüglich verlässlicher Beziehungserfahrungen. Es geht um eine Verlebendigung des Innerpsychischen, des inneren Dialogs, mit dessen Hilfe sich jemand in zunehmendem Maße selbst verstehen lernt und letztlich zunehmend Verantwortung für sich und die Mitwelt übernimmt. Es geht um ein wohlwollendes Annehmenkönnen der eigenen Person und des eigenen Lebens und Schicksals und in diesem Zusammenhang um eine Versöhnung mit der eigenen, oft leidvollen Geschichte. Diese strukturellen Therapieziele lassen sich wahrscheinlich ebenso in religiöse Formen gießen. An dieser Stelle verfolgen Psychotherapeuten und Theologen ähnliche Ziele mit verschiedenen Mitteln. Grün argumentiert in seinen Texten wechselnd aus beiden Positionen.

Den Menschen, denen Grün sich psychotherapeutisch-theologisch zuwendet, begegnet er offenbar häufig in seelsorgerischem Kontext oder sie sind heutige Menschen von geistlichem Stand oder es handelt sich um die ihn speziell interessierenden Zeugnisse frühchristlicher Mönche[16]. Das Böse, die Dämonen, mit denen speziell die Letzteren zu kämpfen hatten, übersetzt Grün psychologisch als theologisch bebilderten Ausdruck von unbewussten Triebbedürfnissen und Emotionen, die den Mönchen unter ihren speziellen Lebensbedingungen schwer zu schaffen machten. Die schlüssige psychotherapeutische Folgerung ist die Ermutigung, die negativen Emotionen und problematischen Bedürfnisse anzunehmen und sie zu verantworten, statt sie verzweifelt fernhalten zu wollen.[17] Allerdings verwundert es (oder es verwundert auch nicht), dass der Theologe Grün dem Psychotherapeuten Grün zum Schluss doch widerspricht und abschließend konstatiert, Psychologie könne das Böse eigentlich nicht verstehen, »das Geheimnis des Bösen [...], das bleibt auch für die psychologische Forschung etwas Unfassbares«[18]. Dazu bedürfe es, sagt er, der mythologischen Bilder und

---

[16] Vgl. Anselm Grün: Der Umgang mit dem Bösen. Der Dämonenkampf im alten Mönchtum, Münsterschwarzach ^{15}2011.
[17] Vgl. Anselm Grün: Einreden – Der Umgang mit den Gedanken, Münsterschwarzach ^{21}2011.
[18] Grün: Der Umgang mit dem Bösen (s. Anm. 16), 102.

religiösen Begriffe. Dazu wäre aus psychoanalytischer Sicht zu sagen, dass »das Böse« keine psychotherapeutische Kategorie darstellt, sondern eine innere Zuschreibung, die aus erlebten sozialen oder familiären Erfahrungen in die Bewertung der eigenen Person oder der Welt hineingenommen wurde.

5. Grüns Sprache und therapeutische Haltung

Soweit ich weiß, sind Theologen gehalten, über Gott zu reden, und sie haben damit heute Schwierigkeiten, die Menschen zu erreichen. Grün ist am überzeugendsten dort, wo er über Menschen redet. Menschen wie Du und ich, bedeutsame Menschen der Antike oder aus dem Mittelalter, Menschen in der Bibel. Mit ihren Geschichten und Erfahrungen weckt er Interesse, am Beispiel ihrer Nöte und Krisen spricht er die möglichen Probleme der heutigen Leser an. Es fällt kein drohendes Wort über Schuld, Sünde, Strafe und Verdammnis, wie man es aus älteren religiösen Schriften kennt. Es wird über psychische Bewältigungsstrategien gesprochen, über Entwicklungsaufgaben und Lösungsmöglichkeiten, die jeder in seinem Inneren bereitliegen hat und die er im alltäglichen Miteinander realisieren kann. Psychologisch könnte man sagen, auch der Hinweis auf das Gebet bedeutet eine Aktivierung des Bindungs- und Sicherheitssystems, das Gebet selbst ist ein innerer Dialog bezogen auf internalisierte gute Objekte. Der sehr kritisch-rationale Freud hielt das für die Pflege einer kindlichen Illusion, die Unterwerfung unter eine Vaterautorität. Da er die frühen Entwicklungsstufen des psychischen Systems noch nicht kannte, war sein Blick eingeengt auf Gegensatzpaare wie Triebdruck versus Autorität, oder Unterwerfung versus kindlich-illusionäre Hoffnung. Wir wissen inzwischen, 100 Jahre nach Freud, aber auch 100 Jahre nach Jung, dass das psychische System sehr viel mehr enthält, auch ganz andere Probleme, als Freud sie vermutet hat, und andere Bewältigungen, als Jung sie annahm. Vielleicht wäre es auch für Theologen wünschenswert, eher die aktuellen psychotherapeutischen Konzeptionen aufzugreifen als die von vor 100 Jahren. Vielleicht können sie auch mit der Zeit auf solche bemühten Hilfsmittel wie psychotherapeutische Modelle ganz verzichten. Es würde wahrscheinlich genügen, dass sie verstehen, wie Menschen psychologisch funktionieren, um sie dann auf ihrer, der theologischen Ebene ansprechen und erreichen zu können.

Anselm Grün ist offenbar jemand, der diese Kenntnis vom Menschen besitzt, dem es gelingt, die bedeutsamen emotionalen Erfahrungen einmal mehr im psychologischen, ein andermal mehr im theologischen Kontext anzusprechen. Es ist dabei besonders eindrucksvoll, mit welcher persönlichen Einstellung er seinem Gegenüber begegnet. Dieser Aspekt der therapeutischen Haltung erscheint fast wichtiger als der des richtigen Wortes. Die Grün'schen Interventionen beginnen mit Zuschreibungen von »in Dir ist« und zwar in einem positiv bestätigenden, unterstützenden Sinne, wodurch das befürchtete Negative relativiert wird. Entwicklungspsychologische Studien haben gezeigt, dass solche Formen der »spiegelnden« Zuwendung einem Kleinkind nach und nach erlauben, Worte für seine emotionale Verfassung zu finden. Zugleich wird dadurch, sowohl in der frühen Persönlichkeitsentwicklung wie in der therapeutischen Situation, eine emotionale Bindung an ein unverlierbares inneres Objekt errichtet, an das das Kind oder der Patient sich in einem inneren Dialog wenden kann.

Grün übernimmt, wie jeder gute Therapeut, vorübergehend die Rolle des Mentors, des erfahrenen Menschen, der sein Gegenüber mit den Möglichkeiten des Lebens vertraut macht. Er tut das häufig in der Sprache der Bilder, Metaphern, Gleichnisse, die auf jedem Entwicklungsstand genutzt werden können (im Gegensatz zur sprachlichen Deutung, die bereits ein hohes Abstraktions- und Reflexionsniveau voraussetzt). Grün verhält sich also wie ein moderner Therapeut, wobei er sein Menschenbild aus der reichen Kenntnis der Kulturgeschichte und aus seinen religiösen Überzeugungen ableitet.

Eine letzte Anmerkung zur Sprache Grüns: Sie ist eine einfache und eingängige Sprache, die jeder verstehen kann. Mit ihren eingestreuten Anekdoten erinnert sie an die Geschichten des alemannischen Hausfreundes, Johann Peter Hebel, den Heidegger sehr geschätzt hat als einen Dichter und Menschenfreund. Goethe merkt freilich etwas kritisch an, dass Hebel jemand sei, der die großen Themen des Weltgeschehens auf die kleine, alemannische Welt projiziert und sie dort in Dialogen von Bauersfrau und Bauersmann vereinfacht abhandelt. Wenn nun Hebel die einzelne Anekdote nach allen Seiten ausgeleuchtet hat, endet sie mit einer kurzen »Moral von der Geschichte«. Bei Grün hingegen wird die Geschichte durch andere Anekdoten, Zitate, Hinweise, Einfälle in viele Richtungen geleitet und letztlich offen gehalten. Vielleicht ist das aber gerade erwünscht im Blick auf eine abschließende theologische Wendung, auf das offen bleibende Geheimnis: Das gibt es alles, das hängt alles irgendwie zusammen, das ist Ausdruck der nicht näher beschreibbaren Ganzheit, das wussten schon die alten Philosophen, das kann jeder einfache Mensch wissen, das ist alles gut so, man muss es annehmen und glauben.

Das impliziert auch ein Versprechen: Im nächsten Buch, lieber Leser, werden weitere Fragen und noch mehr Antworten gegeben. Ich habe nur einige der bereits vorliegenden Bücher gelesen, möchte aber abschließend eines erwähnen, das besonders prägnante Aussagen macht; es heißt stimmig *Buch der Antworten*[19]. So etwas hätte ich gerne als Jugendlicher vor 50 bis 60 Jahren gelesen, aber ich fürchte, die damalige Kirche hätte das nicht zugelassen. Also seien wir dankbar für die freimütige Diskussion, die heute möglich ist und von der wir auch in dieser Veranstaltung ein Beispiel erleben konnten.

---

[19] Vgl. Anselm Grün: Buch der Antworten, Freiburg i. Br. 2007.

Heilt Anselm Grün unseren Seelenverlust?
Eine jungianische Antwort auf Grüns Konzept von der Seele

von Eckhard Frick SJ

Die Seele ist sowohl für Carl Gustav Jung als auch für Anselm Grün ein zentrales Thema, ebenso die Frage des Seelenverlustes. Der vorliegende Beitrag geht drei Fragen nach: (1.) Was ist die Seele? – So auch der Titel des Dialogs, den Anselm Grün mit Wunibald Müller führt.[1] (2.) Was ist unter Seelenverlust zu verstehen und wen betrifft er: uns alle, die Wissenschaften, einzelne Personen? (3.) Wie geht Grün mit diesem Seelenverlust um, wie könnte gegebenenfalls eine Heilung aussehen?

Mit Hilfe eines der scharfsinnigsten jungianischen Denker, Wolfgang Giegerich, fragt der Beitrag, inwieweit Anselm Grün der Problematik des Seelenverlustes gerecht wird. Es werden folgende Thesen vertreten: (1.) Die Seele ist im biblischen, nicht-dualistischen Sinne zu konzipieren. (2.) Der von Grün richtig diagnostizierte Seelenverlust der Gesellschaft kann selbst als Manifestation der Seele gelten. (3.) Grün liefert bedenkenswerte Ansatzpunkte zu einer möglichen Heilung der Seelenlosigkeit; jedoch erreichen seine Darlegungen nicht die umfassendere und tiefer gehende Analyse Giegerichs.

Es ist kein Zufall und schon gar kein Nachteil, dass Grüns Diskussionsbeitrag dialogisch ist. Das gemeinsam mit Müller herausgegebene Buch ist ein Dialogbuch, durch den Publikumsverlag Goldmann verbreitet. Ursprünglich aber erschien es im Kösel-Verlag, zeitgleich mit unserem Dialogbuch über den spirituellen Jung[2]

---

[1] Vgl. Anselm Grün – Wunibald Müller: Was ist die Seele? Mein Geheimnis – meine Stärke, München 2008 [²2011].

[2] Vgl. Eckhard Frick – Bruno Lautenschlager: Auf Unendliches bezogen. Spirituelle Entdeckungen bei C. G. Jung, München 2008.

und betreut durch Winfried Nonhoff, der beide Bücher anregte und uns vier Gesprächspartner unterstützte. Es mag verwundern, angesichts der beeindruckenden Fülle von Grüns Œuvre ein einziges Werk zu erwähnen, von dem Anselm Grün im persönlichen Gespräch meint, es sei nicht sein Lieblingsbuch. Gleichwohl werden zentrale Inhalte und Zugangsweisen des Autors in diesem Zwiegespräch deutlich. Außerdem mag es verwundern, dass der Autor dieses Beitrags gewissermaßen unbescheiden ein eigenes, ebenfalls dialogisch verfasstes Buch erwähnt, das bisher nur eine Auflage erlebte und nicht bei Goldmann wiederaufgelegt wurde, obwohl die beiden Autoren gern an ihr Gespräch zurückdenken und ihm weite Verbreitung wünschen. Besagte unbescheidene Erwähnung scheint uns durchaus zur Auseinandersetzung und Beschäftigung mit Anselm Grün zu gehören, als mehr oder minder unbewusstes Begleitthema der wissenschaftlichen Rezeption dieses Autors: Gemeint ist der Klassenunterschied zwischen den millionenstarken Grün-Büchern einerseits und anderen Werken, seien sie wissenschaftlicher oder populärwissenschaftlicher Natur. Der Klassenunterschied kann Bewunderung hervorrufen oder aber Neid und sogar Verachtung, sei es im Namen wissenschaftlicher Gründlichkeit oder spiritueller Tiefe. Es ist gut, wenn derartige Emotionen bewusst sind, dann trüben sie nicht die nüchterne Auseinandersetzung mit Anselm Grün und lassen ihm die Wertschätzung zuteilwerden, die er verdient.

Das Wort »Seele« gehört zu unserer Alltagssprache – unabhängig davon, wie die Wissenschaften mit diesem für sie schwierigen Begriff umgehen. Nicht selten wird der Seelenbegriff auch *gegen* die Wissenschaft in Stellung gebracht, z. B. wenn eine »seelenlose« Medizin beklagt oder eine »Medizin mit Seele« eingefordert wird. Friedrich Nietzsche prägte in kritischer Distanz zur Wissenschaft, aber auch zur Ratlosigkeit der philosophischen Anthropologie den Aphorismus, »dass der Mensch das *noch nicht festgestellte Thier* ist«[3]. »Seele«

---

[3] Friedrich Wilhelm Nietzsche: Jenseits von Gut und Böse. Vorspiel einer Philosophie der Zukunft, in: ders.: Sämtliche Werke. Kritische Studienausgabe in 15 Bänden.

scheint ein Platzhalter für das noch nicht Festgestellte, noch nicht Erkundete am Menschen zu sein oder vielmehr: für das nicht Feststellbare,[4] für das Geheimnis des Menschen, das gerade die helfenden Berufe respektieren sollten[5]. Im Folgenden nähern wir uns der Seele als dem Geheimnis des Menschen zunächst sprachlich, beginnend mit der biblischen Überlieferung.

1. Was ist die Seele?

In der älteren der beiden biblischen Schöpfungserzählungen heißt es: »Da formte Gott, der Herr, den Menschen *[ādām]* aus Erde vom Ackerboden *[adāmāh]* und blies in seine Nase den Lebensatem. So wurde der Mensch zu einer lebendigen Seele *[näfäš chajjāh]*« (Gen 2,7). Der hebräische Ausdruck *näfäš chajjāh* wird von der griechischen Übersetzung des Alten Testaments mit *psychē zōsa* wiedergegeben. Der Mensch wird als der Lehmige charakterisiert, weil er aus dem Ackerboden getöpfert und durch den göttlichen Atem mit Leben erfüllt wurde. Der biblischen Anthropologie sind dualistische Unterscheidungen fremd. So hat *näfäš* die ursprüngliche anatomische Bedeutung: Kehle, Hals, Kehlkopf, also jenes Organ, durch das der Atem ein- oder ausströmt. Davon abgeleitet kann *näfäš* den ganzen Menschen, sein Wesen oder seine Seele bedeuten als Umschreibung für sein Ich, wie so häufig im poetischen Buch der Psalmen. Je nach Übersetzung kommt eher das leibnahe Spüren oder die übertragene Bedeutung zum Tragen, zum Beispiel: »Wie eine Hirschkuh lechzt nach Wasserbächen, so lechzt meine *näfäš* nach dir, o Gott!« (Ps 42,2); »Hilf mir, o Gott! Schon reicht mir das Wasser bis an die *näfäš*« (Ps 69,2); »Denn meine *näfäš* ist

---

Bd. 5, hg. von Giorgio Colli und Mazzino Montinari, München – Berlin – New York 1980, 9–243, hier: 81 [62. Aphorismus; Hervorhebungen im Original].
[4] Vgl. Georg Gasser – Josef Quitterer: Die Aktualität des Seelenbegriffs: Interdisziplinäre Zugänge, Paderborn 2010.
[5] Vgl. Erhard Weiher: Wenn das Geheimnis die Lösung ist, in: Spiritual Care 1 (2012), 82f.

übervoll an Leiden, und mein Leben ist nahe dem Tode« (Ps 88,4). *Näfäš* meint also den Menschen, der durch die göttliche »Mund-zu-Nase-Beatmung« zu einem lebendigen Wesen wird, zu einem begehrenden, durstigen, sich ängstenden und todesnahen Wesen.

Im Gegensatz zum biblischen Menschenbild ist das griechische der klassischen Zeit, vor allem das von Platon formulierte, dualistisch. Es nennt die Seele im Gegensatz zum Leib unsterblich. Dieser Dualismus hat den Vorteil, dass gleichzeitig zwei Aussagen gemacht werden können: Zum einen ist der Tod ein radikales (nicht nur scheinbares) Ende des individuellen Lebens; zum anderen gibt es etwas Unzerstörbares am Menschen, seine Seele. Die so beschriebene Seele kommt als Kontinuitätsträgerin für eine irgendwie geartete Neuexistenz des Individuums in Frage, sei es im Sinne einer Auferstehung, sei es im Sinne einer Reinkarnation, die meist als langer, mühsam-beschwerlicher Zyklus einer Seelenwanderung gedacht wird, nicht nur in Asien, sondern auch bei Platon.

Nimmt man hingegen *keine* unsterbliche Seele an, so stellt sich die Frage nach einer anderen Kontinuitätsträgerin.[6] Der biblische Beter jedenfalls fragt ängstlich-skeptisch nach der Möglichkeit, die eigene *näfäš* angesichts des sicheren Todes zu retten: »Wo ist der Mann, der ewig lebt und den Tod nicht schaut, der seine *näfäš* retten kann vor dem Zugriff der *sch'ol*?« (Ps 89,49) Im Munde Jesu wird die hoffnungsvoll-ängstliche Spannung zwischen Retten und Verlieren ein zentrales, dialektisches Thema: »Wer seine *psychē* zu retten sucht, wird sie verlieren; und wer sie verliert, wird sie am Leben erhalten« (Lk 17,33, vgl. Mt 16,25; Mk 8,35; Joh 12,25).

Anselm Grün bezieht sich auf den biblischen Sprachgebrauch, den er für den heutigen Leser erschließen will. Er kennt den weiten Bedeutungsraum von *näfäš* bzw. *psychē*.[7] Philosophisch-theologisch will er einerseits an die traditionelle Redeweise von der Seele anknüpfen, andererseits distanziert er sich von der platonisch-thomis-

---

[6] Vgl. Eckhard Frick: Psychosomatische Anthropologie. Ein Lehr- und Arbeitsbuch für Unterricht und Studium, Stuttgart [2. Aufl. im Druck].
[7] Vgl. Grün – Müller: Seele (s. Anm. 1), 22.

tischen Philosophie.[8] Diese pauschale Distanzierung bleibt unklar, wirkt modisch-zeitgeistig. Denn später werden sowohl Platon als auch Thomas zustimmend zitiert. Was mit der Formel »platonisch-thomistische Philosophie« wohl gemeint ist: das Wesen des Menschen – und darum geht es ja bei der Seele – auf eine statische Substanz einzuengen. In der Tat sind in der katholischen Theologie die Auswirkungen dieser Substanzontologie spürbar, wo sie zu einer engen Sicht von der Unsterblichkeit der Seele führen können. Eine Prozessontologie, die den Menschen, auch den seelischen Menschen als werdendes Wesen sieht, gewinnt an Bedeutung.[9] In einer ersten Annäherung rekurriert Grün mit Jung auf den luftigen, beweglichen Charakter des griechischen und lateinischen Seelenbegriffs *(psychē, anima)*.[10] Problematisch erscheint, aus einer umstrittenen Etymologie des Seelenbegriffs im Deutschen – tiefe wallende See – die »Tiefe« der Seele abzuleiten.[11]

2. Was ist unter Seelenverlust zu verstehen und wen betrifft er?

Grün diagnostiziert eine Seelenlosigkeit der Gesellschaft und fasst die Seele folgerichtig als einen Rückzugsort auf.[12] Der Gedanke des Rückzugs findet sich auch bei zeitgenössischen Psychoanalytikern.[13] Die Seele sei »Antreiberin zum Leben«, aber sie kann, wie bei Jung, auch als »Dame in Schwarz«, als Depression erscheinen.[14] Hier deutet sich ein wichtiger Gedanke an, den Grün nicht zu Ende denkt: Auch in der Seelenlosigkeit, etwa der depressiven, zeigt sich die See-

---

[8] Vgl. ebd., 32.
[9] Vgl. Peter Neuner: Art. Seele (katholisch), in: Bertram Stubenrauch – Andrej Lorgus (Hg.): Handwörterbuch Theologische Anthropologie, Freiburg i. Br. 2012.
[10] Vgl. Grün – Müller: Seele (s. Anm. 1), 18.
[11] Vgl. ebd., 18.
[12] Vgl. ebd., 27.
[13] Vgl. John Steiner: Orte des seelischen Rückzugs. Pathologische Organisationen bei psychotischen, neurotischen und Borderline-Patienten, Stuttgart 1998.
[14] Vgl. Grün – Müller: Seele (s. Anm. 1), 33–36.

le, eben als Dame in Schwarz, als Symptom. Seelenlos kann also ein Individuum durch eine Neurose werden, welche die Offenheit der Seele verstellt. Aber auch der weit verbreitete neue Naturalismus in Neurobiologie, Philosophie des Geistes und Kognitionswissenschaften hat die seelenlose Tendenz, »die menschliche Person wie andere natürliche Phänomene zu behandeln«[15].

Bei aller Seelenbegeisterung klingt bei Grün ein wichtiger Gesichtspunkt an: Die verschiedenen Manifestationen der Seele bedürfen der Unterscheidung der Geister. Es braucht eine Kriteriologie, um das durch die Seele bewirkte »Aufmischen«[16] richtig einordnen zu lernen. Bei Grün geschieht dies im Gewissen:

> Wir sollen die von außen gegebenen Normen berücksichtigen. Aber entscheidend ist immer, was unser Gewissen uns sagt, was wir tief in unserer Seele als richtig spüren. Je tiefer wir in unsere Seele vordringen, desto klarer wird uns auf dem Grund unserer Seele, dort, wo reines Schweigen ist, was für uns stimmt. Und dieser inneren Stimme sollen wir folgen.[17]

Ein weiteres Indiz für den Seelenverlust erkennen die Autoren zu Recht in der aktuell empirisch beobachtbaren Suchbewegung einer breiten Öffentlichkeit nach neuen, individualisierten spirituellen Ausdrucksformen: Die »auch außerhalb des kirchlichen Bereiches feststellbare Suche nach Spiritualität ist ebenfalls auf diese anscheinend verloren gegangene erfahrbare Verbundenheit mit der übrigen Menschheit und einem Größeren zurückzuführen. Es ist eine Suche nach der verloren gegangenen Seele.«[18]

Mit Anselm Grün können wir sagen, dass das Abhandenkommen der Seele ein durchaus ambivalentes Phänomen ist. Einerseits führt die naturwissenschaftliche Deutungshoheit zu einer Skepsis gegenüber dem Seelenbegriff in den modernen Gesellschaften. Andererseits stellen die positivistischen Wissenschaften nicht die ein-

---

[15] Vgl. Gasser – Quitterer: Aktualität (s. Anm. 4), 10.
[16] Grün – Müller: Seele (s. Anm. 1), 40.
[17] Ebd., 45.
[18] Ebd., 64.

zige soziale Manifestation des Seelenverlustes dar. Es gibt neben den *hard sciences* eine verbreitete, viele Individuen betreffende Seelenleere, deren Not sich in der spirituellen Suche äußert.

Der traditionelle Seelenbegriff ist eng mit dem der griechischen Philosophie entnommenen Gedanken von der Unsterblichkeit der Seele verknüpft. Die Verfasser greifen die moderne Skepsis gegenüber dem Auferstehungsglauben und die Popularität von Reinkarnationsvorstellungen auf. Sie versuchen das Kunststück, die katholische Lehre mit diesen Strömungen zu verbinden.[19] Als Gegenbegriff zu einer »Psychologie ohne Seele«[20] erscheint die Seele als verbindendes Urprinzip. Die Auseinandersetzung mit dem Schicksal der Seele angesichts des Todes ist der definitive Ernstfall des Seelenverlustes.

Wichtige Fragen bleiben hier unentschieden. Es ist unklar, ob Frau Y, also einem Individuum, ihre Seele zugeordnet werden kann, oder ob die Seele einen eher transpersonalen Charakter hat. Ist Seelenverlust dann ein persönlicher Prozess, z. B. im Rahmen einer depressiven Neurose – eine Vorstellung, die sich in vielen Kulturen nachweisen lässt?[21] Oder geht es um Gruppen oder Gesellschaften? Was bedeutet es, dass die Wissenschaften, auch die psychologische, sich vom vor-wissenschaftlichen Seelenbegriff verabschieden? Welche persönlichen Seelen-Konstrukte sind für Wissenschaftlerinnen und Wissenschaftler sowie für die Studierenden verschiedener Fachrichtungen maßgeblich, möglicherweise im Gegensatz zum offiziellen und bewussten Paradigma? Zu dieser Frage führen wir gegenwärtig eine interdisziplinäre Erhebung durch.[22]

---

[19] Vgl. ebd., 88f.
[20] Vgl. ebd., 147f.
[21] Vgl. Hannes Stubbe: Seelenvorstellungen, in: ders. (Hg.): Lexikon der psychologischen Anthropologie. Ethnopsychologie, transkulturelle und interkulturelle Psychologie, Gießen 2012, 562–569.
[22] Vgl. www.soulstudy.de.

3. Wie geht Grün mit dem Seelenverlust um, und wie könnte eine Heilung aussehen?

Grüns Ansatzpunkt ist der Seelenverlust in der Gestalt der modernen *Seelenvergessenheit*.[23]

> Benedikt verlangt vom Cellerar, dass er immer auf seine Seele achten soll. Das heißt für mich auch, dass ich auf meinen Leib horche. Wenn ich einfach in mich hineinhöre, was sagt mir mein Leib? Spüre ich Widerstand gegen diese Arbeit? Spüre ich Müdigkeit und Unlust? Ich höre auf meine Seele, wenn ich auch auf meinen Leib höre.[24]

Als Autor und Cellerar (im Benediktinerkloster verantwortlich für materielle Güter und Versorgung) greift Grün den alten Gedanken der Selbstsorge *(cura sui)* auf. Michel Foucault hat an die philosophischen Wurzeln der Selbstsorge erinnert und die spirituelle Tradition des Christentums für die einseitige Betonung der altruistischen Sorge für andere kritisiert.[25] Grün greift diese Kritik auf, wenn er schreibt:

> Um die Seele der anderen Person kann sich nur jener kümmern, der sich um seine eigene Seele kümmert, mit ihr in Berührung ist. Jemand, dessen Seele selbst verwahrlost ist, der keine Seelenpflege betreibt, mag sich Seelsorger nennen, vermag aber nicht dem Bedürfnis der Menschen gerecht zu werden, die an einer echten Seel-Sorge interessiert sind.[26]

Friedrich Albert Lange, einer der Väter der akademischen Psychologie, prägte die Formel einer »Psychologie ohne Seele«.[27] Der aktuelle psychologische Mainstream macht sie sich zu eigen: »Wollten wir von ihrer Bezeichnung ausgehen, wäre die Psychologie die Lehre von der Seele (von gr. *psyche* = Seele, und gr. *logos* = Lehre,

---

[23] Vgl. Grün – Müller: Seele (s. Anm. 1), 9.
[24] Ebd., 171.
[25] Vgl. Michel Foucault: Freiheit und Selbstsorge. Interview 1984 und Vorlesung 1982, Frankfurt a. M. 1985.
[26] Vgl. Grün – Müller: Seele (s. Anm. 1), 179.
[27] Vgl. Friedrich Albert Lange: Geschichte des Materialismus und Kritik seiner Bedeutung in der Gegenwart, Iserlohn 1866.

Wissenschaft). Doch die Seele ist eine metaphysische Größe, die sich als Grundlage für eine Wissenschaft nicht eignet.«[28] Hingegen stellt sich Giegerich der von Jung aufgeworfenen Frage, wie eine »Psychologie mit Seele«, gestützt auf den »autonomen Geist«[29], möglich sei. Seine Frage entspricht genau dem Thema Grüns und Müllers, wenn auch auf einer anderen Ebene, im Innenhorizont der Analytischen Psychologie, die er hegelianisch rekonstruiert.[30]

Giegerich sieht die Seele in ihrer Phänomenologie, d. h. in ihren Erscheinungsformen im Behandlungszimmer, in der Geistesgeschichte sowie in der heutigen Psychologie. Er zeigt, dass der moderne Seelenverlust, die »Psychologie ohne Seele«, Konsequenz eines langen und breiten Traditionsstroms der europäischen Geistesgeschichte ist. Nicht wir Wissenschaftler schaffen die Seele ab. Vielmehr gehört auch die Seelen-Abschaffung zur Geschichte der Seele. Auch die seelen-lose Psychologie ist eine Manifestation der Seele. Die Seele, hierin ist Giegerich ganz traditionell, ist größer als das Individuum, auch größer als eine geistige Zeitströmung und eine Gruppe von Wissenschaftlern. Wissenschaftler möchten die Seele aus guten Gründen operationalisieren, d. h. für die empirische Forschung in einzelnen psychischen Funktionen greifbar, fassbar und messbar machen. Dies führt zur Verabschiedung des Seelenbegriffs, ähnlich wie die naturwissenschaftliche Chemie sich von den Materie-Spekulationen der Alchemie verabschiedete.

Der einzelne Wissenschaftler bzw. das einzelne Wissenschaftlerteam nimmt in der Beschäftigung mit dem, was früher Seele hieß, eine strikte Dritte-Person-Perspektive ein. Die Seele wird methodisch heruntergebrochen auf operationalisierbare psychische Funktionen. Dieser methodische Reduktionismus ermöglicht klare Vorgehensweisen nicht nur der quantitativen, sondern auch der qualitativen Forschung. Er sichert die objektive oder wenigstens in-

---

[28] Walter Herzog: Psychologie als Wissenschaft. Wissenschaftstheoretische Grundlagen der Psychologie, Wiesbaden 2012, 20.
[29] Carl Gustav Jung: Gesammelte Werke. Bd. 8, Düsseldorf 1967/1982, § 661.
[30] Vgl. Wolfgang Giegerich: What is Soul?, New Orleans (Louisiana) 2012.

tersubjektive Überprüfbarkeit von Ergebnissen und insofern die evidenzbasierte Forschung und Behandlung in Medizin und Psychotherapie. All dies geschieht zum Nutzen der Patienten. Gerade der evidenzbasierten Medizin verdanken wir gewaltige Fortschritte. Auch der neue Bereich Spiritual Care ist Gegenstand evidenzbasierter Forschung.[31]

Es irritiert die evidenzbasierte Dritte-Person-Perspektive, dass die Seele immer mehr ist als ein Objekt, auch wenn die Forschung sie objektiviert und auf psychische Teilfunktionen reduziert. Die Seele steht für das Nicht-Feststellbare, Nicht-Objektivierbare am Menschen. Der Wissenschaftler mag dies für irrelevant oder romantisierend-vorwissenschaftlich halten. Er mag die Hypostasierung der Seele als eigene Substanz (*res cogitans,* denkende Sache bei René Descartes), unabhängig von der messbaren, ausgedehnten Materie *(res extensa),* kritisieren. In seiner Alltagssprache wird er dennoch möglicherweise von einem wertvollen, unzerstörbaren Geheimnis seiner selbst oder des Mitmenschen sprechen. Möglicherweise nennt er diese Dimension nicht Seele, sondern Selbst, Würde der Person oder persönliche Freiheit.

Für Jung ist die Seele immer mehr als die individuelle Person. Sie ist ein offener Raum, ausgespannt auf das Jenseits der jeweiligen Grenze meines Ich. Jung spricht einerseits von der »transzendenten Funktion« des Symbols, er meint damit den Kontakt zum Unbewussten durch Überbrückung der Gegensätze. Andererseits spricht er der Seele eine »religiöse Funktion« zu, greift Tertullians Satz von der *anima naturaliter christiana* (von Natur aus christliche Seele) auf. Jungs Religionsbegriff ist nicht institutionell-kirchenreligiös, sondern spirituell im heutigen, überkonfessionellen und interreligiösen Sinn.[32] Die Seele ist also mehr als das einzelne Ich, mehr als

---

[31] Vgl. Eckhard Frick: Evidence-based Spiritual Care: Gibt es das?, in: Gian D. Borasio u. a. (Hg.): Evidenz und Versorgung in der Palliativmedizin. Medizinische, psychosoziale und spirituelle Aspekte, Köln 2013, 169–174.
[32] Vgl. Verena Kast: Spirituelle Aspekte in der Jung'schen Psychotherapie, in: Psychotherapie Forum 16 (2008), 66–73.

der Gegenstand des Wissenschaftlers. Ja, die Seele manifestiert sich auch, wenn die Seelenlosigkeit des Wissenschaftlers sie wegkürzt, als unbrauchbares metaphysisches Relikt verwirft und auf psychische Einzelfunktionen reduziert.

Giegerich konstatiert diese anthropologische und sprachliche, anti-metaphysische Tilgung des Seelenbegriffs. Er führt sie auf eine Wende von der alten Ontologie, welche die Seele noch dinghaft denken konnte, zur Logik zurück. Wer heute über die Seele nachdenkt, ist zwischen der Skylla des alten metaphysischen Denkens und der Charybdis der Lange-Position hin- und hergerissen. Von beiden Extremen ist Wichtiges zu lernen: Die Gabe der Skylla, d. h. die Gabe der alten metaphysischen Idee der Seele, besteht darin, das Phänomen, an dem der Psychologe interessiert ist, zu bewahren, nämlich den Begriff der Seele. Giegerich bestimmt ihn durch die folgenden vier Aspekte: (1) Die Bedeutung von Wert, Wichtigkeit, Unabdingbarkeit; (2) die Bedeutung von Mysterium und (wenn auch nur metaphorischer) Jenseitigkeit; (3) die Tatsache, dass er einen Anspruch auf uns erhebt, unmittelbar unsere Subjektivität, unser tiefstes Wesen involviert; (4) als etwas, das kein Substrat hat und nicht mit Funktionen des biologischen Organismus identisch ist. Dieser alte Sinn mahnt uns, all diese sowohl dem Begriff Seele als auch unserem Interesse an Psychologie innewohnenden Aspekte nicht über Bord zu werfen und dadurch unseren eigentlichen Zweck und auch das, was objektiv der wahre Zweck des Fachs der Psychologie ist, zu verraten. Das Skandalöse der Idee einer Psychologie mit Seele, die auf der Annahme eines autonomen Geistes gegründet ist, sollte uns nicht abschrecken.[33] Umgekehrt halte auch Charybdis, die Idee einer Psychologie ohne Seele, ihre Gabe bereit: Sie bewahre uns vor dem Ontologisieren und Verdinglichen der Seele als einem zweiten Etwas neben dem Körper.[34] So hält Giegerich das Unverzichtbare des Seelenbegriffs fest und verteidigt es sowohl gegen die metaphysische Skylla als auch gegen die positivistische Charybdis.

---

[33] Vgl. Giegerich: Soul (s. Anm. 30), 24f.
[34] Vgl. ebd., 22–24.

Für das Andere der objektiven Seele wählt Giegerich den drastischen Ausdruck Leichnam (entsprechend dem gr. *sōma*). Die Seele existiere nicht im Raum, sondern nur in der Zeit.[35] Was sie hervorbringe (Bücher, Musik, Kunst, Wissenschaft ...), seien »Leichen«. Gegen Giegerichs provokative Auskunft kann eingewandt werden, der Kontakt mit einem Autor wie Anselm Grün sei doch etwas Hochlebendiges und Kreatives, und ein Bücherbrett mit seinen Werken sei doch schließlich kein Leichenkeller. Giegerich dazu: »Derartige Bücher als solche sind in sich tote Gegenstände, seelenlose Materie. Sie *werden* nur dadurch zu Ereignissen der Seele, als es einen verstehenden Geist und ein fühlendes Herz gibt, das sie liest und schätzt, und allein durch einen derartigen Geist und ein derartiges Herz.«[36] Im Leichenkeller sind also Bücher, Musiknoten, Gemälde usw., solange sie niemand liest, hört, spielt, anschaut und bespricht. Auch das vorliegende Buch ist eine solche Leiche, ein fahler Abglanz des Symposions mit Anselm Grün im schweizerischen Freiburg, es sei denn, dass es in Leser und Leserin zum Leben erwacht. Jakob Levy Moreno, der Schöpfer des klassischen Psychodramas, spricht von Kulturkonserven: verstaubt und irrelevant, bis sie entdeckt, gespielt, inszeniert werden.

Die auf den ersten Blick schockierende Rede Giegerichs von den Seelenprodukten als Leichen fasst die Seele (eine Anleihe bei Hegel) als reine Negativität der Materie. Wenn wir jemandem »das Leben nehmen«, dann nehmen wir ihm nicht etwas, eine Sache, die er dann verliert. Vielmehr sei das Leben »etwas, das als ein Tanz ganz und gar negativ ist und kein positives selbstständiges Sein hat. Und doch ist es ganz offensichtlich etwas sehr Reales und Mächtiges.«[37] Die Seele spreche in ihren verschiedenen Manifestationen nicht über uns oder die Dinge, sondern ausschließlich über sich selbst und zwar durch die Produktion toter Körper:

---

[35] Vgl. ebd., 49f.
[36] Ebd., 49.
[37] Ebd., 29.

Lebewesen pflanzen sich fort, das heißt, sie produzieren neue Lebewesen derselben Art. Diese neuen Lebewesen machen deutlich das *Leben* sichtbar und geben dem Leben eine objektive Realität, ein natürliches Sein. Nicht so die Seele. Sie hat überhaupt kein Sein. Und alles, was sie hervorbringt, sind »Leichen«: tote Buchstaben, Noten, symbolische Zeichen, rituelle routinemäßig ausgeübte Prozeduren, Dogmen, Kunstwerke, sterile Institutionen, die alle primär tote Dinge sind.[38]

Die Seele erscheint historisch an der Grenze des Todes (etwa *psychē* bei Homer), systematisch ist sie, hegelianisch gesprochen, die *Aufgehobenheit* des Leichnams. Das Erscheinen der Seele umschreibt Giegerich mit dem Funken, der aus dem Zusammentreffen der »Leiche« mit dem menschlichen Subjekt sprüht.[39]

Giegerich unterscheidet zwischen Seelischem und Nicht-Seelischem. Eine »psychologische Differenz«[40] trennt das »Psychologische«, in dem es um die Seele selbst geht, vom »Psychischen«, das sekundäre Phänomene des Seelischen meint:

psychisch (nicht-seelisch)	psychologisch (seelisch))
modernes positivistisches Ich, psychische Funktionen	Logos der Seele
empirische psychologische Forschung	Seele, »das Unbewusste«
gewöhnliche menschliche Emotionen	archetypische Erfahrungen
Fakten, Tatsachen	Deutung, Sinnstiftung
unmittelbar	nachdenklich

Psychologie sei der »*Ersatz* für die Seele, die – für den geborenen Menschen – für alle Ewigkeit verloren ist, weil Modern-Sein gerade heißt, von der Seele *emanzipiert* zu sein.«[41] In der Neurose und in

---

[38] Ebd., 48f.
[39] Vgl. ebd., 56–61.
[40] Vgl. ebd., 99–104.
[41] Ebd., 140.

der Seelen-Losigkeit der akademischen Psychologie macht er eine »neue« psychologische Differenz aus.

Der empirische, »menschlich-allzumenschliche« moderne Mensch muss zwei Einflüsse gewärtigen: »von unten« (Psychopathologie, die Seele als das psychisch Andere, das Nicht-Ich/die kranke Seele); »von oben« (das Große, Außergewöhnliche in Kunst, Literatur, Philosophie, Mythen, Religion usw.). Im modernen psychologischen Leben unterscheidet Giegerich zwischen authentischen und simulierten Seelen-Phänomenen:

> Ein besonders wichtiges Beispiel für moderne *simulierte* Seelenphänomene im sozialen Bereich sind diejenigen auf dem Gebiet der Religion und Spiritualität. Einige Menschen sind sehr davon beeindruckt, dass es *innerhalb* der modernen säkularisierten Welt und *nach* derjenigen modernen Erfahrung, die am besten mit Nietzsches Wort »Gott ist tot« zusammengefasst werden kann, plötzlich wieder neues und zunehmendes Interesse an Religion, Spiritualität und an einem Glauben an irgendeine Art von Transzendenz zu geben scheint. In unserem Zusammenhang ist hervorzuheben, dass dieses ganz neue Interesse, all diese unterschiedlichen Phänomene des religiösen Glaubens, diese neuen spirituellen Bewegungen und Phänomene der Offenheit für etwaige Transzendenz, gar keine seelischen Phänomene sind. Sie haben keine Bedeutung für die Seele, weil sie von Anfang an grundsätzlich *aufgehobene* Phänomene sind. Sie gehören zum Bereich des Ichs, seiner emotionalen Bedürfnisse und Sehnsüchte. Sie sind psychische Phänomene, Phänomene, die zwar ein Forschungsgegenstand der Soziologie sein können, aber nicht der Psychologie. Die Seele hat keinen Teil daran.[42]

Zwischen dem Seelenverlust beim primitiven und beim modernen Menschen gibt es eine deutliche Parallele:[43]

> Die nicht-verlorene Seele, d. h. unser Normalzustand, erhält nicht den Namen Seele. Die Seele macht sich als das, was sie eigentlich ist, erst dann geltend, wenn sie nicht mehr da ist, oder zumindest bedroht ist – ähnlich wie im frühen griechischen Denken die *psychê* einer Person sozusagen nur in Erscheinung trat, wenn sie den Körper im Moment des Todes »verließ« und

---

[42] Ebd., 208.
[43] Vgl. Carl Gustav Jung: Gesammelte Werke. Bd. 9/1. Düsseldorf 1976/1983, § 213.

ihren Weg in den Hades finden musste, wo sie als Schatten unter allen anderen Schatten weilte.[44]

Die vorklassische, z. B. homerische Anthropologie unterscheidet *phrenes* (atmendes Zwerchfell) und *thymos* (Sinn, Herz, Mut in der Brust) von der *psychē*.

Giegerich zeichnet die Geistesgeschichte von Platon und Aristoteles bis zur Gegenwart nach. Im Gegensatz zu Grün und Müller überspringt er das Mittelalter.[45] Im Abschied vom Substanzdenken und in der entstehenden Subjekthaftigkeit sieht er das »Heimkommen« der Seele:

> Die traditionelle Seele war gerade zu Lebzeiten nicht zugänglich. Zwar konnte man, während man auf der Erde lebte, für seine Seele Sorge tragen, sei es im Sinne der ritualistischen Kulturen, oder sei es im sokratischen Sinne oder im christlichen Sinne eines frommen Lebens und einer *cura animarum*, genauso wie man umgekehrt der Seele Gewalt antun konnte, indem man ihr keine Beachtung schenkte und sich stattdessen nur um Reichtum, Macht und Ehre Gedanken machte. Aber bei all dem blieb die Seele selbst dennoch unzugänglich: unterweltlich, jenseitig oder ideellen Wesens. Obwohl sie der Begriff *des* Ichs und *der* Subjektivität *war*, hatte sie noch nicht *die Form der* Subjektivität, was umgekehrt heißt, dass der real existierende Mensch (das empirische Ich) selber gerade nicht mit seiner Subjektivität (der Seele) identisch war. Die Seele war sein Anderes, und sie war ein Es, das die Form einer objektiven Substanz hatte.[46]

»Vor allem bei der Aufnahme von Armen und Fremden zeige man Eifer und Sorge, denn besonders in ihnen wird Christus aufgenommen. Das Auftreten der Reichen verschafft sich ja von selbst Beachtung.«[47] Suchende Menschen aufzunehmen, auch solche, denen die christliche Spiritualität fremd ist, ist für Anselm Grün eine Konsequenz der benediktinischen Gastfreundschaft. Eine zentrale Armut vieler Menschen ist der Seelenverlust. Aus Grüns schriftstelleri-

---

[44] Vgl. Giegerich: Soul (s. Anm. 30), 262.
[45] Vgl. ebd., 262–271.
[46] Vgl. ebd., 272.
[47] Benediktsregel 53,15.

scher Gastfreundschaft ergibt sich eine Verantwortung, was die weltweite mediale Auswirkung seiner Schriften angeht. Persönlich und allein kann er diese Verantwortung freilich nicht wahrnehmen. Anselm Grün ist zu einer Art Botschafter für eine offene christliche Spiritualität geworden, dem man vertraut, im Zuhören und Lesen.

Grün stimmt einerseits mit Jung darin überein, dass die Seele sich nicht auf eine nur psychologische Sicht oder einen anderen einzelwissenschaftlichen Naturalismus einschränken lässt. Insofern dient er Jungs Projekt einer Psychologie mit Seele. Andererseits gerät Grüns Beseeltheit teilweise so inflationär, dass die Dialektik zwischen Finden, Retten und Bewahren der Seele einerseits und Verlieren, Ausklammern und Leugnen der Seele nicht durchgehalten wird. Die schwarze Dame Depression wird zwar als Gestalt der Seele identifiziert, nicht jedoch die seelenlose Psychologie in ihrem Selbst-Missverständnis. Anselm Grün neigt sprachlich und sachlich zu einem Schwelgen in Seelenhaltigkeit, so dass die zahlreichen, mehr angedeuteten als wirklich geklärten historischen Bezüge nicht geordnet werden.

Dagegen scheinen zwei Polaritäten Giegerichs nützlich. Erstens die Polarität zwischen der metaphysischen Skylla und der positivistischen Charybdis: Die Skylla erinnert an das unaufgebbare, aber doch gefährdete Wesen des Menschlichen. Wird dieser Pol inflationär, so droht eine verdinglichende Substanzontologie, altehrwürdig, aber auch versteinert. Umgekehrt schützt uns die Charybdis vor dem Verdinglichen der Seele als einem zweiten Etwas neben dem Körper. Dieser Gefahr war der letzte große substanzontologische Entwurf erlegen, nämlich Descartes' Unterscheidung zwischen *res extensa* und *res cogitans*. Mir scheint, dass Grün bald der einen, bald der anderen Gefahr erliegt. Teils werden Entwürfe der Tradition vermittlungslos in ihrer bleibenden Gültigkeit beschworen, teils werden zeitgenössische psychologische, spirituelle oder kulturelle Suchbewegungen unkritisch sakralisiert. Beides entspringt der erwähnten Beseeltheit des Autors und der angezielten Leserschaft. Diese ist zwar als Reaktionsbildung zu einer Psychologie ohne Seele verständlich, liegt aber nah an der Inflation.

Zweitens die Polarität der psychologischen Differenz: Nur die Seele ist im strengen Sinn psycho-logisch, sich in ihrem Logos erschließend. Die Tiefenpsychologie erinnert an die Gefahr einer allzu selbstsicheren, über die Seele verfügenden Bewusstseinspsychologie. Die Seele zeigt sich in unbewussten Aspekten, die wir nicht kontrollieren können und die sich in Neurose, Kreativität und Spiritualität manifestieren. Vieles andere gehört zum Psychischen im Sinne Giegerichs, lenkt von der Seele ab, ist bereits Leiche und Seelenverlust. Es ist nicht mehr lebendig und verweist nur durch die Negation auf die Seele. Leben ist nicht statische, feststellbare Substanz, sondern Prozess, Unterwegssein. Die Seele, die diesen Namen verdient, ist auf Unendliches bezogen,[48] sie ist die »Kehle, die nach Gott dürstet«, »nach dem lebendigen Gott« (Ps 42,3).

Ich danke Herrn Dipl.-Psych. Jakob Müller und Herrn cand. med. Dominik Lutz für die kritische Begleitung der Abfassung des Manuskriptes.

---

[48] Vgl. Aniela Jaffé (Hg.): Erinnerungen, Träume, Gedanken von C. G. Jung, Zürich 1961/1972, 327.

Der Umgang mit sich selbst
Anselm Grüns Anleitungen zum guten Leben in sozialethischer Sicht

von Dietmar Mieth

Zunächst wende ich mich der Wahl der Sprache zu (1.). Hier richtet sich viel danach, ob es sich um wissenschaftlich-theologische oder um unmittelbar religiöse Sprache handelt. Es gibt aber noch andere, z. B. literarische Sprachformen. Gemeinsam ist solchen Sprachen das Thema der Selbstfindung und der Selbstüberschreitung. Darauf komme ich in meinem zweiten Punkt zu sprechen, denn hier liegt das spirituelle Zentrum, in welchem die verschiedenen Sprachen konvergieren und an welchem sie meines Erachtens nicht vorbeikommen (2.). Dieses Zentrum ist es, was Anselm Grün für seine Leser so bewegend macht (3.). Daher verfolge ich diesen Ansatz mit einem Blick auf seine Lehre der Innerlichkeit. Aus dieser Innerlichkeit geht aber auch moralische Weisheit hervor, in der sich Glaube und Vernunft mittels der Erfahrung verbinden bzw. verbünden (4.). Diese Weisheit, die sich in Form der Erfahrenheit herausbildet, bedarf aber auch des Einfalls, der Fantasie und Kreativität (5.). Nur dann können sich Selbstbestimmung und soziale Verantwortung aufeinander beziehen (6.). Beides wird in der Lebensberatung, die sich Anselm Grün zum Ziel gesetzt hat, auf die Erfordernisse einer Beratung von Entscheidungen hin konzentriert (7.). Ziel der Ausführungen ist es, das Anliegen der Schriften Anselm Grüns in ihrer Eigenheit zu würdigen und zugleich die ihnen zugrunde liegenden Gedanken und Erfahrungen weiterzuführen.

1. Die Wahl der Sprache

Pater Dr. Anselm Grün, der den theologisch-wissenschaftlichen Diskurs durchaus kennt, wählt in seinen populären Büchern eine andere Sprache für seine Anleitungen. Er bewegt sich nicht im üblichen Sprachspiel der Theologen, die sich nach vielen Seiten absichern. Der Weg zur direkten Aussage ist durch Häresie-Abwehr verstopft. Eine Kritik der konventionellen systematischen Sprachregelungen in der Theologie würde zeigen müssen, wie schwierig bei diesem Sprachgebrauch ist, Aussagen zu machen, die einem im Leben weiterhelfen können.

Nun ist ein religiöser Schriftsteller nicht dazu gezwungen, sich im theologischen Sprachspiel zu bewegen. Er kann vielmehr auch die Predigtsprache wählen. Diese Sprache erzählt mehr, ist zur Vereinfachung angehalten und strebt Weisungen an. Kaum eine Predigt, gut oder schlecht, für die man keine dogmatischen Fallen aufstellen könnte. Freilich gibt es gute und schlechte Predigten. Ein Merkmal der guten Predigt ist, dass sie aus dem Zuhören stammt, d. h. Sprachelemente aufgreift, welche die Zuhörer selbst eingebracht haben. Der gute Prediger ist ein guter Hörer. Anselm Grün ist nicht nur Prediger, er ist auch Therapeut, dem es um helfend-heilenden Zuspruch geht, der eben aus dem Zuhören stammt. Er reicht vom Individuellen bis in das Soziale, hat aber seine Priorität beim Individuellen, beim Umgang mit sich selbst.

Diese Priorität ist zeitgemäß. Sie findet sich unter dem Stichwort »Individualisierung«. Selbst wenn es dieses Phänomen in vielen geschichtlichen Perioden, vor allem auf religiösem Feld, gibt, so hat doch der gegenwärtige Pluralismus in ihm ein besonderes Pendant. Dabei übersieht die literarische Aufarbeitung des Phänomens, wie wir sie etwa bei Martin Walser finden, keineswegs, dass es sich um eine höchst ambivalente Struktur handelt. Volker von Hage überschreibt seine Besprechung von Walsers neuem Roman *Das dreizehnte Kapitel*[1]

---
[1] Martin Walser: Das dreizehnte Kapitel, Reinbek 2012.

als »Atemnot des Ichs«². »Jeder Satz«, zitiert er, »der mit Ich beginnt, leidet an Enge und Atemnot«. Dieses Buch Walsers, das mit Glaubensalternativen spielt, zeigt, dass es auch andere Sprachformen gibt, mit denen der religiöse Schriftsteller in Beziehung treten könnte. Es ist ein »Selbstgespräch« durch die Brille einer protestantischen Theologin und eines katholischen Schriftstellers. Solche Erzählungen zeigen die Möglichkeit vieler Selbste auf und zerstören die Naivität des alltäglichen Sprechens vom Selbst, das wie eine selbstverständliche Einheit daherkommt. Die Frage an den schriftlich Predigenden bleibt: Kann er in seine Predigtsprache die Sprache literarischer Verunsicherungen aufnehmen? Oder würde das stören? Aber brauchen wir nicht auch Störungen?

2. Der Umgang mit sich selbst

Erkenne dich selbst! Der alte Zuspruch der Antike ist immer noch eine hilfreiche Aufmunterung. Man kann ihm ein paar Weisheiten an die Seite stellen: Das Gewissen ist der Ruf zur Sorge um das eigene Selbst (Martin Heidegger)³; liebe deinen Nächsten, wie du dich selbst liebst, nicht wie du dich selbst hasst (Augustinus)⁴; wer sich selbst nicht wichtig nimmt, ist bald verkommen (Thomas Mann)⁵; *Soi-même comme un autre*⁶ (Paul Ricœur); »nimm dein Selbst wahr und, wo du dich findest, da lass von dir ab«⁷ (Meister Eckhart). Die Zitate zeigen, dass das Selbst nicht selbstverständlich ist. Gesucht ist

---

[2] Volker von Hage: Atemnot des Ichs, in: Der Spiegel Nr. 37 vom 10. September 2012.
[3] Vgl. Martin Heidegger: Sein und Zeit, Tübingen 1927, 2. Kap. §§ 54–60.
[4] Vgl. Aurelius Augustinus: Sermo de disciplina christiana, in: ders.: Opera. Bd. 13/2 (Corpus Christianorum Series Latina 46), Turnhout 1969.
[5] Vgl. genauer zu den Formen der »sozialen Selbsterwirkung« und der »Erwirkung des Sozialen durch das Selbst« Dietmar Mieth: Epik und Ethik. Zu den Josephromanen Thomas Manns, Tübingen 1976.
[6] Frz. Originaltitel; vgl. die dt. Ausgabe: Paul Ricœur: Das Selbst als ein Anderer, München 1996.
[7] Meister Eckhart: Werke. Bd. 2, hg. von Niklas Largier, München 1993, 340, Zeile 32f.

seine Verfassung in einer ungewöhnlichen Form, in welcher eine besondere Selbstachtung zugleich mit einem »sozialen Selbst« (George Herbert Mead) möglich ist. Der Rat der Selbstbegegnung und der Selbstlosigkeit zugleich. Ein Leben des Mönches mitten in der Welt. Wenn Anselm Grün zu Lk 10 auf die Aufwertung der tätigen Martha zurückgreift, so hat er mich auf seiner Seite.[8]

Manchmal müssen wir hören: »Ich bin nicht mehr ich selbst.« Dann geht es um die Kontinuität meines Selbst, um Identität und Authentizität. Das kann freilich auch belasten und zu Ausweichmanövern führen. So sagt der Schriftsteller Thomas Bernhard: »Die Menschen verstehen es, ihr Leben als vollständige Ablenkung von ihrer eigenen Existenz zu führen«[9]. Selbstbestimmung, Selbstverwirklichung – das alles sind auch zweideutige Worte, denn »nur, wer sein Selbst verliert, wird es gewinnen« – da deutet schon Lk 17,33 auf Meister Eckharts gerade erwähnte Selbst-Formel hin. Der Umgang mit sich selbst als Thema der Theologischen Ethik ist von der Doppelpoligkeit des Selbst zwischen Selbsttäuschung und Selbstsuche geprägt. Es geht offensichtlich darum, im Selbst eine Läuterung zu erreichen, eine Art Durchbruch zum wahren Selbst. Das ist ein Thema der Spiritualität, der Öffnung für die Gaben des Selbst aus einer anderen, transzendierenden Dimension. In dieser Dimension lebt das Selbst aus religiöser Erfahrung und aus deren Sammlung in religiöser Weisheit. Das kann man auch als biblischen Hintergrund bezeichnen.

Wer nach seinem Selbst fragt, kann viele Spuren, die auf sein Selbst hinweisen, Eigenheiten, Neigungen, Fehleranfälligkeiten, Selbstgefälligkeiten, positive und negative Selbstgefühle, Zuweisungen an sein Selbst durch andere Menschen und anderes mehr sammeln, aber das Ergebnis des Sammelns ist keine für sich benenn-

---

[8] Anselm Grün am 27. Juli 2011, Gespräch bei der Martha-Maria Stiftung, Nürnberg; vgl. Dietmar Mieth: Die Einheit von vita activa und vita contemplativa in den deutschen Predigten und Traktaten Meister Eckharts und bei Johannes Tauler, Regensburg 1969.
[9] Vgl. Thomas Bernhard: Das Kalkwerk. Roman, in: ders.: Werke. Bd. 3, hg. von Renate Langer, Frankfurt a. M. 2004.

bare Einheit. Man kann auf ein Foto schauen oder in einen Spiegel und sagen: »Das bin ich – aber wer ist ›ich‹?« Sich selbst als »ich« zu bezeichnen, ist möglich, aber sich selbst als »ich« so zu wissen, dass eine apriorische, analytische Aussage entsteht, endet in einer Tautologie: ich = ich. Dieses Phänomen der entzogenen Selbstkenntnis ist ein Weg in die Erfahrung religiöser Transzendenz, d. h. eine Form der Selbstüberschreitung, in der man das wahre Selbst als Wiedergabe nach der Hingabe zu empfangen hofft. Die Wiedergabe ist kein begriffliches oder begriffenes Selbst, kein Resultat, sondern eine Änderung des Selbstverhältnisses, das sich nicht mehr als Besitz seiner selbst zu erfassen sucht, sondern sich in der Überlassenheit des Selbstüberschreitungsprozesses von seiner Selbstsuche befreit fühlt.

Aber ist dieses Selbst ein Thema der Ethik? Da müsste man in Philosophie und Theologie lange suchen. Denn in der Ethik geht es doch um das gute und richtige Handeln (oder Nichthandeln), nicht um die »Quelle des Selbst«. Und wenn es darum geht, dann im Plural (Charles Taylor). Ist aber Selbstüberschreitung keine Täuschung, dann entsteht ein neues Selbst als Akteur. Dieser Akteur ist nicht, was er tut, sondern er tut, was er ist. Wenn Augustinus sagt, der liebe, der aus Gott die Liebe in sich schöpft, darin dem Ersten Johannesbrief folgend, dann wird aus der Quelle der Selbstüberschreitung geschöpft. Das Wort »Selbst-Verwirklichung« erhält dann einen ganz andern Sinn als den üblichen, der mit Selbstbestimmung bezeichnet wird. Denn diese Selbst-Verwirklichung stammt aus der Überlassenheit. Aber wie ist in dieser Überlassenheit »gut und richtig« inhaltlich gefasst? Nun sprechen wir ja auch in der Ethik von Intuition, ja von Intuitionismus. Alle Erstheiten oder Prinzipien sind da, bevor wir gute Gründe für sie vorbringen. Das scheint eine Not der Ethik zu sein, aber man kann eine Tugend daraus machen: je mehr Selbstüberschreitung, desto gereinigter die Intuition in Prinzipien des Guten und Richtigen. Also ist Selbstüberschreitung eine moralisch wirksame Voraussetzung. Denn ich erkenne, wie ich in mir selbst mich selbst überschreitend verankert bin.

Dann wären also die Mystiker die besseren Ethiker, weil sie die Quelle der Einsicht in der Selbstüberschreitung erkannt haben. So einfach ist das nicht. Denn jetzt kommt alles darauf an, wem ich mich überlasse. Die Konkurrenz der Gottesbilder wird zum ethischen Thema. Religion wird zum ethischen Thema. Alles kehrt sich um: Soll die Selbstüberschreitung unter moralische Kontrolle geraten? Ich denke schon, denn Religion ist moralisch gefährdet und missbräuchlich, wenn sie sich nicht der moralischen Kontrolle der religiös unmusikalischen Vernunft unterwirft.

3. Anselm Grün als Lehrer der Innerlichkeit

Auch für Anselm Grün ist, sein Selbst wahrzunehmen, ein unabschließbarer, transzendierender Lernprozess. Der Weg führt dabei, wie die große Tradition der Mystik zeigt, nach innen. Aber dies bedeutet keinen Rückzug, auch keine Selbstisolierung. Vielmehr entsteht das neue Selbst durch die Rückwirkung von Handlungen auf die Identität. Das kann sehr ambivalent sein, indem das Selbst nicht mehr aus den Rückwirkungen falscher Handlungen auf die eigene Seele herausfinden kann. Hier ist ein Ort für Therapie. Ohne dies psychologisch zu spezifizieren: Es wird der Rückwärtsgang eingelegt, um wieder an einen Anfang, an ein neues Woraus zu gelangen. Dazu gehört aber auch die Einsicht, sich nicht Machbarkeitszwängen zu unterwerfen. Das zentrale Wort der religiösen Erfahrung, Gelassenheit, möchte ich gern als Loslösung von den Zielverkrampfungen und als Überlassenheit verstehen. Wer sich in eine Grundpassivität begeben kann, in welcher er Kontingenz und Fehlerfähigkeit anerkennt und an sich heran lässt, der kann sich überlassen und die Hand öffnen, die sich an fragwürdige Ziele zu klammern scheint. Er kann auch den andern als anderen lassen. Die unbedingte Annahme des anderen ist mehr als seine An-Erkennung. An-Erkennung enthält ein Element der Zuschreibung statt der Annahme. Wer aber soll denn aufgrund wessen an-erkannt werden?

Anselm Grün lehrt religiöse Weite und Überlassenheit. Er sieht im religiösen Leben mehr Freiheit als Institution.[10] Dem Alltag eine Seele geben, das heißt, in souveräner Anpassung, aber auch mit Aufmerksamkeit für neue Möglichkeiten zu leben. Dies verlangt gute Kenntnis der pluralen Wirklichkeit und dadurch Realitätsnähe, die Kenntnis sozialer Abläufe und Funktionen. Wenn der äußere Mensch, so lehren die religiös Erfahrenen, sich nach innen kehrt, dann reinigt er sein Bewusstsein von Unwesentlichem und Hinderlichem. So beschreibt z. B. Meister Eckhart die innere Tempelreinigung. Diese Reinigung wäre aber missverstanden, wollte man die bleibende Anfälligkeit übersehen. Wer die Welt verlässt, nimmt sie zugleich auf andere Weise mit. Wer dies missversteht oder übersieht, findet sich von den gleichen bösen Geistern bedroht, die er durch die Vordertür vertrieben hat, ohne die Hintertür zu schließen. In diesem Sinne kann Anselm Grün auch das Klosterleben kritisieren. Es gibt kein Innen, das nicht sein Außen mitträgt.

Ein Lehrer der Innerlichkeit kann heute zu einer Marke werden. Wichtig ist dabei die Wiedererkennbarkeit: Das Markensiegel muss nicht nur darauf stehen, sondern von innen her bewiesen werden. Das bedeutet, eine besondere Authentizität auszustrahlen. Sie setzt sich aus mehreren Faktoren zusammen. Er ist nicht wie jeder, als Mönch erkennbar, wirkt aktuell fremd (Bart), aber verkörpert eine historisch gewachsene Identität, die sogar touristisch respektabel ist (Athos). Zugleich ist er doch wie jeder: Er führt eine mundgerechte Sprache, die sozusagen auf die Mails geschaut hat. Der Lehrer der Innerlichkeit verbindet die Rolle des hineinsprechenden Außenseiters mit der Sprache des Insiders. Er wird damit zum Ausdruck der fremden Heimat: verlockend als Fremdheit, geborgen als Heimat. Seine Bewährtheit als Ratgeber entsteht dadurch, dass der Ratgeber zugleich allgemein genug und speziell genug ist (z. B. im Erzählen individueller Geschichten).

Der Weisheitslehrer heute findet Worte für die alltägliche Moral-

---

[10] Vgl. dazu Dietmar Mieth – Britta Müller-Schauenburg (Hg.): Mystik, Recht und Freiheit, Stuttgart 2012.

erfahrung: So geht es nicht, es geht mir auf, es geht mich an. Zugleich versteht er das moralische Engagement christlich, nämlich als Vorrang des Verstehens und der Heilung. Damit begreift er Moraltheologie als Kontingenzbewältigungslehre und nicht primär als normative Bewertung. Hier sind Verstehen und Verständlichkeit gefragt: Man empfindet es bereits, kann es aber nicht ausdrücken. Ein Autor wie Grün wirkt wie eine Hebamme, er betreibt die sokratische, aber auch jesuanische Mäeutik in Verbindung mit Grundmetaphern der menschlichen Sehnsucht nach dem gelingenden Leben: mit Zentralworten wie Liebe, Heimat, Ruhe, Angstfreiheit, Überlassenheit ... Überlassenheit ist das bessere Wort für das, was mit religiöser Gelassenheit gemeint ist: nicht die Ruhe im Sturm, sondern eine Grundpassivität, fähig zum Empfangen. Von diesen Haltungen der Demut *(humilitas)*, des Empfangens *(oboedientia)* und der Selbstenteignung (Armut) redet die Mönchsweisheit, ohne auf das Christentum beschränkt zu sein.

Der Weisheitslehrer heute setzt sich bei Glaubenswächtern dem Synkretismusvorwurf aus. Denn Glaubenswächter treiben jedes Korn durch die theologische Mühle: *extra Christum nulla salus*. Katholische Glaubenswächter unter Umständen noch schärfer: *extra ecclesiam nulla salus*. Die Begründung wird dann zur Autoritätskenntnis und entzieht sich der Hinterfragung. Die Einheit von Glaubensmotiv und vernünftiger Prüfung geht verloren. Von Vernunft ist stets zustimmend die Rede, aber sie muss vorher getauft sein. Dem steht entgegen, dass Moral nicht mehr haltbar ist, wenn sie nicht mehr Ausdruck vernünftiger Prüfung menschlicher Verantwortung ist. Gewiss ist Vernunft nicht die einzige Quelle, Tradition und Autorität sind als Wegweiser zugelassen, solange sie auch in der Lage sind, von sich weg zu weisen.

Das Zweite Vatikanische Konzil lehrt in einer Art kopernikanischer Wende die »Spurensuche« in den Religionen nach Mystik und Weisheit. Im Vordergrund steht die Narration der eigenen spirituellen und weltlichen Erfahrung. Vorrang hat hier das Experienzielle, was nicht dasselbe ist wie das Empirische. Das Experienzielle kann an die Psychologie anknüpfen, Träume auslegen, Haltungen entfestigen und

Missverstehen auflösen. Solche Art von Erfahrung kann auch in die Ethik eingebracht werden. Denn Erfahrungen verdichten sich durch Wiederholung und Verarbeitung zur »Erfahrenheit« – und diese Erfahrenheit erhält für die Praxis den Namen der »Weisheit«.

4. Weisheit als Formung des Selbst durch die Integration von Vernunft und Glaube

In diesem Sinn lassen sich die Gesetz- und Weisheitsbücher des Alten Testamentes als Auftrag des Glaubens an Gott verstehen, das Selbst durch Auseinandersetzung zu formen. Das gilt schon von den sogenannten Zehn Geboten. Die Gebote der zweiten Tafel lassen sich dabei auf wenige Weisungen zusammendrängen. Mit Alfons Auer[11] spreche ich von Weisungen, weil es um die allgemeine Richtung geht, in der die biblischen Gebote, die sehr kontextgebunden auftreten, über die Einschränkungen ihrer Zeit hinausweisen. Diese Intentionen sind etwa so zusammenzufassen:[12]

(1) *Die Ruhe des Selbst, die aus seinem Werk stammt (das Sabbatgebot):* Dafür gibt es eine Auslegung von Meister Eckhart in seinem Genesiskommentar. *Quies ab opere* meint, dass die Ruhe in besonderer Weise bedeutsam ist, weil sie aus dem Werk *(ab opere)* ihre Kraft entwickelt. Wer einmal nach Gartenarbeit in Ruhe auf einer Bank sitzt, kann dies nachvollziehen. Die Ruhe ist nicht an und für sich da, sondern sie zieht ihre Intensität aus dem Wirken, das in ihr ausruht und im Nicht-Tun nachwirkt.

(2) *Die intergenerationelle Verpflichtung:* Die Achtung der Alten ist hier ausgeweitet auf die Lebenschance künftiger Generationen, die heute ermöglicht werden muss.

(3) *Die Gewaltlosigkeit:* Das biblische Tötungsverbot ist zunächst, wie die alttestamentliche Geschichte deutlich zeigt, sehr eingeschränkt

---
[11] Vgl. Alfons Auer: Autonome Moral und christlicher Glaube, Düsseldorf 1971.
[12] Vgl. auch das Schlusskapitel von Dietmar Mieth: Kleine Ethikschule, Freiburg i.Br. ³2006, 187–191.

wirksam. Angesichts der zerstörerischen Gewalt, zwischen und in den Gesellschaften, muss es mit Weisheit neu formuliert werden: als die Abweisung von Gegengewalt, die wiederum zwangsweise Gegengewalt erzeugt, und als die Bereitschaft, auf Durchsetzungen im Hinblick auf Gewaltminimierung zu verzichten.

(4) *Die Wendung gegen den Missbrauch:* In der Sexualität tritt ethisch immer mehr die Menschenwürde als Verbot der Instrumentalisierung hervor. An die Stelle von Reinerhaltungsgeboten tritt massiv die Selbstdomestikation im Interesse der Freiheit und der Liebe.

(5) *Die Verteilungsgerechtigkeit:* Wo der Diebstahl im Vordergrund steht, wird das Eigentum geschützt. So richtig das ist, wichtiger wird das Ausbeutungsverbot, d. h. die Bekämpfung des Verlustes der Sozialpflichtigkeit des Eigentums.

(6) *Die Vermeidung von Korruption und Heuchelei:* Sie ergänzt und erweitert das Lügenverbot.

Diese Möglichkeit, die Gebote der Bibel auf heute hin zu lesen und damit zu erweitern, ermöglicht zugleich das Religionsgespräch und das Gespräch mit der modernen Fassung von Menschenwürde und Menschenrechten. Die ethischen Indikatoren der Weisheit sind sittliche Weisungen, die sich zunächst durchaus auch existenziell an den Einzelnen, an sein moralisches Selbst richten.

Die Weisheitsliteratur des Alten Testamentes (z. B. Sprüche, Weisheit, Jesus Sirach, Kohelet) kann oft als Moralkritik, als Einübung in ein Problembewusstsein und als eine Analyse von vermeidbaren Folgen gelesen werden. Sie enthält Warnungen im Sinne einer Problemlösungsregel, die ich folgendermaßen zusammenfasse: Man soll Probleme nicht so lösen, dass die Probleme, die aus der Problemlösung entstehen, größer sind als die Probleme, die gelöst werden. Auf der anderen Seite enthält die Weisheit Abwägungen, die es unmöglich machen, das man eine Norm, die man prinzipiell anerkennt, auch dann durchsetzt, wenn man damit den Sinn dieser Norm nicht mehr erfüllen kann. Gerechtigkeit darf nicht so weit gehen, dass dabei die Welt zugrunde geht. Das Gebot des Lebensschutzes darf nicht so weit gehen, dass man in seinem Namen hinnimmt, dass Leben verloren geht. Das alles ist im Horizont der Weisheit als Verbindung von Überzeugung und Vernunft erkennbar.

Auch Jesus ist oft als Weisheitslehrer zu verstehen: Denn ist es etwa nicht weise, keine Vergeltung zu üben, Versöhnung zu suchen, Gerechtigkeit jenseits des eigenen Anspruches zu üben, verlässlich zu sein – ohne Gesetzeszwang durch Eid? Das existenzielle Reich Gottes wächst damit *in* uns und ist zugleich *unter* uns, insofern die Reichtümer Gottes zugleich verliehen und weitergegeben werden.

Wenn das, was Jesus in der Bergpredigt sagt, nicht weise ist im Sinne nachvollziehbarer Vernunft, dann müsste man seine Worte als die Ansage einer unmöglichen, aber verheißenen Welt verstehen. Dann würden sie nicht mehr unmittelbar das moralische Selbst betreffen. Dann enthielten sie nicht mehr den Ernst des Alltags und die Frage nach den richtigen Institutionen. Hat die Kirche deshalb kein Problem damit, Jesu Schwurverbot entgegenzuhandeln?

5. Fantasie und Einfallsreichtum

Für Problemlösungen ist man oft von einem Einfall abhängig, der einem eine Sache in einem anderen Licht erscheinen lässt. Nach Edward de Bono[13] habe ich dazu oft die Geschichte von dem Wucherer erzählt, bei dem ein Kaufmann in schwere Schulden geriet. Der Wucherer drohte – im England des 17. Jahrhunderts – mit dem Gefängnis. Als Alternative bot er an, die schöne Tochter des Kaufmanns zu heiraten und ihm dann die Schuld zu erlassen. Das Gespräch fand auf einem Kiesweg statt, der mit weißen und schwarzen Kieseln bestreut war. Der Wucherer, der sah, dass das Mädchen ebenso wie sein Vater zögerte, bückte sich, griff zwei Steine, einen für jede Hand und sagte: »In einer Hand habe ich einen weißen, in der anderen einen schwarzen Stein. Das Mädchen soll wählen: Wählt es den weißen Stein, sind sowohl die Schulden erlas-

---

[13] Vgl. Edward de Bono: Das laterale Denken. Ein Kursus zur Erschließung Ihrer Kreativitätsreserven, Reinbek 1982.

sen als auch die Hochzeit. Wählt es den schwarzen Stein, verbinden wir die Hochzeit mit dem Schuldenerlass.« Das Mädchen, durch die Not besonders scharfsichtig, hatte aber bemerkt, dass der Wucherer zwei schwarze Steine auf seine beiden Hände verteilt hatte. Den Betrug konnte es aber nicht aufdecken, ohne dass sich die Erpressung des Wucherers fortsetzte. Also griff es tapfer nach einer Hand, nahm den Stein und ließ ihn sogleich voll Ungeschick auf den Weg fallen, wo er sich unter die anderen Steine mischte. »Oh, ich Tollpatsch«, sagte das Mädchen, »aber welche Farbe der Stein hatte, den ich fallen ließ, können wir an der Farbe des anderen Steines erkennen, der in der anderen Hand verblieb.«

Nun ist dies kein Rezept für eine Schuldenkrise – das wird dem Ökonom Anselm Grün sehr bewusst sein. Es ist vielmehr ein Märchen mit dem bekannten Motiv des betrogenen Betrügers. Außerdem: Warum sollte sich der entlarvte Betrüger nach den Regeln richten, die er aufgestellt hatte. Dazu müssten wir ein Publikum einführen, das sowohl als Zeuge wie als Richter fungiert. Nun haben wir ja im globalisierten Schuldenfrevel der Banken durchaus jemanden, der mit zwei schwarzen Steinen manövriert. Ist das politische Umfeld scharfsichtig genug, um zu erkennen, dass die scheinbare »Alternativlosigkeit« nur aufoktroyiert ist, man sich daher aus dem Zwang falscher Alternativen befreien müsste?

6. Selbstbestimmung als individuelle Lebenskunst und als soziale Verantwortung

Vorfahrt für Selbstbestimmung klingt gut und ist gut. Aber wie im Verkehr verlangt die Vorfahrt auch Umsicht und Rücksicht. Für sich selbst zu entscheiden, ist das eine, Regeln dafür aufzustellen, wie sich alle entscheiden können, ist das andere. Viele übersehen, dass es nicht nur um existenzielle Betrachtungen geht, wenn Gesetze zur Pflegekarenz, zur Betreuung, zur Sterbebegleitung gemacht werden, sondern auch um eine gemeinsame Bürgerverantwortung. Selbstbestimmung ist mehr als ungehinderte Wahlmöglichkeit, der alle anderen ihre eigene Verantwortung zu unterstellen haben. Eine verantwortliche Selbstbestimmung hat stets den anderen mit im Blick und mit im Boot. Verantwortung enthält auch Selbstverpflichtung. Regeln sind nicht nur für mich da, sondern für jeden. Will man lernen, wie man mit dem unausweichlichen Abklingen des Lebens umgeht, ist verantwortliche Selbstbestimmung z. B. auch daran erkennbar, ob man in Pflegeheimen aushilft. Wünsche äußern und den Rest verdrängen ist noch nicht moralisch.

Soziale Verantwortung sollte uns zugleich zeigen, was aus der früher – zu Unrecht – bekämpften Selbstbestimmung heute geworden ist. Ins Gewand der Selbstbestimmung gehüllt, sehen uns unsere Mängel an Schmerzbekämpfung, sozialer Kommunikation und Zuwendung, Pflegebereitschaft und Betreuung mit harten Augen an. Dahinter steht nicht nur ein Mangel des Engagements in der Zivilgesellschaft, den wiederum Hospize zu verringern versuchen, sondern auch ein soziales Defizit in der Gesundheitsökonomie. Wer Leistungen erbringen soll, die nicht mehr abgerechnet werden können, braucht einen gewissen Heroismus. Soziale Gesetze sind eigentlich dazu da, den Bedarf an heroischem Einsatz zu verringern. Wer sieht, dass er zur Last fällt und isoliert bleibt, büßt Lebenssinn ein. So wie ständig von wachsender Eigenverantwortung geredet wird, wenn man Probleme nach unten abschieben will, so wird gern von Selbstbestimmung geredet, wenn die Mittel knapp werden. Es sind nicht nur knappe finanzielle Ressourcen, die Antriebskraft der Selbstbestimmung ist auch kein Motor für soziale Verantwortung. Oder liegt diese Verantwortung nur darin, den Service für Einzelentscheidungen zu liefern?

Und wieder taucht die Eingangsfrage auf: Wo spricht denn unser Selbst? Wo ist es authentisch? Wo ist seine Würde zu respektieren? Wenn es um alle und jeden geht, braucht man immer wieder Kriterien, um solche Fragen zu beantworten. Je mehr Kriterien man aufstellt, umso länger werden die Formulare für Patientenverfügungen. Als wüsste der gesunde Menschenverstand nicht, dass jede Subtilität, die wasserdicht sein soll, neue Lücken aufreißt. Je mehr Selbstbestimmung wir als Letztkriterium achten wollen, umso mehr muss an den Brennpunkten des Lebens jede einzelne, gesetzlich vorgesehene Entscheidung einer Person beraten werden. Bezahlen wir das? Je mehr wir Selbstbestimmung an Optionen und Interessebekundungen binden, umso mehr rutscht die Menschenwürde in einen Bewusstseinszustand. Die Gleichsetzung von Würde und Bewusstsein ist eine gefährliche Falle, die viele Menschen benachteiligt. Will ich im Vorhinein über mich als dementen oder komatösen Menschen entscheiden, gebe ich ihm keine Chance mehr, als Träger der Menschenwürde in seinem Zustand Signale zu senden, die zusätzlich zu meiner Vorausverfügung beachtet werden müssen, z. B. in einer Beratung der mitverantwortlichen Beteiligten. Wäre es nicht besser, wir würden uns als Beziehungsmenschen sehen, die Vertrauen brauchen und die nicht alles als einzelne im Griff haben? Und zugleich als Menschen, die eine Bürgerverantwortung dafür tragen, dass Menschen geholfen wird, ihren Schmerz zu bestehen und mit Einschränkungen an unserer Hand zu leben?[14]

7. Beratung bei der persönlichen Entscheidung

Persönliche Entscheidungsprozesse beziehen sich meist auf persönliche Lebensstationen, sei es in Hinsicht auf eine Beziehung, auf die Familie oder auf berufliche Entwicklungen. Diese persönlichen Entscheidungsprozesse waren in vormodernen Gesellschaften für einen großen Teil der Menschen erheblich eingeschränkt. Dies galt insbesondere für die Frauen, aber auch für Klassen und Stände. Viel bestimmten soziale Gruppen, die ein bestimmtes Ethos vorgaben und unter Umständen Abweichungen sanktionierten. Viel bestimmte der Staat durch autoritäre Regeln, die ihrerseits dann oft religiöskirchlich überwacht und implementiert waren. Man lese dazu nur John Stuart Mills Buch *On Liberty*[15]. Es sieht die Freigabe der individuellen Lebensführung an persönliche Entscheidungen als Voraus-

---

[14] Vgl. Dietmar Mieth: Grenzenlose Selbstbestimmung. Der Wille und die Würde Sterbender, Düsseldorf 2008.
[15] Vgl. die dt. Übersetzung von John Stuart Mill: Über die Freiheit, Stuttgart 1974.

setzung dafür, dass die einzelnen Bürger für den Staat konstruktive Formen des Ethos entwickeln können.

Zur Zeit Mills schrieb Leo Tolstoi seinen berühmten Roman *Anna Karenina*. Er ist vielfach verfilmt worden, zuletzt 2012 in einer ambitionierten Stilfassung. Im Roman missglückt der Versuch einer Ehefrau und Mutter, mit einem Geliebten aus ihrer Ehe auszubrechen und zugleich noch einen Platz in der angestammten Gesellschaft von Adeligen und Patriziern zu finden. Das Drama des Ausschlusses endet mit Selbsttötung. Der fahrende Zug eignet sich in diesem Film als der »Falke« des Romans: Der Druck der Gesellschaft überrollt den einzelnen und gewährt ihm keine abweichende Entscheidung zwischen Geborgenheit, Vergebung und Reputation. Letztere hängt an der ehelichen Bindung – in welchem Zustand auch immer. Für das Risiko einer leidenschaftlichen Beziehung gibt es kein soziales Format außer Abstieg und Identitätsverlust.

In einer modernen, liberalen Gesellschaft ist dies ganz anders. Die Rolle der Gesellschaft ist der Intention und meist auch der Wirkung nach ermöglichend, nicht kontrollierend. Die liberale Gesellschaft hat erstens Respekt vor der einzelnen Entscheidung: Jeder ist seines Glückes Schmied und hat das Recht, seinem *pursuit of happiness* (US-Verfassung von 1776) zu folgen. Zweitens ermöglicht sie Entscheidungen wie Scheidungen oder homosexuelle Beziehungen. Drittens stellt sie Beratungsangebote für Entscheidungen bereit, etwa Coaching und Therapie.

Die Notwendigkeit des Entscheidens betrifft ganz persönliche Gebiete. Dabei sollte von Entscheiden erst dann die Rede sein, wenn es ernst wird. Wir reden zwar auch in zweitrangigen Fragen von Entscheidungen, aber nur im übertragenen Sinn. Ist z. B. die Auswahl von Weihnachtsgeschenken eine Entscheidung? Ist jede Wahl mit Klugheitsgründen eine Entscheidung. Ich meine: nein.

Entscheiden steht unter Druck, unter einem Müssen, nicht nur unter einem Sollen. Ein doppelter Druck liegt auf diesem Müssen: erstens der Druck des Zeitrahmens, in welchem diese Entscheidung gefällt werden muss, zweitens der Druck des Risikos, den die Entscheidung eingeht. Es wäre keine Entscheidung, würde sie nicht unter Bedenken gefällt, gäbe es keine Gegengründe. Das Risiko kann ein bekanntes und damit abwägbares Risiko von gewiss eintretenden unerwünschten Folgen sein, die man in Kauf nimmt. Oder es kann ein Risiko sein, das mit Ungewissheit verbunden ist: Es ist unklar, ob es auftritt, es ist möglich, dass es nur erahnt, aber nicht erkannt ist, dennoch aber aufgrund der Größe eines zu befürchtenden Ereignisses Einfluss auf die Entscheidung nimmt, weil es nicht einfach vernachlässigt werden kann.

In einer Risikogesellschaft scheint der Erfolg an Handeln unter Risiko gebunden zu sein, weil nicht alle Umstände und nicht alle Folgen errechnet werden können. Dies führt zu unterschiedlichen Prognosen. Hans Jonas hat darauf aufmerksam gemacht, dass man in diesem Fall nach der jeweils schlechteren Prognose handeln müsse.[16] Es entspricht einer klassischen ethischen Position, die immer auf das kleinere Übel zielt. Dieses Prinzip lässt sich in Handlungsabläufe schlecht implementieren, die sich unter größerem Risiko auch größeren Gewinn versprechen. Wenn Sicherheit und Gewissheit nicht zu erreichen sind, wenn das Handeln unter dem Gesetz der empirisch-prognostischen Ungewissheit steht, dann wird diese Ungewissheit auch in die ethische Beratung einer Entscheidung übertragen. Die ethische Beratung wird dann zu einer Erstellung von Modellen mit Wenn-Dann-Profilen. Darauf ist das persönliche Coaching aufgebaut.

Ein religiös und moralisch engagierter Berater kommt nicht umhin, seine Überzeugungen so transparent zu machen, dass der Beratene wiederum dazu Stellung nehmen kann. Diese Transparenz ist der Neutralität vorzuziehen. Sie ermöglicht dem Beratenen, sich selbst einzuschätzen, indem er sich mit den vorgeschlagenen Lösungswegen konfrontiert. Der Charme einer Lebensberatung kommt erst zum Zuge, wenn sie sich selbst glaubwürdig ins Spiel bringt, ohne direktiv zu sein.

---

[16] Vgl. Hans Jonas: Das Prinzip Verantwortung, Frankfurt a. M. 1975.

Askese und Verwandlung
Der Umgang mit sich selbst bei Anselm Grün
aus moraltheologischer Sicht

von Jochen Sautermeister

Ein zentrales und breit entfaltetes Thema der Schriften Anselm Grüns ist der konkrete Umgang des Menschen mit sich selbst, also die sittlich-religiöse Frage, wie der Einzelne seine persönliche Lebenswahrheit finden und sein wahres Selbst annehmen und verwirklichen kann. Die theologische Beschäftigung mit dieser Frage hat ihren genuinen Ort in der Moraltheologie. Mit dem vorliegenden Beitrag wird aus dieser Sicht das Gespräch mit Grün über das Thema der sittlich-religiösen Selbstverwirklichung gesucht. Da jedoch die gegenwärtige theologische Ethik gegenüber Fragen des konkreten Selbstumgangs zurückhaltend ist, wird einführend ein Rückblick auf die jüngere Geschichte der Moraltheologie gegeben, um eine gemeinsame Gesprächsbasis zu legen.

1. Der Umgang mit sich selbst in der deutschsprachigen Moraltheologie des 20. Jahrhunderts

1.1 Die integrale Persönlichkeit als Ziel des Umgangs mit sich selbst

Wenngleich das Thema des konkreten Selbstumgangs innerhalb der moraltheologischen Tradition eine wichtige Rolle spielt, so ist es doch in den letzten 30 Jahren im deutschsprachigen Raum deutlich in den Hintergrund geraten. Allenfalls der Tugendtraktat behandelt die moralische Selbstbildung und Praxis von Individuen im Allgemeinen. Einen der jüngsten moraltheologischen Versuche zum Umgang mit sich selbst hat Franz Furger in seiner *Ethik der*

Lebensbereiche vorgelegt. Er sah sich veranlasst, dies eigens zu begründen:

> Obwohl dem Christentum aus dem ethischen Grundprinzip des Evangeliums, also aus der Nächstenliebe, als dem notwendigen Korrelat der Gottesliebe jeder Egoismus fremd ist und man sogar den Egoismus als sozial mitmenschliche Überheblichkeit das eigentliche Kennzeichen der Sünde nennen möchte, ist damit eine geordnete Selbstliebe in keiner Weise ausgeschlossen.[1]

Als *geordnete* Selbstliebe erhält die Selbstbejahung des Einzelnen eine ethische Qualität. Sie legitimiert den Umgang mit sich selbst als eigenständiges moraltheologisches Thema und begründet ihn als moralische Aufgabe des Einzelnen. Die Bedeutung der Nächstenliebe, ja, der Feindesliebe im christlichen Ethos schließt Furger zufolge nicht aus, »daß Selbstentfaltung, Persönlichkeitsentfaltung, Selbstbejahung, kurz, eine geordnete Selbstliebe ebenfalls bejaht werden«[2]. Vielmehr sei die Sorge für die eigene Persönlichkeit geboten, weil der erlöste Mensch weiterhin dem Einfluss der Sünde unterliege. Denn nur durch die Sorge für sich selbst könne der Einzelne an der biografischen Verwirklichung seines zugesprochenen Erlöstseins arbeiten.

Diese gebotene Arbeit an sich selbst erfordere zum einen Disziplin gegenüber sich selbst und »ein gutes Maß an eingeübter Selbstbeherrschung (= Askese)«[3]. Diese Sorge für sich selbst grenzt Furger von jener Egozentrik ab, die sich von allen sozialen Bezügen lossagt. Umgekehrt dürfe diese Sozialbezogenheit des Einzelnen »nicht verhindern, daß er auch zu [sic!] seiner eigenen Persönlichkeit Sorge zu tragen hat, nicht zuletzt, weil nur derjenige, der ›jemand‹ ist, auch wirklich Dialogpartner sein kann und zu liebendem Einsatz für andere fähig ist«[4]. Denn es habe »in der christlichen Ethik auch ungesunde Formen einer Spiritualität der Selbstverleugnung gege-

---

[1] Franz Furger: Ethik der Lebensbereiche. Entscheidungshilfen, Freiburg i. Br. 1985, 23.
[2] Ebd., 24.
[3] Ebd.
[4] Ebd.

ben [...], die sich langfristig auch für das christliche Zeugnis der Liebe nachteilig auswirken mußten«[5].

Damit wird die normative Logik sichtbar, nach der Furgers verantwortlicher Umgang mit sich selbst funktioniert. Ausgehend von der normativen Maßgabe »der Gestaltung echter lebenswerter Mitmenschlichkeit«[6], also der Nächstenliebe, bedarf es einer Reflexion und Rechtfertigung der »Elemente [...] des vollen Aufbaus einer harmonischen Persönlichkeit«[7]. Eine Explikation ihrer »Existentialdimensionen« vermag dann jene moralisch relevanten Grundkompetenzen zu entfalten, die der Ausbildung einer tugendhaften Persönlichkeit zugrunde liegen. Der Aufbau einer solchen »integralen Persönlichkeit« impliziert »Selbsterkenntnis, Selbstbeherrschung und Selbstbesinnung«[8], die als Werte individueller Selbstverwirklichung begriffen werden können. Die Verantwortung für die eigene Persönlichkeit lässt sich Furger zufolge also aus dem Anspruch einer sittlichen Persönlichkeit begründen. Sie lässt sich theologisch als je individuelle Realisierung der Nachfolge Christi verstehen. Darin begegnet der Mensch als gottebenbildliches Geschöpf im Antworthandeln gemäß dem Doppelgebot der Liebe dem »ihn personal ansprechenden und zielsetzenden Anruf Gottes«[9] angemessen.

Es ergeben sich vier ethische Verantwortungsbereiche für den Umgang mit sich selbst, die mutatis mutandis typisch für die Entwürfe des 20. Jahrhunderts sind: erstens der *leiblich-körperliche Bereich* mit den Aspekten Gesundheitserhaltung, Wiederherstellung geschädigter Gesundheit, Eigenverfügbarkeit über das Leben und Sterben Lernen; zweitens der *seelische Bereich* der »Psychohygiene«[10] mit den Aspekten der Selbsterkenntnis, der Selbststeuerung und Gestaltung der eigenen vitalen Bedürfnis- und Triebstrukturen; drittens der *geistig-intellektuelle Bereich* mit der Aufgabe, diese Fähigkeiten zu

---

[5] Ebd.
[6] Ebd., 67.
[7] Ebd., 24.
[8] Ebd., 66.
[9] Ebd., 16.
[10] Ebd., 46.

bilden und auch in der Freizeit zu entfalten. Schließlich umfasst der *geistig-spirituelle Bereich* die Pflege des persönlichen Gebets und des Gottesdienstes, die Selbstüberwindung sowie die Ausbildung von »Glaube, Hoffnung und Liebe als Sinnvertrauen«[11].

1.2 Der Umgang mit sich selbst in ausgewählten moraltheologischen Standardwerken

Die ethische Tradition handelte die Sorge für die eigene Persönlichkeit im Rahmen der Pflichten gegenüber sich selbst ab, differenziert nach Verpflichtungsgraden und Geltungsbereichen. Die normative Figur der Pflicht bezeichnet einen Anspruch, hier bezogen auf den Umgang mit sich selbst. Der Einzelne hat dessen Verbindlichkeit zu beachten.

Diese normativen Ansprüche sich selbst gegenüber wurden in der Mitte des 20. Jahrhunderts auf unterschiedliche Weise moraltheologisch begründet: etwa vom »radikalen und totalen ›Ja‹ zum Apostolat an der Auferbauung des Reiches Gottes in Kirche und Welt«[12] her; oder mit der Liebe in der Nachfolge Christi als dem »Zentralmotiv der christlichen Sittlichkeit«[13], das die Person durchformen soll. Beim personalen Ansatzpunkt der Liebe wurde entweder direkt Bezug genommen auf die göttliche Liebe (Bernhard Häring, Johannes Stelzenberger) oder vermittelt über das christliche Doppelgebot der Liebe vom prinzipiellen Anspruch der Nächstenliebe (Franz Furger) her argumentiert.

Seltener dagegen wurden die Pflichten gegen sich selbst in einer legitimen christlichen Selbstliebe fundiert, die in der Gottesliebe wurzelt. Vom Ansatz der Nachfolge Christi her begründete Fritz Tillmann die Pflichten gegen sich selbst mit der Selbstliebe, die

---

[11] Ebd., 64.
[12] Joseph Mausbach – Gustav Ermecke: Katholische Moraltheologie. Bd. 3/2: Der irdische Pflichtenkreis, Münster [10]1961, 3.
[13] Bernhard Häring: Das Gesetz Christi. Bd. 1, Freiburg i. Br. [7]1963, 355; vgl. nachkonziliar revidiert: ders.: Frei in Christus. Bd. 1, Freiburg i. Br. 1989, 101.

sich von Selbstsucht, von asozialer Egozentrik und von einer Ungeordnetheit der Persönlichkeit unterscheide. Bereits die humane Selbstliebe gründe »auf der Hochachtung und dem Wohlwollen, das dem gesunden Menschen gegenüber seiner eigenen Person und ihren Gütern natürlich ist. Sie umspannt nicht nur den Selbsterhaltungstrieb, sondern auch das Streben, die ihm gegebenen leiblichen und geistigen Anlagen und Fähigkeiten zu entfalten«[14]. Im Unterschied zur Egozentrik ist Selbstliebe für Tillmann etwas Gesundes und Natürliches, das keiner Rechtfertigung bedarf.[15] Christlich ist diese Selbstliebe nur in Verbindung mit der Gottesliebe verstehbar:

> Ihr Gegenstand ist nun nicht mehr das geistig-leibliche Sein des Menschen an sich mit seinen naturhaften Anlagen und Zielen, sondern dieses alles, insofern es zur Gotteskindschaft erhoben, zur Nachfolge Christi berufen, zur Freiheit der Kinder Gottes geadelt und zu ewiger Gemeinschaft mit Gott bestimmt ist.[16]

Aus diesem Verständnis leiten sich spezifische sittlich-religiöse Pflichten ab, die zu erfüllen sind, wenn man in seinem Leben den Weg der Nachfolge verwirklichen und es am Vorbild Jesu Christi ausrichten möchte. Diese Entscheidung zur *imitatio Christi* treibt dazu an, auch bei moralischen Rückschlägen in der sittlich-religiösen Selbstbildung nicht zu stagnieren oder zu resignieren, sondern weiter voranzuschreiten. Insofern in dieser Art der Selbstliebe die Gottes- und Nächstenliebe konstitutive Bezugsgrößen sind, ist sie als »wohlgeordnet« zu begreifen. Denn sie fügt sich in die göttliche Ordnung ein und verfolgt das Gegenteil von »Selbstvergötterung« und »Entfremdung von dem göttlichen Ziele«[17]. Als Basis der Pflichten gegen sich selbst ist die wohlgeordnete Selbstliebe eine

---

[14] Fritz Tillmann: Die Verwirklichung der Nachfolge Christi. Die Pflichten gegen sich selbst und gegen den Nächsten (Handbuch der katholischen Sittenlehre IV/2), Düsseldorf [4]1950, 11.
[15] So auch Johannes Stelzenberger: Lehrbuch der Moraltheologie, Paderborn [2]1965, 198: Die Selbstliebe »ist mit der Natur von Gott eingepflanzt«.
[16] Tillmann: Verwirklichung (s. Anm. 14), 12.
[17] Ebd., 14.

Grundhaltung. Wer sein Leben an der Nachfolge Christi ausrichtet, soll sie einüben und sich aneignen.

Während Furger die Selbstliebe von der Nächstenliebe her begründet, meint Tillmann: »Die wohlgeordnete Selbstliebe hat grundsätzlich den Vorzug vor der Nächstenliebe.«[18] Denn die Selbstliebe, so Tillmann mit Rekurs auf Thomas von Aquin, stellt das Vorbild der Nächstenliebe im Liebesgebot dar. Weiter folgert er: »Mit der wohlgeordneten Selbstliebe ist der eigentliche Selbsthaß unvereinbar. Er ist widernatürlich und, wo er wirklich einmal auftritt, als krankhafte Erscheinung zu bewerten.«[19]

Der kurze Überblick über die Selbstliebe und die Pflichten gegen sich selbst zeigt drei Begründungstypen für ein Recht auf und eine Pflicht zur Selbstliebe. (1) Nach Thomas lässt sich die Selbstliebe aus dem Wesen des Menschen ableiten, (2) biblisch mit dem Hauptgebot der Nächstenliebe, welches die Selbstliebe voraussetzt, und (3) mit Verweis auf die Bedeutung der Selbstliebe für eine sittliche Lebensführung. Diese Typen werden durchaus auch gemeinsam zur Geltung gebracht.[20]

Die Moraltheologie kennt also eine geordnete Selbstliebe, die als grundsätzliche Haltung im Gegensatz zu Selbstsucht oder Selbsthass und im Konkreten zu Sünde, Trägheit oder Vernachlässigung der Seele[21] steht. Der Umgang mit sich selbst steht unter der Maßgabe einer sittlich-religiösen Persönlichkeitsbildung und der Arbeit an ihr. Sie bedarf des Einsatzes für körperliche, seelische und geistige Gesundheit.[22] Dabei impliziert die geordnete Selbstliebe ein kritisches Potenzial gegenüber krankmachenden Ausprägungen von Glaube und Religion.

---

[18] Ebd., 16.
[19] Ebd.
[20] So etwa Otto Schilling: Lehrbuch der Moraltheologie. Bd. 2, München 1928, 3.
[21] Vgl. Stelzenberger: Moraltheologie (s. Anm. 15), 198.
[22] Vgl. Häring: Gesetz (s. Anm. 13), 231–247.

2. Zurückhaltung gegenüber dem Umgang mit sich selbst in der jüngeren theologischen Ethik

Demgegenüber zeigt die theologisch-ethische Literatur der letzten 30 Jahre zu Themen des konkreten Selbstumgangs eine generelle Zurückhaltung. Dahinter stehen vor allem zwei Faktoren:

(1) Seit Ende der 1960er-Jahre, u. a. angestoßen durch die Auseinandersetzung mit der Enzyklika *Humanae vitae* und deren kategorische Ablehnung jeglicher künstlicher Empfängnisverhütung, stehen Normbegründungsfragen im Vordergrund. Es geht um die Begründung sittlicher Normen, um den Ausweis ihrer Geltung, um die Möglichkeit einer natürlichen Sittenordnung und darum, welche Bedeutung dem christlichen Glauben für konkrete Normierungsfragen zukommt. Diese Grundlegungsfragen drängten konkrete individualethische Fragestellungen in den Hintergrund.

(2) Das Konzil wertete die personale und individuelle Dimension der Nachfolge Christi auf. Die Moraltheologie soll in »wissenschaftlicher Darlegung die Erhabenheit der Berufung der Gläubigen in Christus und ihre Verpflichtung, in der Liebe Frucht zu tragen für das Leben der Welt« (*Optatam totius* 16), erhellen. Daraus erwuchs eine Zurückhaltung gegenüber konkreten individualethischen naturrechtlichen Normen. Die Vorsicht gegenüber normativen Übergriffen auf die authentische Lebensführung des Einzelnen resultierte aus einer zunehmenden Sensibilität für die Bedeutung der Individualität von Lebensgeschichten und der Pluralität von Lebensformen[23].

Für ein theologisch-ethisches Gespräch mit Anselm Grün zum Thema des Selbstumgangs ist diese Bestandsaufnahme wichtig, weil sie zum einen den zeitgenössischen Hintergrund von Grüns

---

[23] Einen autonomieethischen Versuch, mit der Figur der Selbstsorge die Pflichten gegen sich selbst moraltheologisch zu reformulieren, hat Stephan Goertz: Rückkehr der Pflichten gegenüber sich selbst? Über den heute möglichen Sinn eines ethischen Prinzips, in: Zeitschrift für Evangelische Ethik 48 (2004), 166–178, vorgelegt.

Studienzeit beleuchtet. Er hat mit dem Fach Moraltheologie und dessen objektivistisch-normativem Sprechen nicht die besten Erfahrungen gemacht.[24] Zum anderen zeigen sie, welche Herausforderungen zu bewältigen sind, wenn man heute über Fragen des Umgangs mit sich selbst reflektieren und Orientierung geben möchte. Wie lässt sich so sprechen, dass der Einzelne in seiner Lebensführung nicht durch ein allgemein formuliertes und überhöhtes religiös-sittliches Persönlichkeitsideal überfordert wird? Wie kann die Liebe Gottes für jeden Menschen biografisch erfahrbar werden? Wie kann sie Motivation und Orientierung für die persönliche sittlich-religiöse Lebensgestaltung geben?[25]

3. Der Umgang mit sich selbst bei Anselm Grün

3.1 Der Umgang mit sich selbst als Thema spiritueller Erfahrung

Anselm Grüns Beschäftigung mit Fragen des Selbstumgangs speist sich aus seinen Erfahrungen als Seelsorger und geistlicher Begleiter. Er möchte Menschen in lebenspraktischen, existenziellen und spirituellen Krisen zur Seite stehen und ihnen auf ihre Fragen lebensdienliche Antworten geben, auf christlicher Grundlage und unter Zuhilfenahme der Psychologie.[26] Vor diesem Hintergrund wäre es ein Missverständnis, wollte man bei Grün eine explizierte Theorie zur Frage nach dem Umgang mit sich selbst erwarten. Vielmehr geht es ihm darum, den christlichen Glauben und die spirituelle Tradition für heute, für die alltäglichen und tiefgreifenden Lebensfragen zu erschließen und somit die Erfahrungen von Menschen mit sich selbst und mit Gott zum hermeneutischen Ausgangspunkt

---

[24] Vgl. Anselm Grün: Stationen meines Lebens, Freiburg i. Br. 2009, 26f.
[25] Zur theologischen Grammatik des Denkens von Anselm Grün, das maßgeblich von Paul Tillich und Karl Rahner bestimmt ist, vgl. Jochen Sautermeister: Gott in Erfahrung bringen. Konturen eines theologischen Porträts von Anselm Grün, in: Herder Korrespondenz 67 (2013), 397–401, bes. 398f.
[26] Vgl. Anselm Grün: Der Himmel beginnt in dir, Freiburg i. Br. 1994, 7f.

und Zielpunkt seiner Schriften zu machen. Grün möchte so den Einzelnen zur persönlichen Wahrheit, zum Eigentlichen der persönlichen Existenz, zum wahren Selbst führen. Es geht ihm um eine religiöse Dimension, die sich durch psychologische Reformulierung zwar existenziell erhellen, aber niemals vollständig erschließen lässt.

Den Umgang mit sich selbst betrachtet Anselm Grün als ein dezidiert theologisches Thema, dem er sich von verschiedenen Seiten nähert. Leitend sind für ihn die Bibel, die monastische Tradition und christliche Mystikerinnen und Mystiker. Sie legt er vor der Interpretationsfolie Jung'scher Tiefenpsychologie in ihrer Bedeutung für die heutige Daseinsgestaltung aus. Aus ihnen schöpft er jenen Kern seiner spirituellen Erfahrungstheologie, den er selbst als »barmherzige [...] Spiritualität«[27] bezeichnet: »Gegenüber der aggressiven Haltung sich selbst und den anderen gegenüber lädt uns die gesunde christliche Tradition dazu ein, gut mit uns und mit den Menschen und gut mit der Schöpfung umzugehen.«[28] Wenngleich sich hieraus durchaus sozialethische und umweltethische Konsequenzen ziehen ließen, bleibt Grün weitgehend individualethisch ausgerichtet. Er begreift den Umgang mit sich selbst im Horizont der individuellen Gottesbeziehung. Denn die Barmherzigkeit Gottes findet ihre personale Verwirklichung, indem man gut mit sich umgeht und so dem jesuanischen Aufruf zur Barmherzigkeit (vgl. Lk 6,36; Mt 6,13) nachkommt.[29]

3.2 Gesunde Selbstliebe im Horizont der Liebe Gottes

Anselm Grün verankert also die Selbstliebe in der Liebe Gottes zum Menschen. Insofern die Selbstliebe ihren existenziellen Grund in Gott hat, würde man ihr Wesen verkennen, wenn man diese als eine moralische Pflicht voranstellen würde. Darum hält Grün die moralisch bewertende und urteilende Sprache für wenig angemes-

---

[27] Anselm Grün: Gut mit sich selbst umgehen, Kevelaer 2011, 50.
[28] Ebd., 50.
[29] Vgl. ebd., 94f.

sen. Vielmehr scheint ihm ein Vorgehen angezeigt, wie es die frühen Mönche praktiziert haben. »Der spirituelle Weg der frühen Mönche ist [...] kein moralischer Weg, sondern ein mystischer, ein mystagogischer, ein Weg, der uns in Gott hineinführt.«[30] Selbstbegegnung ist immer auch als Weg der Gottesbegegnung zu verstehen; es gilt, sich von Gott her zu erkennen. Grüns Verständnis von Seelsorge lässt sich daher als eine Anleitung zur Selbstsorge begreifen, die auf Gottes heilende Wirkmächtigkeit im Innersten des Menschen vertraut. Entsprechend geht es darum,

> die Menschen mit dem eigenen Wissen in Berührung zu bringen, das auf dem Grund ihrer Seele bereit liegt. Dort, in der Tiefe der Seele liegen die Antworten auf unsere eigentlichen Fragen schon bereit. Wir brauchen nur einen Anstoß von außen, um das, was unsere Seele längst weiß, auch in Worte zu fassen.[31]

Aggressive, rigoristische Glaubenshaltungen, Härte und Abwertung sich selbst, anderen, der Natur oder Dingen gegenüber versteht Grün als Ausdruck mangelnder Selbstliebe und problematischer Gottesbilder. Auch Erfahrungen wie blockierende Angst, Depression oder Wut, Zwiespalt und Entfremdung, tiefe innere Unruhe und Unfrieden können lebensgeschichtliche Wurzeln haben. Die Zerrissenheit ist gar »ein Grundgefühl unserer Zeit«[32]. Entsprechend populär ist Grüns Aufnahme der antiken Dämonen- und Lasterlehre der frühen Mönche, vor allem von Evagrius Ponticus. So kleidet er diese schwer fassbaren Phänomene in je realitätsgerechtere Sprache. Er deutet sie als das, was Menschen krank und selbstverschlossen macht, vom wahren Selbst wegführt und daran hindert, Heilung in der eigenen Lebensgeschichte zu finden, kurz: fähig zu sein, »ganz gegenwärtig zu sein, um uns ganz dem gegenwärtigen Gott zu öffnen«[33].

---

[30] Grün: Himmel (s. Anm. 26), 126.
[31] Grün: Stationen (s. Anm. 24), 9.
[32] Anselm Grün: Zerrissenheit, Münsterschwarzach 1998, 9.
[33] Anselm Grün: Der Umgang mit dem Bösen, Münsterschwarzach 1979, 75.

Hierzu dient ein bewusster Umgang mit Leidenschaften und die Integration von Schattenseiten; hierzu dienen Autosuggestionen, die Fehlhaltungen und negative Gedanken korrigieren[34]. Mit der Disidentifikation nimmt man Gedanken, Gefühle, Erwartungen und Aufgaben wahr, ohne sich mit ihnen zu identifizieren. Diese Methode hilft, sich ihnen gegenüber als frei und gestaltend zu erleben. So vermeidet man, sich von ihnen völlig in Beschlag nehmen, blockieren oder lähmen zu lassen.[35]

Angesichts dieser Herausforderungen möchte Grün zur Einheit mit sich selbst, zur Übernahme von Verantwortung, zu Mitmenschlichkeit und Beziehungsfähigkeit führen. Er will dazu verhelfen, dass seelische, körperliche und psychosomatische »Wunden zu Perlen verwandelt werden können«[36]: »Wenn ich mich vor Gott mit meiner Wunde ausgesöhnt und ihre Verwandlung erfahren habe, dann spüre ich, daß sie mich lebendig hält, daß sie für mich und für andere zur Quelle des Segens werden und für viele Frucht bringen kann.«[37]

3.3 Sich verwandeln lassen zum lebendigen Menschen

Zielgestalt ist die Person als kreative und lebendige Einheit mit emotionaler Intelligenz und Kompetenz[38], die die polaren Spannungen von »Verstand und Gefühl, Liebe und Haß, Disziplin und Disziplinlosigkeit, Angst und Vertrauen, Mann und Frau (*animus* und *anima*), Geist und Trieb«[39] in sich zu integrieren vermag und daher als Ganzheit zu verstehen ist. In Anlehnung an Irenäus von Lyon sieht Anselm Grün gerade im *lebendigen Menschen* die Ehre Gottes verwirklicht.[40] Um sich so verwandeln lassen zu können, bedarf es der Grundhaltung der Demut:

---

[34] Vgl. Anselm Grün: Einreden, Münsterschwarzach 1983.
[35] Vgl. Grün: Himmel (s. Anm. 26), 116.
[36] Anselm Grün: Wunden zu Perlen verwandeln, Münsterschwarzach 2004, 7.
[37] Ebd., 8.
[38] Vgl. Anselm Grün: Kleine Schule der Emotionen, Freiburg i. Br. 2013, 8.
[39] Grün: Zerrissenheit (s. Anm. 32), 67.
[40] Vgl. Irenäus von Lyon: Adversus haereses IV,20,7.

> Das Paradox unseres spirituellen Weges besteht darin, dass wir zu Gott aufsteigen, indem wir in unsere eigene Wirklichkeit hinabsteigen. [...] Durch das Hinabsteigen in unsere Erdhaftigkeit *(humus – humilitas)* kommen wir in Berührung mit dem Himmel, mit Gott. Indem wir den Mut finden, in die eigenen Leidenschaften hinabzusteigen, führen sie uns zu Gott hinauf.[41]

Anselm Grün weiß aus persönlicher Erfahrung und als geistlicher Begleiter, dass ein solcher Weg schwierig ist, zumal er mit dem Prozess der »Versöhnung mit sich selbst«[42] einhergehen muss. In Anlehnung an Jung beschreibt dieser einen Individuationsprozess. Es gilt »vom Ich zum Selbst [zu] kommen, in die eigene Mitte, in der ich dann mein wahres Wesen werde«[43]. Dieses wahre Wesen deutet Grün als das einmalige Bild, das Gott von jedem einzelnen Menschen gemacht hat. Um sich dieses Bildes gewahr zu werden, sind zuerst einmal alle Selbst- und Fremdbilder loszulassen: »die Bilder der Erwartungen von Eltern, der Erwartungen der Gesellschaft, die Bilder meines eigenen Ehrgeizes und so weiter. Erst dann kann ich mich fragen, wie dieses ursprüngliche und einmalige Bild, das Gott von mir gemacht hat, aussieht.«[44]

Grün kennt einerseits eine handlungspraktische Identität des Einzelnen im Sinne eines erfahrungsbezogenen und wertgebundenen Selbstkonzepts, in das Selbstwahrnehmungen und Fremdzuschreibungen ebenso eingehen wie Vorstellungen über die eigene Selbstwirksamkeit und Handlungsfähigkeit; diese wird von Gefühlen, Leidenschaften und Verletzungen, von Gedanken, Interessen und Idealen beeinflusst. Ihr stellt er das spirituelle Selbst gegenüber, die Seele, den sündefreien inneren Raum, wo Gott immer schon präsent und wirklich ist und wo sich der Mensch als frei, heil und in Gott gegründet erfährt. Die handlungspraktische Identität erfährt sich durch das spirituelle Selbst relativiert. So kann sie sich von der Grundhaltung der Gelassenheit tragen lassen. Selbst-Ver-

---

[41] Grün: Himmel (s. Anm. 26), 24.
[42] Anselm Grün: Vergib dir selbst, Münsterschwarzach 1999, 41.
[43] Grün: Stationen (s. Anm. 24), 130.
[44] Ebd., 133.

wirklichung ist in diesem Sinne etwas zutiefst Gottgewolltes, keine idealistische Überhöhung oder Überforderung: ein realistischer und gesunder Weg. Er erfordert Übung und Arbeit an sich selbst. Askese ist gerade nichts Welt- und Leibfeindliches, sondern geht aus der Liebe sich selbst gegenüber hervor. Dieser Weg führt zu einem guten und gesunden Umgang mit sich selbst, zur Herzensruhe[45], zu innerem Frieden und zur Gelassenheit, wie Jesus es vorgelebt hat.[46]

Indem der Mensch Haltungen und Rituale einübt, sollen die lebensgestaltenden Kräfte aktiviert und so transfomiert werden,[47] dass er mit dem spirituellen Selbst und darin mit Gott in Berührung kommt. Zugleich soll so die handlungspraktische Identität des Menschen immer weiter auf das Bild Gottes hin verwandelt werden. Die Erfahrung göttlicher Liebe und die Offenheit, sich durch sie verwandeln zu lassen, ermöglichen es nach Grün auch, sich selbst und andere immer mehr zu lieben. Lieben resultiert dann aus einer neuen Sichtweise. »Es braucht zuerst den Glauben, das gute Sehen, um dann lieben, gut behandeln zu können.«[48] Ein solcher Glaube hat praktische und politische Bedeutung:

> Weil die Erlösung von Gott her kommt und weil sie durch das Kreuz kommt, hat der Glaubende keine Angst vor Rückschlägen. Weil er Gott etwas zutraut, verausgabt er sich nicht mit dem Aufspüren aller negativen Fakten und mit dem Jammern über unsere schlechte Welt, sondern er hat noch Energie frei, die nötigen Schritte zu tun, um an einer positiven Veränderung unserer Welt mitzuarbeiten, an einer Veränderung, die realistisch und wirklichkeitsgerecht und daher heilbringend ist[49].

---

[45] Vgl. Anselm Grün: Herzensruhe, Freiburg i. Br. 1998.
[46] Vgl. Grün: Gut mit sich selbst umgehen (s. Anm. 27), 10.
[47] Vgl. Anselm Grün: 50 Engel für das Jahr, Freiburg i. Br. ^{39}2013, 10.
[48] Ebd., 14.
[49] Anselm Grün: Glauben als Umdeuten, Münsterschwarzach 1986, 37.

4. Anfragen und Perspektiven

Grüns Ausführungen zum Umgang mit sich selbst zeigen eine therapeutische und spirituelle Tugendethik. Sie möchte, auch durch psychologische Einsichten, Menschen heilend zu ihrem je authentischen Menschsein, zu ihrem spirituellen Selbst führen. Dieses nimmt auf die handlungspraktische Identität des Einzelnen so Einfluss, dass der Einzelne sich von Gott verwandeln lassen kann. Diese Wechselwirkung kann im Sinne einer existenziell-spirituellen spiralförmigen Dynamik der biografischen Vertiefung und Verwandlung durch Askese begriffen werden. Grün ist dabei gegenüber normativem Sprechen sehr zurückhaltend, weil er die Gefahr sieht, dass die Konfrontation mit Bewertungen Menschen auf ihrem Weg zu einem integrierten, freien und authentischen Selbst blockiert.

Hubertus Lutterbach beschreibt Grüns variantenreichen Umgang mit sich selbst zu Recht als innenorientiert, körpersensibel und biografievertiefend.[50] Grün setzt voraus, dass gelingende Identität mit der Frage nach Gott verbunden ist. Glück und Heil bilden hier die zentrale Perspektive. Diese schreibt Grün einer Moraltheologie ins Stammbuch, die den Einzelnen als je unvertretbares Ebenbild Gottes und darin als moralisches Subjekt ernst nehmen möchte. Hier ist die tugendethische Bestimmung und Einübung von lebensförderlichen Grundhaltungen nicht primär ein Gegenstand des Sollens, sondern des Dürfens und Könnens.

Indem die Individualität des von Gott geliebten und berufenen Menschen gewürdigt wird, erhalten auch die produktiven Kräfte des emotionalen und vitalen Bereichs des Menschen ethische Dignität. Sie sind zu formen, zu integrieren, sodass man Gottes Zuwendung personal annehmen kann. So vermag der Einzelne seine Gottebenbildlichkeit zu realisieren und in seinem Handeln sich selbst, anderen, der Umwelt und Gott gegenüber die geschenkte und angebotene Liebe zu verwirklichen.

---

50 Vgl. Hubertus Lutterbach: Anselm Grün OSB. Ein Bestsellerautor und sein Anliegen, in: Erbe und Auftrag 88 (2012), 33–44.

Bei aller Erfahrungsbezogenheit seiner Aussagen scheut Grün sichtlich davor zurück, allgemeine normative Aussagen für den konkreten Umgang mit sich selbst zum Maßstab zu machen. Indem er vielmehr auf Konsequenzen von Handlungsweisen, Verhaltens-, Erlebens- und Beziehungsmuster hinweist, appelliert er an die Einsichtsfähigkeit und vertraut auf den heilen, gesunden Kern in jedem Menschen und damit letztlich auf Gott, dem jeder Mensch gemäß Grüns spiritueller Erfahrungstheologie in seinem Innern begegnen kann. In der moraltheologischen Tradition könnte man hier auf die zentrale und letztinstanzliche Bedeutung des Gewissens für eine mündige christliche Lebensführung verweisen. Diese Instanz für die sittliche und religiöse Integrität des Menschen zieht ihre theologische Berechtigung aus dem individuierenden Ruf Gottes an jeden einzelnen Menschen. In dieser Perspektive erscheinen Fragen der Selbstliebe und des guten Selbstumgangs nicht primär als Angelegenheiten moralischer Pflichten. Vielmehr führen sie zu moralpsychologischen Fragen: Wie kann der Einzelne einen geordneten und gesunden Selbstumgang in Handlungen, in psychischen Mustern und Grundhaltungen sich aneignen und verinnerlichen? Wie kann er sich in der Tiefe bejahen?

Eine Unterscheidung zwischen ethischer Theoriesprache und seelsorgerlich-begleitender bzw. verkündigender Sprechweise ist jedoch unerlässlich. Denn aus der Perspektive der Anderen, der Betroffenen und Leidenden, ja, auch der Opfer ist der Anspruch an den Einzelnen zu einer moralisch sensibilisierten Selbstliebe und zur Ausbildung einer verantwortungsfähigen Persönlichkeit unaufgebbar und daher zu Recht auch Gegenstand bewertender und normativer Sprache, wie sie für moralische Sozialisationsprozesse üblich ist. Mit Blick auf unterschiedliche Kommunikationssituationen lassen sich normativ-bewertendes und urteilsfreies-ermöglichendes Sprechen nicht prinzipiell gegeneinander ausspielen, wenn man sich nicht der Möglichkeit der Kritik inhumaner Praktiken und Institutionen berauben möchte. Dabei sind auch – von Tugendethiken meist systematisch vernachlässigt – soziokulturelle und institutionelle Faktoren zu berücksichtigen, die großen Einfluss auf das Selbstverhältnis des

Einzelnen und die Praktiken seiner sittlich-religiösen Identitätsbildung haben.

Das christliche Ethos lebt aus der vorgängigen Heilszusage Gottes. Es lebt aus dem Indikativ, der eine Unterscheidung zwischen Person und Tat impliziert. Erst dieser Indikativ begründet den imperativischen Anspruch, sich aus der Liebe Gottes hin zu einer liebenden Identität verwandeln zu lassen. Erst so wird der Imperativ motivational möglich.[51] Sich immer mehr hin zu dem zu verwandeln, was man im Grunde immer schon vor Gott ist, individuelles und einmaliges Bild Gottes, und dies moraltheologisch einzulösen, ist ein zentraler Anstoß der Sprache und Botschaft Anselm Grüns für die theologische Ethik.

---

[51] Vgl. Jochen Sautermeister: Identität und Authentizität. Studien zur normativen Logik personaler Orientierung (Studien zur theologischen Ethik 139), Freiburg (Schweiz) – Freiburg i. Br. 2013.

Christlicher Glaube und Lebenshilfe
Theologische Ethik zwischen normativem Anspruch, geistlicher Begleitung und Lebensberatung

von Josef Römelt CSsR

Die ethischen Ideale, die sich mit der Glaubensverkündigung in der katholischen Kirche verbinden, stehen häufig für einen hohen Anspruch und kompromisslose Klarheit. Das drückt sich etwa in den moralischen Positionen und normativen Überzeugungen aus, wie sie die verbindlichen Texte des Lehramts enthalten. Doch gibt es innerhalb der kirchlichen und theologischen Tradition eine lange und reiche Geschichte geistlicher Begleitung, die auf ihre Weise die moralischen Konsequenzen des Glaubens in das Leben zu übersetzen versucht und die mit einer rein normativen Sprache nicht einzufangen ist. Es ist eine Übersetzung, welche sich schon immer – vor der Entfaltung der heute so wichtigen und vielfach ausgestalteten Beratungsformen und Beratungsberufe – um Begleitung und Lebenshilfe bemüht hat, damit Menschen in den vielfältigen Situationen des Lebens ihren je persönlichen und eigenen Weg finden konnten. Er wird verstanden als eigenständige Lebensführung unter dem Schutz und der Zusage liebender Nähe Gottes.

Aber es ist nicht einfach, diese Seite der ethischen Tradition mit dem Bemühen um die Wahrung der ethischen Normativität des Glaubens – was nicht zugleich um seine Radikalität heißt![1] – in Verbindung zu bringen. Für die Vergangenheit mag gelten, dass sich die Freiheit der persönlichen Lebensführung auf der Ebene der In-

---

[1] Auch die geistliche Begleitung und Lebenshilfe, die weniger normativ als beratend spricht, steht in der Radikalität des ethischen Engagements der moralischen Verkündigung der Kirche in nichts nach, sondern betrifft oft sogar eine tiefer liegende Ebene grundsätzlicher Motivation und lebenspraktischer Konsequenz!

timität geistlicher Begleitung nie außerhalb des Rahmens der allgemein gültigen Normen der Moraltheologie bewegt hat. Der letzte große systematische Entwurf, welcher eine christliche Ethik auf dem Hintergrund geistlicher Erfahrung zu formulieren versuchte – die Existenzialethik Karl Rahners –, mag dafür als Beispiel stehen. Im Kontext der heutigen kritischen Reflexion über die Reichweite kirchlicher Ethik, ja im Horizont moderner psychologischer Einsichten in die notwendige Offenheit eines Beratungsprozesses und auf dem Hintergrund des Bewusstseins um die sensible Ehrlichkeit der Lebenshilfe, auf die Menschen in den oft schweren Situationen des Alltags jenseits aller einfachen und glatten ethischen Lösungen angewiesen sind, ist aber eine solche rasche Versöhnung zwischen Moraltheologie, Lebensberatung und Lebenshilfe viel schwieriger geworden.

Die Frage ist: Lässt sich die Beziehung zwischen Ethik, Lebenshilfe, Beratung und geistlicher Begleitung in vielseitigeren Worten ausdrücken als nur mithilfe von Konkurrenz, gegenseitiger Beschränkung, ja misstrauischer Aufhebung? Muss sie nicht in einer mehrstufigen Polarität und kaleidoskopartigen Ergänzung beschrieben werden, wie sie fünf Dimensionen anzudeuten versuchen, welche hier angesprochen werden sollen: Freiheit zu achten, moralische Risiken bewusst zu machen, moralische Ziele formulieren zu helfen, Scheitern nicht zu verstecken, sondern wahrzunehmen und zu würdigen, ja vielleicht sogar ethische Träume zu wagen?

1. Der radikale Bruch zwischen Lebensberatung (Lebenshilfe) und moralischer Norm

Der Ausgangspunkt der Überlegungen soll die Spannung zwischen Lebensberatung (Lebenshilfe) und normativer theologischer Ethik sein. Eine problemlose Harmonie zwischen Moraltheologie und Lebenshilfe in diesem Sinne ist offenbar innerhalb der Kirche verloren gegangen. Ja, schon die Gewissheit, dass eine solche Harmonie möglich ist, scheint brüchig geworden. Der Konflikt, der zum Beispiel zwischen Moraltheologie und Schwangerschaftskonfliktberatung, Ehelehre und Ehe-, Familien- und Lebensberatung usw. besteht, bringt diesen Sachverhalt zum Ausdruck. Und auch die geistliche Begleitung ist in solche Problemstellungen verwickelt. Geht es ihr zum Beispiel im Fall einer Krise hauptamtlicher Mitarbeiter um die »Wiedereingliederung« in den zugesagten Weg etwa der Gelübde, ehelicher Treue oder priesterlicher Versprechen oder um die Stabilisierung und Mobilisierung der Kräfte für einen Neuanfang außerhalb kirchlicher Berufung und vielleicht sogar kirchlich »geachteter« Lebensformen?[2]

Vielleicht muss man sagen: Die Diskussion darum ist in einem gewissen Sinn bei der These der ethischen Unabhängigkeit der Beratungsberufe[3] und zusammen mit ihr auch der geistlichen Begleitung stehen geblieben. Dann geht es um eine Autonomie, welche zusammen mit der professionellen ethischen »Enthaltsamkeit« alle Formen der Beratung, Lebenshilfe und (geistlichen) Begleitung heute gegenüber der Moraltheologie prägen sollte, um die Freiheit und sachgerechte Unterstützung des Menschen in seiner Notsituation oder einfachen Orientierungssuche unterstützen zu können. Das aber heißt: Die Praxis der Beratung folgt ihrer eigenen moralischen Logik. Ja, die Forderung wird erhoben: »Das Christentum wird mit sich selbst erst in Übereinstimmung kommen, wenn es sich recht bescheiden bei der Tiefenpsychologie in die Schule begibt.«[4] Dann geht es vor allem um eine »Suspension« des Ethischen im Religiösen[5]. Am Anfang der Theologie steht danach der Heilsindikativ, der dem Menschen bedingungslos Gottes Annahme zusagt. Aus der Kraft dieser Geborgenheit wachsen nach diesem Ver-

---

[2] Für diese letzte Erfahrung steht zum Beispiel die Frage, welche Aufgaben eine Institution hat, die – wie etwa in Münsterschwarzach – Priestern oder Ordensleuten bei der Krise ihrer Berufung zu Klärung und Orientierung verhelfen soll.
[3] Eugen Drewermann beispielsweise spricht in seiner pointierten Sprache von der »Unmoral der Psychotherapie« (Eugen Drewermann: Psychoanalyse und Moraltheologie. Bd. 1: Angst und Schuld, Mainz [11]1992, 79).
[4] Ebd., 13.
[5] Vgl. ebd., 79–104.

ständnis erst die Kräfte der personalen Freiheit, die in der Ethik nicht mehr das neurotische Geschäft leistungsorientierter Selbstrechtfertigung und Pharisäismen betreibt, sondern die existenziell entfaltete Kreativität der Liebe freisetzt: Nur wer sich selbst in seiner psychischen Wirklichkeit mit seinen Brüchen und Zwängen ganz angenommen oder zumindest anfanghaft integriert hat, kann danach realistisch und offen aus den Quellen persönlicher Identität Energie zu einem ethischen Engagement schöpfen, das individuelle Freiheit und sozial anerkannte Normativität lebensgerecht miteinander verbindet.[6]

Hinter dieser Hochschätzung für psychologische Ansätze, beratende Neutralität und moralisch zurückhaltende Lebenshilfe kann freilich ein sehr tief greifendes Misstrauen gerade gegenüber den Ansprüchen der Moraltheologie stecken. Und so kommt es auf der anderen Seite nicht selten zu gegenseitigen Verdächtigungen, Anfragen und Problematisierungen.

> Es gibt [in der Kirche] ein Mißtrauen gegenüber beratenden Diensten, das damit zusammenhängt, daß der Mensch zu seiner eigenen Freiheit aufgerufen wird. Und was er mit dieser Freiheit tut, ist dann oft unerwartet, erschreckend und gar nicht das, was man [kirchlicherseits] von einer Beratung erwartet.[7]

Hier wird die Offenheit der Beratung argwöhnisch beobachtet, kritisiert, ja mitunter als unloyal und ketzerisch diskreditiert. Aber es gibt auch eine wohlwollende Sorge, die sich mit dem Beratungsanliegen identifiziert, ohne die Fragestellungen theologisch-ethischer Ernsthaftigkeit und kirchlicher Bindung aus dem Auge zu verlieren. Dann heißt es:

> Aber man darf doch wirklich einmal fragen, ob es nicht manchmal auch Grenzüberschreitungen gibt, wo »Ratschläge« – im landläufigen Sinn des Wortes – gegeben werden, inhaltliche Problemlösungen, die nicht aus der Entscheidung des Klienten kommen, sondern auch dem Wunsch des Bera-

---

6 Vgl. Josef Römelt: Christliche Ethik in moderner Gesellschaft. Bd. 1: Grundlagen (Grundlagen Theologie), Freiburg i. Br. 2008, 118–120.
7 Franz Georg Friemel: Schwierigkeiten eines Theologen angesichts der Beratungsdienste, in: Theologisches Bulletin 20 (1988), 288–293, hier: 291.

ters entsprechen. So etwas wird vor allen Dingen in Grenzfällen vorkommen. Wäre es da unmöglich, daß in solchen Situationen einmal Abtreibung als Möglichkeit hingestellt wird, ein außereheliches Verhältnis als zulässig, homosexuelle Verbindungen gebilligt, eine Lebensform wie der Zölibat als unmenschlich und destruktiv hingestellt wird? Wäre es unmöglich, daß sich in beratenden Diensten eine Art Nebenmoral, eine Umgehungsmoral entwickelt, ein zweiter Weg neben der alten Lebenslehre der Kirche?[8]

Für eine solche Sichtweise könnte der Eindruck entstehen, dass Beratung und Lebenshilfe Werte der bloßen Selbstverwirklichung, des Relativismus und der Beliebigkeit vermitteln, in denen der Mut zu christlicher Verkündigung zu fehlen scheint, die den Menschen auch zu kritisieren im Stande ist.

Es ist die Meinung zu finden: Wenn der Mensch sich nur verstanden fühlt, ergibt sich alles andere von selbst. Ergibt es sich aber wirklich von selbst? Müßte es nicht so etwas geben wie Führung, Wegweisung, Lebensregeln, Erziehung, Pädagogik? Man könnte ganz simpel fragen: Wo bleibt das Element »Verkündigung« im beratenden Tun? Müßte nicht dem Menschen, der seines Weges unsicher ist, auch Licht auf den Weg gegeben werden, ein Verständnis für Werte? Das ist etwas anderes als Indoktrination [...]. Ist dem Menschen mit Verständnis und Empathie schon geholfen?[9]

2. Die Suche nach einer Versöhnung zwischen existenzieller Tiefe und normativem Anspruch in der kirchlichen Praxis

Man könnte die Wurzeln dieses Problems insgesamt primär auf der *inhaltlichen* Seite der Entfaltung ethischer Überzeugungen in Theologie und Kirche suchen. Danach ginge es um eine Klärung, ob die oben angesprochenen Beispiele etwa des Schwangerschaftsabbruches, der Homosexualität usw. von Seiten der Moraltheologie und des kirchlichen Lehramts wirklich *in der Weise* ethisch beurteilt werden müssen, wie es häufig der Fall ist. Ob es nicht eine moraltheologische Würdigung gibt, welche die ethischen Kompromisse

---

[8] Ebd., 291.
[9] Ebd.

und die Weiterentwicklung humanwissenschaftlicher Erkenntnisse und des gesellschaftlichen Diskurses in der Kirche integriert, ohne die eigenen Anliegen der Verpflichtung auf die theologischen Grundlagen der Heiligen Schrift und der Tradition aufgeben zu müssen. Die Hoffnung ist, dass sich damit die Spannungen zwischen den Anliegen »offizieller« ethischer Position und existenzieller, individueller Bedürfnisse innerhalb der theologischen Ethik reibungsfreier vermitteln ließen.

Es ist sicher richtig, dass schon auf dieser Ebene manche Schärfe des Konfliktes gemildert wird, manche Spitze der Auseinandersetzung ihre stechende Härte verliert. Und doch bleibt ein tieferes Interesse. Eine gewisse Unruhe, die aus der gegensätzlichen Wirklichkeit der rational beherrschbaren, um Eindeutigkeit und Klarheit bemühten ethischen Vernunft auf der einen Seite und der um die Komplexität und Vielschichtigkeit menschlicher Lebensschicksale und unverfügbarer Lebensläufe wissenden Pastoral auf der anderen herrührt. Ja, diese Unruhe möchte zu einer produktiven Dynamik werden, um das christliche Ethos zu einer umfassenden Reife zu führen, die der Fülle menschlichen Lebens vor Gott entspricht.

Es ist hier nicht der Raum, alle Ansätze und Vorschläge, welche die moderne theologische Ethik in dieser Sache erarbeitet hat und bereithält, vorzustellen und zu diskutieren. Narrative Ethik, psychologisch konfrontierte Moraltheologie, Krisenethik oder Ansätze konsiliatorischer Ethik überhaupt – all dies sind moderne Versuche einer fruchtbaren Weiterentwicklung des beschriebenen Spannungsfeldes.

Exemplarisch beschränken sich die Gedanken hier auf die gegensätzlichen Bemühungen Karl Rahners und Anselm Grüns. Während die Ethik Rahners – wie oben schon angedeutet – davon ausgeht, dass sich Moraltheologie und geistliche Begleitung zu einem Projekt verbinden lassen, in dem die persönliche Entscheidung christlicher Lebensführung *im Horizont* normativer Prinzipien ihren Raum findet, bemüht sich Anselm Grün darum, die »Spiritualität von oben« durch eine »Spiritualität von unten« zu ergänzen, welche den Humus für christlich authentisches Leben bilden muss, damit moralisches Engagement in seiner normativen Bindung erst gelingen kann.

2.1 Existenzialethik als Erfahrung persönlicher Berufung im Rahmen moraltheologischer Normativität

Karl Rahner beschreibt die Einmaligkeit des Menschen vor Gott als Grund für die uneinholbare Tiefe der ethischen Beanspruchung des Menschen:

> Überall dort, wo sich ein Mensch *innerhalb* des Sittlichen der allgemeinen Normen für eine von mehreren Möglichkeiten entscheidet, wo er *innerhalb* des allgemein und positiv Sittlichen »wählt«, ist diese durch Entscheidung entstehende (nicht ableitbare) Konkretion seines sittlichen Soseins durchaus auffaßbar als »In-Erscheinung-treten« seiner ineffablen sittlichen Individualität und nicht allein als das bloß willkürliche Auswählen zwischen Möglichkeiten, die letztlich gleich-gültig wären und denen gegenüber das »Gerade-dies« und »Nicht-jenes« keine weitere positive und sittliche Bedeutung mehr hätte.[10]

Aus dieser einzigartigen individuellen Stellung vor Gott folgt eine persönliche Herausforderung des Menschen, die gerade nicht Beliebigkeit meint. Sie kann nicht lediglich auf der Ebene abstrakter allgemeingültiger Normativität erfasst werden. Denn schon dort, wo ich mein Leben an allgemeingültigen Normen ausrichte, ist es ja so, dass ich die Norm in ganz persönlicher Weise – so oder so – erfüllen kann:

> Auch dort, wo die deduktiv-syllogistische Gewissensbildung aus den allgemeinen Normen und der konkret vorliegenden Situation scheinbar zu dem eindeutigen Resultat eines konkreten Imperativs führt, kann dieser faktisch immer noch in den verschiedensten Weisen und inneren Haltungen realisiert werden. Selbst dort, wo diese Verschiedenheit nicht mehr nachweisbar ist, wo man sich den haargenau selben Fall als wiederholt realisierbar denken könnte, ist damit nur bewiesen (dies und nicht mehr!), daß eben das einmalig und positiv Individuelle nicht reflex satzhaft aussprechbar ist, kein Gegenstand einer reflexen, in Sätzen artikulierbaren gegenständlichen Erkenntnis sein kann [...].[11]

---

[10] Karl Rahner: Über die Frage einer formalen Existentialethik, in: ders.: Schriften zur Theologie. Bd. 2, Einsiedeln – Zürich – Köln ⁸1968, 227–246, hier: 238 (Hervorhebungen J. R.).
[11] Ebd.

Rahner will mit diesen Gedanken aufzeigen: Die ethische Verantwortung reicht in diese einzigartige Tiefe des Menschen hinab. Der sittliche Anspruch ist in der personalen ›Intimität‹ des Menschen begründet, die er letztlich vor Gott besitzt:

> Insofern derselbe Mensch in seiner eigenen Geistigkeit subsistiert, ist sein Tun auch immer mehr als bloße Anwendung des allgemeinen Gesetzes im Casus von Raum und Zeit, es hat eine inhaltliche positive Eigenart und Einmaligkeit, die nicht mehr übersetzbar ist in eine allgemeine Idee und Norm, die in Sätzen ausgesprochen werden kann, die aus allgemeinen Begriffen gebildet wird. Mindestens in seinem Handeln ist der Mensch wirklich auch (nicht nur!) individuum ineffabile, das Gott bei seinem Namen gerufen hat, einem Namen, den es nur einmal gibt und geben kann, so daß es wirklich der Mühe wert ist, daß dieses Einmalige als solches in Ewigkeit existiert.[12]

Dieses Verständnis der persönlichen moralischen Identität des Menschen ist eine ermutigende Deutung. Sie hält einen positiven Raum offen aus der Beziehung zu Gott. Sie ruft *darin* in die nicht mehr zu verallgemeinernde Abgründigkeit moralischer Erfahrung: Der Mensch

> wird also wohl immer seine Entschlüsse aus einer global erfaßten [...] Grunderfahrung über sich selbst und aus dem Gefühl der Kongruenz oder Inkongruenz [...] zu diesem seinem Grundgefühl über sich selbst heraus treffen, er wird nicht nur und nicht in letzter Linie aus einer rationalen Analyse heraus, sondern aus dem Empfinden heraus, ob etwas »zu ihm paßt« oder nicht, seine Entscheidung fällen. Und dieses Empfinden wird daran sich messen, ob einen die Sache »freut«, innerlich »befriedigt« (eine sehr gute Charakterisierung steckt in diesem Wort vom Frieden, den man in seinem Entschluß findet).[13]

Das Kriterium der Erkenntnis der moralischen Verantwortung in dieser individuellen Ernsthaftigkeit ist dabei die Erfahrung einer Authentizität, eines inneren Friedens und einer Stimmigkeit, die nach diesem Verständnis gerade aus dem persönlichen Gespräch des einzelnen Menschen mit Gott geschenkt wird:

---

[12] Ebd., 237f.
[13] Karl Rahner: Das Dynamische in der Kirche (Quaestiones Disputatae 5), Freiburg i. Br. ³1965, 144f.

> Der Gedanke ist [...] der: die hinsichtlich ihres Ursprungs mittels der Regeln zur Unterscheidung der Geister gedeuteten Tröstungen und Trostlosigkeiten lassen uns dadurch den Willen Gottes erkennen, daß diejenigen Tröstungen, die von Gott kommen, auch zur Wahl und zum Vollzug dessen drängen, was Gott von uns will [...].[14]

2.2 Die Spannungen zwischen der »Spiritualität von oben« und der »Spiritualität von unten«

Die Frage ist, ob ein solcher Entwurf christlicher Ethik die Polarität zwischen normativer Beanspruchung und persönlicher Intimität innerhalb der moralischen Erfahrung nicht zu problemlos versteht und zu schnell harmonisiert. Die Unterscheidung zwischen der »Spiritualität von oben« und der »Spiritualität von unten«[15] bei Anselm Grün rechnet sehr viel deutlicher mit den Reibungen, welche zwischen den allgemeinen und persönlichen Seiten moralischer Erlebnisweisen und Verpflichtung bestehen können. Und so steht er mit seinen vielfältigen Veröffentlichungen für eine geistliche Literatur, welche die *persönlichen* Ressourcen des Einzelnen in seiner religiösen und lebenspraktischen Suche zu stützen bemüht ist, um der Lebensfreude und Lebensführung einen Weg zu bahnen.

Der Ausgangspunkt der Überlegungen Grüns ist die Herausforderung für den Christen, in der Gegenwart Gottes zu leben. Hintergrund für eine solche Sicht ist seine Spiritualität als Mönch, der es darum geht, in Arbeit und Anbetung vor Gott dazusein. Dabei reflektiert Grün die traditionelle Aszese, welche dazu neigt, das Ideal dieses »Seins vor Gott« als eine *ethische* Forderung auszuformulieren. Alle Anstrengungen der Lebensgestaltung und Lebensführung

---

[14] Ebd., 137. Vgl. Ludwig Sanhüter: Das Dynamische in der Moral. Zur Aktualität der Existenzialethik Karl Rahners (Dissertationen. Theologische Reihe 40), St. Ottilien 1990.
[15] Anselm Grün – Meinrad Dufner: Spiritualität von unten (Münsterschwarzacher Kleinschriften 82), Münsterschwarzach 1994, 7.

werden dann durch eine solche korrekte Durchdringung des Alltags vom Glauben her motiviert.

Die Erfahrung zeigt nach Grün, dass eine solche Konzentration sehr leicht zu einer moralischen Überanstrengung führt, welche den Fortschritt als eigene menschliche Leistung ausgestaltet und antreibt. Und es ist nicht weit zu einem Pharisäismus, welcher das eigene Scheitern verdrängt und die Schwäche des anderen unerbittlich denunziert: »Um das eigene Ideal aufrechtzuerhalten, verdrängt man seinen Schatten und projiziert ihn auf andere, über die man schimpft und sich entrüstet. Die Verdrängung des Bösen im eigenen Herzen führt zur Verteufelung anderer, die man im Namen Gottes oft recht brutal behandelt.«[16]

Demgegenüber formuliert Grün das Konzept einer Spiritualität von unten. Sie sucht den Kontakt mit der eigenen Unzulänglichkeit, welche als das innerste Leben von Triebwünschen, Krankheit, persönlichem Ehrgeiz offengelegt wird. Ja, in diesen Kräften werden nicht nur dunkle Gegenmächte gegen das helle Licht des Ideals gesehen, sondern die Quelle einer ganzheitlichen, mit den Schatten des Lebens versöhnten Lebensfreude wiedergefunden. Aus den biblischen Texten, in denen die Zuwendung Gottes gerade zu der Niedrigkeit und Schwäche des Menschen deutlich wird, aus der Regel des heiligen Benedikt, welcher die Haltung der Demut als das aufrichtige Wissen um die Ambivalenz des eigenen Daseins versteht, aus der Reflexion der Psychologie auf die Schichten des Unbewussten im Menschen, den Schatten und die Verdrängungen, aus der Ehrlichkeit der Kunst kann er diese Ressourcen menschlichen Lebens positiv würdigen. Und in seiner ganzen literarischen Arbeit versucht er in diesem Sinne, christliche Glaubenskultur und Spiritualität als eine umfassende ressourcenorientierte Hilfe für das Leben (als eine christliche Lebenshilfe) zu verstehen.

Die ressourcenorientierte Suche Grüns spricht viele Menschen genau in dieser Herausforderung an: Nicht mehr nur das ethische Ideal der bewussten Konzentration auf Gott, sondern alle moralischen,

---

[16] Ebd., 15.

von der theologischen Ethik oft unerbittlich formulierten Ziele wie die eheliche Treue, konsequente Selbstlosigkeit, berufliche Hingabe aus christlichen Überzeugungen heraus erscheinen in ihrer mitunter gegebenen Brüchigkeit angesichts der Unübersichtlichkeit des komplexen Lebenszusammenhangs im alltäglichen Leben. Und auch hier scheint der Kontakt zu den dunklen, widersprüchlichen und nicht einfach in eine christliche Logik aufzulösenden Wünschen, Hoffnungen und Antrieben des Menschen eine größere Authentizität zu versprechen als die verkrampfte Aufrechterhaltung abstrakter Normen. Die Theologie und Spiritualität Anselm Grüns erweist sich so als befreiend und im Sinne des tiefsinnigen Humors seiner Gedanken entkrampfend: »Humor ist zuerst die Selbstentlarvung, indem man sich von der Sucht befreit, sich als Denkmal zu fühlen. Im Humor findet man das rechte Maß für sich selbst, da befreien wir uns von allem Pathos, in dem wir uns selbst so gerne aufblähen.«[17]

Die beiden beschriebenen Entwürfe der spannungsreichen Vermittlung zwischen Moraltheologie und persönlicher Lebensführung sind von großer Bedeutung für die kirchliche Kultur und die christliche Glaubenspraxis in ihrer Frage nach moralischer Verantwortung und konkreter Lebenshilfe heute. Gegenwärtige Moraltheologie, geistliche Begleitung, kirchliche Beratungsformen und Lebenshilfe müssen mitwirken, damit Menschen in der Kompliziertheit des modernen Lebens eine Verbindung finden zwischen einer Spiritualität von unten und einer Spiritualität von oben, wie Anselm Grün es bezeichnet, bzw. zwischen dem Existenziellen und dem Allgemeingültigen in der moralischen Orientierungssuche, wie Karl Rahner es anspricht. Diese Balance zu finden, erscheint heute als eine ganz wichtige Aufgabe für die gegenwärtige Zeit überhaupt angesichts einer Kultur, welche die Möglichkeiten von Freiheit und ihre Grenzen ausloten muss. Hier geht es um eine Menschlichkeit, welche sich nur mit den Worten »Kontakt zur eigenen Schwäche«, »Bewusstsein der eigenen Brüchigkeit« und »demütige Offenheit auf die Unverfügbarkeit des Daseins«, aber auch »moralischer Mut« und »verantwor-

---

[17] Ebd., 96.

tungsbewusste Entschlossenheit« einfangen lässt. Diese Dimensionen erscheinen als spannungsvolle Bestandteile eines gelingenden Lebens und müssen in einer christlichen Authentizität Platz haben – einen Platz, welcher in den Reibungen eines der Bedeutung seiner Freiheit unsicher gewordenen Lebens mithelfen muss, Humanität zu sichern.

So bleibt die Frage: Lässt sich ein Verständnis christlicher Spiritualität und Ethik beschreiben, das dieser doppelten Herausforderung gerecht wird: Freiheit zu wahren, doch gleichzeitig moralische Risiken wahrzunehmen, ethische Ideale zu beschreiben und festzuhalten, zugleich aber auch das Scheitern nicht zu verdrängen, um so dem letzten Ziel eines gelingenden und verantworteten, glücklich machenden und doch hingabefähigen Lebens vor Gott dienen zu können?

3. Die theologische Ethik als Weg moralischer und geistlicher Verantwortung

Es ist wohl so, dass sich eine solche ganzheitliche christliche Spiritualität und Ethik den gegensätzlichen Bewegungen und Richtungen der Reflexion und Praxis stellen muss, wie sie in den voraufgehenden Überlegungen spürbar geworden sind – dass sie nur in einer solchen Polarität zu fassen sind und beschrieben werden können. Es ist eine Polarität, welche auf der einen Seite die bleibende Offenheit, auf der anderen Seite die konkrete Verbindlichkeit und bindende Kraft des christlichen Ethos zum Ausdruck bringt.

3.1 Freiheit achten

»Schon sehr modern sind [in diesem Sinne] die Anweisungen, die Ignatius von Loyola dem Exerzitienmeister gibt« und die darauf abzielen, christliche Lebensführung und Lebensbegleitung zu einem Ort der Freiheit und persönlichen Beziehung zu Gott zu machen. Der Exerzitienmeister »soll den Exerzitanten frei lassen, er darf ihn nicht in eine Richtung hin bewegen, er darf ihn zum Beispiel ›nicht […] mehr zu Armut oder einem Versprechen als zu deren Gegenteil bewegen, noch zu einem Stand oder der einen Lebensweise mehr als zu einer anderen‹ (Geistliche Übungen Nr. 15)«. Ja, auch »Johann Michael Sailer [...] kennt im zweiten Band seiner Pastoraltheologie den sogenannten ›Privatunterricht‹.«[18] Damit ist ein Gespräch unter Ausschluss der Öffentlichkeit gemeint, »wo das Bedürfniß ruft, in eine[m] engen verschwiegenen, oft auch [...] verschwiegensten Kreis«[19]. »Dringe dich und deine Belehrungen Niemanden gewaltsam auf.«[20]

Diese Vorstellungen von der Offenheit des authentischen Prozesses in der glaubenden Lebensführung, Verantwortung und in der christlichen Lebensbegleitung müsste man heute wohl noch deutlicher in dem Sinne ausbuchstabieren, dass es auf einem solchen Weg darum geht, Raum für eigene Erfahrungen zu lassen. Ein solcher Raum ist notwendig, um tatsächlich persönliche Freiheit entfalten zu können. Auch die Aufnahme der vielfältigen, sich immer weiterentwickelnden Möglichkeiten und Optionen des modernen Lebens müssen darin Platz finden, damit Lebensgestaltung und christliche Ethik realistisch und den Chancen und Problemen heutigen Lebens angemessen entwickelt werden können. Sowohl der Respekt vor dem zentralen Wert der Achtung der Autonomie und Würde des Menschen als auch das Wissen um die Komplexität des modernen Lebens und seiner immer weiter fortführenden Dynamik sind innerer Kern eines solchen Verständnisses.

3.2 Moralische Risiken bewusst machen

Wohl beschreibt schon Johann Michael Sailer christliche Beratung als ein komplexes Bündel polarer Kommunikation, um die ganzheitliche Fülle der persönlich und moralisch verantwortbaren Authentizität zu erschließen. So heißt es bei ihm: »Privatunterricht ist

---

[18] Friemel: Schwierigkeiten (s. Anm. 7), 289.
[19] Johann Michael Sailer: Vorlesungen aus der Pastoraltheologie. Zweiter Theil: Der Seelensorger in den Funktionen seines Amtes, in: ders.: Sämtliche Werke. Bd. 17, Sulzbach ⁵1835, 273.
[20] Ebd., 274.

also alles Rathen, Ermahnen, Warnen, Belehren, Bilden einzelner Personen, nach ihren individuellen Verhältnissen, Umständen, Verbindungen, Bedürfnissen, Fähigkeiten, Angelegenheiten.«[21] Die Begrifflichkeiten »Ermahnen«, »Belehren« usw. zeigen dabei sicherlich die Zeitbedingtheit einer solchen Perspektive. Und doch kann das Wort vom »Warnen« auch für die gegenwärtig notwendige differenzierte und ganzheitliche Gestaltung christlicher Ethik und Lebensberatung etwas Sinnvolles zum Ausdruck bringen. Die vorsichtige Thematisierung der ethisch normativen Dimension ist gegebenenfalls über eine solche Form des gemeinsamen Nachdenkens im Beratungsprozess oder in geistlicher Begleitung neben der gebotenen Zurückhaltung gegenüber moralischer Beanspruchung und Anforderung (welche eben immer auch in Überforderung umschlagen kann) vertretbar. Besser als vom Warnen ist vielleicht davon zu sprechen, dass im beratenden oder geistlichen Gespräch die offene Wahrnehmung von Risiken des eigenen Verhaltens Bestandteil der ehrlichen und gemeinsamen Suchbewegungen sowie der aufrichtigen Kommunikation sein kann und muss.

Dann ginge es darum, angesichts der Frage nach Lebensgestaltung, im Kontext von Lebensplanung oder bei einem Bemühen um Rückschau, Übersicht und Orientierung, im Blick auf das eigene Leben auch Grenzen zu formulieren, die es zu akzeptieren und zu integrieren gilt – Grenzen, welche Bindungen und Verpflichtungen zum Ausdruck bringen können. Oder es geht darum, das Eigene nicht nur von sich selbst her zu betrachten und zu beurteilen, sondern die Perspektiven zu erweitern, das heißt, andere Menschen, Bedürfnisse und Interessen mit in den Blick zu nehmen. Und aus einem solchen Horizont heraus lassen sich dann die möglichen Einseitigkeiten bewusst machen, welche das eigene Handeln und die eigene Lebensführung prägen können. Der soziale Kontext vermag zu seinem Recht zu kommen, ohne die eigene Freiheit und Entfaltung einfach nur erdrücken zu müssen.

---

[21] Ebd.

3.3 Moralische Ziele entwerfen

So kommt eine tiefe und vielfältige Deutung der Beziehung zwischen der Suche nach Lebensbewältigung und nach moralischer Lebensgestaltung in den Blick. Es geht nicht nur um die Kontrolle und Beschränkung der möglicherweise bedrängenden und das Leben behindernden Auswirkungen moralischer Forderungen. Sondern Ethik beinhaltet auch eine Beheimatung des Menschen, berührt seine tiefen Sehnsüchte nach Zielen und Engagement. Moralische Ideale korrespondieren mit der Hoffnung, dass Leben gelingen *kann*, dass der Einzelne und die Gesellschaft etwas von der Vollkommenheit verwirklichen *können*, von der wir träumen, wenn wir sagen: Das ist gut! Das ist gerecht! Dafür möchte ich leben! Moralische Güte entfaltet so nicht nur den beengenden Horizont strenger Ansprüche, sondern auch die Erfahrung der gelingenden Integrität in erarbeiteter Lebensanstrengung, freier Entschiedenheit und tragfähigem Glück.

3.4 Scheitern nicht verstecken

Eine solche ethische Dynamisierung des eigenen Lebens widerspricht aber eben nicht einer Ehrlichkeit, die in den traditionellen Theorien geistlicher Begleitung häufig nur wenig Platz gefunden hat. Hier steckt der kritische Anspruch heutiger Moraltheologie und christlicher Authentizität, der auch in der Suche nach einer neuen, heute gültigen Vermittlung zwischen normativer Ethik und Lebensberatung, geistlicher Begleitung und Lebenshilfe deutlich wird. Ja, die ganz eigene Ganzheitlichkeit und spirituelle sowie ethische Produktivität zeitgemäßer Deutung theologischer Ethik gehen eben von der Integration dieser Seite des Ethischen aus. Nur eine Moraltheologie, die diese Dimension des Lebens integriert, bewahrt ihre realistische Lebensnähe und hilfreiche Überzeugungskraft im Kontext heutiger Zeit. Anselm Grüns Erinnerung an die »Spiritualität von unten« ist ihr engagierter und weiser Anwalt.

3.5 Träume wagen?

Und so lässt sich am Ende der Überlegungen in einer zusammenfassenden Perspektive sagen: Es ist ganz sicher keine Verzerrung der Wahrnehmung, kein Ausdruck von Relativismus oder Mutlosigkeit, kein Verrat an der reichhaltigen ethischen Tradition des Glaubens und der Kirche, wenn die heutige Humanwissenschaft und Theologie diesen Zusammenhang erkannt hat, dass die Fähigkeit, Ideale zu entfalten, ja, moralische Begeisterung zu entfachen, gerade auf diesem Hintergrund des Umgangs mit dem Scheitern wachsen kann. Die Rede davon, moralisch Träume zu wagen, formuliert diese Folgerung vielleicht zu romantisch. Aber was damit gemeint ist, dass der tiefe moralische Schwung des Lebens gerade aus dieser Mehrdimensionalität und ganzheitlichen Integrität menschlicher Verantwortung und ethischer Lebensführung wächst und lebt, das ist die entscheidende Konsequenz. Das Verständnis moralischer und geistlicher Verantwortung als Weg formuliert diese Mitte christlicher Ethik, Lebensberatung, geistlicher Beratung und Lebenshilfe zugleich. Es ist eine Mitte, in der es möglich wird, den inneren Frieden des Einzelnen zu begleiten, gerade damit sein spirituelles Vertrauen offen zu halten, um ihn in der ganz konkreten Auseinandersetzung mit den Konflikten und Herausforderungen seines Lebens stark zu machen. Es geht darum, Verantwortung übernehmen zu können und aus dem Glauben an Gott heraus Entscheidungen für sich, sein Leben und – wo es die Aufgabe ist – für andere zu treffen.

Der christliche Glaubensweg als Heilungsweg
Zum spirituellen Konzept Anselm Grüns

von Ruth Fehling

Die Frage nach der Heilung des Menschen kann als Herzstück der Theologie und Spiritualität Grüns bezeichnet werden. In seinen Schriften nähert er sich von unterschiedlichen Seiten diesem Thema. Er ermutigt Menschen, sich auf diesen Heilungsweg zu begeben. Er lädt sie ein, Jesus Christus, den Arzt, kennen- und lieben zu lernen.

In diesem Beitrag möchte ich der Frage nachgehen, wie Grün »Heilsein« versteht: Wie beschreibt er den heilen Menschen? Wie den christlichen Glaubensweg als Heilungsweg? Aus der Fülle der Literatur greife ich zwei seiner Bücher heraus: In seinem Buch *Spiritualität. Ein ganzer Mensch sein*[1] erschließt Grün mittels anthropologischer, psychologischer, biblischer und altkirchlicher Perspektiven vielfältige Möglichkeiten, den spirituellen Weg als Heilungsweg zu vollziehen. Das zweite Buch, mit dem ich mich befassen werde, trägt den Titel *Das Kreuz. Bild des erlösten Menschen*[2]. In diesem Buch geht Grün, ebenfalls sehr vielschichtig, der Frage nach, welche Rolle das Kreuz im Heilungsprozess des Menschen spielt. Dieses Buch habe ich ausgewählt, da die Frage nach dem Heilwerden immer auch die Frage nach einem guten Umgang mit Leiden enthält.

Zur Bearbeitung der oben formulierten Fragen bespreche ich zunächst einzelne Passagen der genannten zwei Bücher. Einer textnahen Darstellung folgen sprachliche Beobachtungen sowie theologische, kritisch-konstruktive Reflexionen. Ich beginne mit den

---

[1] Anselm Grün: Spiritualität. Ein ganzer Mensch sein (HERDER spektrum 6339), Freiburg i. Br. 2005.
[2] Anselm Grün: Das Kreuz. Bild des erlösten Menschen (Münsterschwarzacher Kleinschriften 99), Münsterschwarzach ⁴2005.

einleitenden Passagen des erstgenannten Buches. Sie haben den Charakter einer Ouvertüre und laden die Lesenden ein, in das Buch einzutreten. Beim Lesen hatte ich Grüns Zielgruppe unmittelbar vor Augen. Ich konnte spüren, wie er sich an Menschen richtet, die, ganz allgemein formuliert, auf der Suche nach »mehr« sind – und die dabei auch ein spirituelles Interesse haben. Entsprechend klingt zu Beginn manches einseitig. Wer jedoch weiterliest, wird im Buch vielfältige Ergänzungen und Vertiefungen finden.

1. Beobachtungen zu den einleitenden Passagen des Buches *Spiritualität. Ein ganzer Mensch sein*

Grün beschreibt die Perspektive eines *inneren* Heilungswegs. Der Mensch, der innerlich gesundet, wird in einer bestimmten Weise mit seiner Körperlichkeit, vielleicht körperlichen Hinfälligkeit, mit seinen Beziehungen, die gebrochen oder heil sein können, und mit seinem Gott umgehen können.

Der innerlich heile Mensch ist der ganze Mensch. Den spirituellen Heilungsweg versteht Grün als einen Weg zu dieser Ganzheit. Es geht um Reifungsprozesse. Doch worin und wie muss der Mensch reifen, der ganz werden will? In seiner Einleitung bespricht Grün drei Themen: Wie gestaltet der Mensch die Herausforderung, das eigene Leben zu leben? Was bedeutet zweitens menschliche Reife? Und drittens: Was ist Spiritualität?

(1) Das Eigentliche des spirituellen Weges besteht nach Grün darin, »dass ich *das einmalige Bild* verwirkliche, das Gott sich von mir gemacht hat. Dieses spirituelle Konzept von Reife fußt auf einem bestimmten Menschenbild: Jeder Mensch [...] ist *ein einmaliges Wort*, das Gott nur über diesen Menschen spricht. Und unsere Aufgabe besteht darin, dieses einzigartige Wort, das Gott nur uns persönlich zugesprochen hat, in unserem Leben in dieser Welt vernehmbar werden zu lassen.«[3]

---

[3] Grün: Spiritualität (s. Anm. 1), 7.

(2) Was bedeutet menschliche Reife? Grün arbeitet zwei Aspekte heraus: Ich bin dann ein reifer Mensch, wenn ich »alles, was in mir bereit liegt an Fähigkeiten und Möglichkeiten, an Licht- und Schattenseiten, in meine Persönlichkeit integriert habe.« Und ein reifer Mensch ist für andere »genießbar«. Er wird für andere »zum Segen«[4].

(3) In Bezug auf die frühen Mönche entwickelt Grün ein kraftvolles Bild von Spiritualität. Diese hätten vom »Kriegsdienst für Christus« gesprochen, sie seien »Athleten« und »Kämpfer für Gott« genannt worden. »Sie ließen sich herausfordern von ihren Leidenschaften für Gott. Sie wollten in der Wüste, am dunkelsten Ort der Welt, dem Ort, an dem die Dämonen hausen, gegen die Dämonen kämpfen.« Der Weg empor zu Gott führe den Menschen hinab in die Tiefen und Untiefen seiner selbst: »Selbsterkenntnis und Gotteserkenntnis gehörten eng zusammen«[5].

Welche sprachlichen und theologischen Beobachtungen lassen sich zusammenfassen?

1. Stilistisch fällt Grüns aktive und individuell akzentuierte Sprache ins Auge: Der Mensch verwirklicht ein einmaliges Bild, er hat ein einzigartiges Wort persönlich zugesprochen bekommen, er integriert Licht- und Schattenseiten, er kämpft gegen Dämonen. Der Glaubensweg wird so als einer charakterisiert, der den Menschen zu seinen ureigenen Wurzeln zurückführt. Dieses Ziel stellt Grün als erreichbar vor Augen. Mit seiner Sprache wird Grün viele Lesende ansprechen. Er geht auf das Bedürfnis ein, wachsen zu wollen und selbstbestimmt die eigene Identität finden zu wollen.

2. Wie ist die Rede vom »einmaligen Bild« und vom »einzigartigen Wort« zu verstehen? Grün betonte während der Tagung, dass es im Menschen einen Raum gebe, der durch nichts zerstört werden könne. In diesem Raum sei der Mensch schon immer heil. Dieser Raum könne bildlich als »Raum der Stille«, als »heiliger Raum« oder als »Reich Gottes in mir« in Worte gefasst werden, oder eben

---

[4] Ebd., 8.
[5] Ebd., 9.10.

als »Bild Gottes im Menschen«.[6] Es ergibt sich eine Diskrepanz zwischen der Aussage, dass es diesen Raum in mir schon immer gibt und ich lernen kann, den Zugang zu diesem Raum zu finden, und jener Aussage, dass mir Gott diesen Raum zugesprochen hat, ich ihn aber erst eigenständig verwirklichen muss. Hat Gott dann die Idee und der Mensch ist für die Realisierung verantwortlich? Die begriffliche Unschärfe im Umgang mit dieser Thematik ist nicht neu, ich entdecke sie schon bei Paulus. Er formuliert, dass der neue Mensch Christus als Gewand angezogen habe oder dass sein Leib Tempel des Heiligen Geistes sei (Röm 6; Gal 2,20; 3,28; 1 Kor 3,16f.; 6,16–19; vgl. Eph 4,24). Ähnlich wie bei Grün sind folgende Gedanken: Dem Menschen ist seine neue Identität in der Taufe geschenkt und darin Heilsgegenwart, zugleich findet er sich je neu im alten Menschen wieder. Die vielfältigen Mahnungen in den Paulusbriefen arbeiten sich nicht zuletzt an dieser »doppelten« Existenz ab. Der Mensch ist gerufen, immer wieder und immer neu der Sünde zu widersagen, d. h. den alten Menschen abzulegen, und so dem zu entsprechen, was ihm von Christus her in der Taufe bereits geschenkt ist: eine neue Existenz. Paulus entwickelt seine Vorstellungen vom neuen Menschen jedoch von einer Christus-Identität und nicht von einer menschlich unterscheidbaren Individualität her. Die eigene Identität scheint geradezu ausgelöscht oder zumindest aufgehoben in der Christus-Identität. Das könnte ihn von Grün unterscheiden.

3. Von Gott spricht Grün in den einleitenden Sätzen sehr zurückhaltend. Gerade in den ersten Sätzen fällt stilistisch auf, dass der Mensch aktives Subjekt ist, es geht um sein Tun. Die Rolle Gottes wird zweimal in Relativsätzen nachgeschoben: Der Mensch verwirklicht das Bild, das Gott sich von ihm gemacht hat.

4. Grün beginnt seine Ausführungen mit dem Menschen. Er geht den Weg der anthropologischen Wende so konsequent, dass manchem auf den »wahren Glauben« bedachten Kirchenmann unwohl

---

[6] Vgl. Anselm Grün: Wegstationen meiner theologischen Sprache, in diesem Band, 33.

werden könnte. Kann man Menschen so viel zutrauen? Muss man Menschen nicht führen und ihnen sagen, wo es langgeht? Redet Grün überhaupt noch von christlicher Spiritualität?

5. Wenn Grün im zweiten Abschnitt auf die menschliche Reife zu sprechen kommt, spricht er als Seelsorger und zugleich als tiefenpsychologisch geschulter Mensch: Das Thema des Ganzwerdens, der Integration der Gegensätze, ist zentrales Thema der Tiefenpsychologie. Auch in diesem Abschnitt fallen positiv stimulierende Formulierungen ins Auge: Es geht nicht darum, eine Pflicht zu erfüllen. Es geht auch nicht um Schuld. Es geht darum, zum »Segen« für andere zu werden, seiner »Sehnsucht« zu trauen und ein »Genuss«[7] für andere zu sein.

6. Die Beobachtungen zum dritten Abschnitt können die bisherigen Überlegungen ergänzen: Grün benennt zunächst Vorstellungen von Spiritualität, die nichts mit menschlicher Reife zu tun haben, sondern frömmelnd und oberflächlich bleiben können: Das tägliche Gebet, Kirchgang und religiöse Bücher machen den Menschen nicht automatisch reif. Die Form genügt nicht, der Inhalt muss stimmen! Das provoziert und wird manchem Christen nicht schmecken. Grün skizziert dagegen ein innerliches und kraftvolles Bild von Spiritualität. Der spirituell suchende Mensch ist ein Kämpfer, eine Athletin, die leidenschaftlich suchen, die sich ihren inneren Dunkelheiten, den Dämonen stellen.

Nach dieser ersten Analyse möchte ich nun kritische Fragen stellen und sie im Blick auf weitere Ausführungen Grüns in seinen beiden Büchern beantworten. Die zu Beginn formulierten Fragen nach der Heilung des Menschen bleiben die leitende Perspektive.

Grün beginnt mit dem Menschen. Wie geht er mit christlichen Inhalten, die ja nicht beliebig sind, um (2.1)? Welche Rolle spielt Gott auf dem christlichen Heilungsweg (2.2)? Der Mensch gestaltet seinen Weg zur Ganzwerdung aktiv. Nennt Grün an anderen Stellen mehr passive oder rezeptive Aspekte des christlichen Weges (2.3)? Grün stellt die Heilung des Menschen als realisierbar vor Augen.

---

[7] Grün: Spiritualität (s. Anm. 1), 8.

Thematisiert er an anderen Stellen auch die bleibende Gebrochenheit des Menschen (2.4)?

2. Vertiefende Überlegungen anhand weiterer Passagen aus dem Buch *Spiritualität. Ein ganzer Mensch sein*

2.1 Umgang mit christlichen Glaubensinhalten

Die bisherigen Ausführungen zeigen, dass Grün vom Menschen her denkt. Er spricht eine tiefenpsychologisch geschulte Sprache, die er, und dies soll im Folgenden gezeigt werden, gekonnt mit christlichem Gedankengut verbindet. Seine zunächst vielleicht »nur« psychologisch erscheinenden Überlegungen offenbaren im weiteren Text zunehmend ihren spirituellen Charakter. Grün greift dabei gekonnt auf vielfältige Begriffe und Quellen christlicher Tradition zurück.

Bereits im Kontext zunächst psychologischer Überlegungen führt er den christlichen und in der Rezeption eher schwierigen Begriff der Demut ein und bezeichnet sie als »entscheidende Tugend«, als »Mut, hinabzusteigen in die Abgründe unserer Seele, in denen all das Verdrängte haust und darauf wartet, von unserem Bewusstsein erlöst zu werden, indem wir uns ihm liebevoll zuwenden.«[8]

Grün vertieft seine Überlegungen mit Hilfe des Mönchsvaters Evagrius Ponticus, der Tiefsinniges zu den Leidenschaften im Menschen geschrieben hat (Kap. 3). In Kap. 4 fährt er in Bezug auf Gal 5,22f. mit einer christlichen Tugendlehre fort. Diese Tugenden seien »Kennzeichen eines reifen Glaubens«[9]. Im letzten Kapitel erläutert Grün das heilsame Potenzial kirchlicher Feste, Sakramente und Gebete.

Meines Erachtens misst Grün christlichen Inhalten nicht zu wenig Bedeutung bei, im Gegenteil. Gemäß dem Jesuswort, dass der Sabbat für den Menschen da sei und nicht der Mensch für den Sabbat, wird man jedoch mit ihm lernen können, dass die christlichen

---

[8] Ebd., 15.
[9] Ebd., 74.

Inhalte für den Menschen da sind und nicht der Mensch für die christlichen Inhalte. Entsprechend bewahrt Grün sprachlich und inhaltlich durchgehend eine anthropologische und therapeutische Perspektive.

2.2 Die Rolle Gottes

»Selbsterkenntnis und Gotteserkenntnis gehören eng zusammen.«[10] Der Mensch, der Gott begegnen will, muss bereit sein, in die Tiefe seiner selbst hinabzusteigen. Die Verheißung ist, Gott dort zu finden. Ein Mensch, der an sich selbst vorbei Gott finden will, wird seine eigenen Projektionen anbeten und nicht Gott.

Grün unterscheidet sehr genau zwischen Gott und Gottesbildern. Unsere Gottesbilder seien, so formuliert er mit Josef Rudin, »der mächtigste Archetyp, das verborgenste Kraftzentrum«[11]. Wir haben und brauchen dunkle wie helle Gottesbilder. Grün betont dabei die Kunst der Unterscheidung: Welches Gottesbild ist hell und kann mich heilen? Und welches Gottesbild ist dämonisch und verweist mich auf dunkle Seiten in mir selbst und kann mich indirekt heilen? Nicht die dunklen oder die hellen Gottesbilder machen uns krank, die *Einseitigkeit* unserer Gottesbilder macht uns krank. Gott selbst jedoch ist jenseits dieser Bilder. Es geht darum, diese Bilder von Gott zu »übersteigen« und sich dem »ganz anderen Gott hinzugeben«. »Wenn ich mich dem ganz anderen Gott ergebe, dann werde ich wahrhaft frei. Dann bleibt Gott wirklich Gott. Er ist kein Konstrukt meiner Fantasie oder meines theologischen Verstandes, sondern der unbegreifliche und unendliche Gott, das Geheimnis, auf das hin ich mein Leben lang unterwegs bin.«[12]

Grüns Überlegungen zu dunklen, hellen und krankmachenden Gottesbildern führen mich zu der Frage, welche Gottesbilder hell, welche dunkel und welche krankmachend sind. Ein Beispiel: Grün

---

[10] Ebd., 10.
[11] Ebd., 36.
[12] Ebd., 38.

kommt in seinen Schriften immer wieder auf das Thema des richtenden Gottes zu sprechen und hält es für ein Gottesbild, das krankmachend ist.[13] Der Mensch, der an den Richter-Gott glaube und ihn fürchte, entwerte und verurteile sich in Wirklichkeit selbst. Er richte sich auf diese Weise und externalisiere in der Gottesprojektion seinen Selbstumgang. Heilung bestehe dann darin, diese Selbstentwertungsstrategien wahrzunehmen und sich dem liebenden Gott anzuvertrauen.[14]

Die theologisch-exegetische Frage lautet, ob Grün die entsprechenden biblischen Stellen, die vom richtenden Gott sprechen, angemessen auslegt. Meines Erachtens nicht; eine entsprechende exegetische Argumentation möchte ich an dieser Stelle nicht ausführen.[15] Ich möchte nur darauf hinweisen, dass das biblische Bild von Gott als Richter durchaus bedrohlich ist: Das Endgericht dient der Urteilsverkündung und der Unterscheidung von Gut und Böse.[16] Damit stellt sich aus biblischer Sicht die Frage, wie wir diese bedrohlichen Bilder mit unseren Vorstellungen vom vergebenden, barmherzigen und Leben schenkenden Gott verbinden können.

Aus psychologischer Sicht kann gefragt werden: Ist das Bild vom Richter-Gott wirklich krankmachend? Oder enthält es Aspekte, die einen Gegenpol bilden zu Bildern, die uns den liebenden Gott vor Augen führen? Dann wäre der Richter-Gott ein »dunkles«

---

[13] Grün zeigte sich auf dem Symposium offen für die folgenden Überlegungen. Er betonte, dass er immer wieder neu über den richtenden Gott nachdenke, und dass ihn gerade die Überlegungen meines Doktorvaters Ottmar Fuchs diesbezüglich angeregt hätten.

[14] Vgl. Grün: Kreuz (s. Anm. 2), 35–38. Auch in anderen Büchern äußert sich Grün entsprechend, vgl. Anselm Grün: Erlösung. Ihre Bedeutung in unserem Leben, Stuttgart 2004, 86–89, oder Anselm Grün: Biblische Bilder von Erlösung (Münsterschwarzacher Kleinschriften 81), Münsterschwarzach 1993, 26f.71f.

[15] Vgl. hierzu meine Überlegungen zur biblischen Hermeneutik Grüns in: Ruth Fehling: »Jesus ist für unsere Sünden gestorben«. Eine praktisch-theologische Hermeneutik (Praktische Theologie heute 109), Stuttgart 2010, 324–360.

[16] Vgl. die exegetischen Überlegungen von Marius Reiser: Die Gerichtspredigt Jesu. Eine Untersuchung zur eschatologischen Verkündigung Jesu und ihrem frühjüdischen Hintergrund (Neutestamentliche Abhandlungen N. F. 23), Münster 1990.

Gottesbild und darin ein Pendant zum Bild des liebenden Gottes, das traditionell als »helles« Gottesbild verstanden wird. Verschiedene theologische Entwürfe arbeiten exakt in diese Richtung.[17]

2.3 Aktivität/Passivität

Grün formuliert in vielen Passagen seines Buches aktiv. Es geht darum, reif zu werden, erwachsen zu werden und Verantwortung zu übernehmen. Die rezeptive Seite des spirituellen Weges betont er jedoch ebenfalls immer wieder: »In alle Bereiche des Menschen soll Gottes Geist eindringen, damit er das Unbewusste erhellt, das Entfremdete integriert und das Verwundete heilt. Das Ziel der Verwandlung ist, dass ich immer mehr in das einmalige und ursprüngliche Bild verwandelt werde, das Gott sich von mir gemacht hat.«[18] Gerade dieses Zitat unterscheidet sich markant von den einleitenden Sätzen des Buches, die ich oben vorstellte. Hier betont Grün, dass es der Geist Gottes ist, der im Menschen wirkt und den Menschen verwandelt; in seiner Einleitung ging es ihm um den Menschen, der sein Bild verwirklicht, der sein Wesen entfaltet und in sich stimmig geworden ist.

Widerspricht sich Grün? Ich meine nicht. Aktivität und Rezeptivität sind wichtige Aspekte auf dem spirituellen Weg. Je nach Wegabschnitt ist mehr die eine oder mehr die andere Haltung gefordert. Es gibt Zeiten der aktiven Umkehr: Der Mensch übernimmt dabei Verantwortung für sich und sein Tun. Hierauf legt Grün sicherlich einen besonderen Akzent. Nicht umsonst beschäftigt er sich gerne mit Evagrius, der dieser Phase der Aktivität viel Aufmerksamkeit geschenkt hat. Es gibt aber auch eine Zeit, in der der Mensch nichts tun kann, in der er in Dunkelheiten gestellt ist, in der er sich selbst

---

[17] Vgl. z. B. Ottmar Fuchs: Das Jüngste Gericht. Hoffnung auf Gerechtigkeit, Regensburg 2007. Ein erschütterndes Zeugnis der Erfahrung des dunklen, abwesenden Gottes ist von Mutter Teresa erhalten, vgl. Brian Kolodiejchuk MC: Mutter Teresa. Komm, sei mein Licht, aus dem Amerikanischen übersetzt von Katrin Krips-Schmidt, München 2007, 221f.
[18] Grün: Spiritualität (s. Anm. 1), 39f., vgl. ebd., 24.28.32.40.73.

zum Rätsel wird und in der ihm Gott abhandenkommt. Dann ist der Mensch gerufen, die eigene Armut wahrzunehmen und anzunehmen, und den Schritt ins Vertrauen hinein zu wagen. Dies ist die Zeit der passiven Läuterung. Grün kennt und benennt auch diese Erfahrung. In der Spiritualitätsgeschichte kann mit Johannes vom Kreuz *(Die dunkle Nacht)* sicherlich ein herausragender Vertreter genannt werden.

2.4 Prozesshaftigkeit des Glaubenswegs

Grün formuliert insgesamt aus einer österlichen Perspektive. Er kennt und benennt Brüche auf dem Lebensweg und Leiden, die Menschen aushalten müssen. Sein Akzent liegt aber in der Überzeugung, dass Heilung möglich ist. Es ist kein leichter Weg, der zur Verwirklichung des Bildes führt, das sich Gott vom Menschen gemacht hat. Aber, und darauf möchte ich hinaus, die Vollendung des Menschen, seine Ganzwerdung, klingen bei Grün *erreichbar, realisierbar*. Bereits der Buchtitel spricht diese Sprache: »Spiritualität. Ein ganzer Mensch sein«. Ich stolpere beim Schreiben darüber, hier Grün richtig wiederzugeben, da ich intuitiv schreiben möchte: »Spiritualität. Ein ganzer Mensch werden.« Was Grün als erreichbar vor Augen hält, würde ich eher der jenseitigen Vollendung zuordnen.[19]

---

[19] Peng-Keller hat in seinem Buch zur christlichen Spiritualität dieses Unvollkommen-Bleibende durchgehend im Blick. So formuliert er: »Der Heilige Geist verwandelt uns und lässt uns mehr und mehr teilhaben an Gottes Wirklichkeit. All das ist jedoch anfanghaft, unvollendet und verborgen. Der Geist verbindet uns mit einer Wirklichkeit, die erst im Anbruch ist, mit einer Zeit, deren Fülle noch aussteht.« (Simon Peng-Keller: Geistbestimmtes Leben [Studiengang Theologie XI Spiritualität], Zürich 2012, 19).

3. Vertiefende Überlegungen anhand einiger Passagen aus Grüns Buch *Das Kreuz. Bild des erlösten Menschen*

Wie beschreibt Grün den heilen Menschen? Wie den christlichen Glaubensweg als Heilungsweg? So hatte ich eingangs meine Leitfragen formuliert. In seinem Buch *Das Kreuz. Bild des erlösten Menschen* geht Grün eben diesen Fragen nach, indem er sie vom Kreuz her zu beantworten versucht. Das Kreuz sei Bild des erlösten Menschen, so Grün im Titel des Buches. Auch über diesen Buchtitel stolpere ich: Der ans Kreuz Geschlagene – ein Erlöster? Nein, es ist kein Versprecher. Ein zentrales Anliegen Grüns ist es, das Heil, das im Kreuz liegt, sichtbar und erfahrbar zu machen.

Ich kann hier leider nicht die vielen Gedankengänge Grüns nachzeichnen. Ich kann jedoch ermutigen, das Buch bei Gelegenheit selbst zu lesen. An dieser Stelle geht es mir darum, einige wenige, aber wichtige Aspekte einer Kreuzestheologie Grüns herauszuarbeiten. Beim Lesen verschiedener Bücher Grüns konnte ich drei Deutungsmuster entdecken, auf die Grün immer wieder zu sprechen kommt. Diese Deutungen werden im Folgenden vorgestellt. Im Anschluss wird diskutiert, welche Perspektiven sie im Blick auf meine Fragen eröffnen.

3.1 Das Kreuz als Heilszeichen

Das Kreuz war bereits vor Tod und Auferstehung Jesu Heilszeichen in vielen Kulturen. Es stand (und steht) für den Menschen, der seine Gegensätze integriert und zur Ganzheit gefunden hat: die Gegensätze von »anima und animus, von Liebe und Hass, von Ja und Nein, von Einsamkeit und Gemeinschaft.«[20] Schon die Kirchenväter haben diese Kreuzessymbolik aufgegriffen und von dort her das Kreuz Jesu zu verstehen gesucht. »Was andere Religionen im Kreuz sahen, das sei in Jesu Tod am Kreuz und in seiner Auferstehung erfüllt worden.«[21]

---

[20] Grün: Kreuz (s. Anm. 2), 18.
[21] Ebd., 9.

Grün greift nun diese Interpretationslinie auf und vertieft sie mit Hilfe tiefenpsychologischer Überlegungen. Im Anschluss an Carl Gustav Jung versteht er das Kreuz als »Weg menschlicher Selbstwerdung«[22]. Das Kreuzessymbol hat dabei eine doppelte Funktion: Es ist Bild des erlösten Menschen. Und es ist zugleich ein Bild für den Weg zu diesem Ziel, einen Weg, der von Hingabe, Leiden und Zerrissenheit geprägt ist. Der Mensch ist gerufen, sich Gott in allem anzuvertrauen. So wird er selbst zum gekreuzigten Menschen, der liebend und darin verwundbar ist. Seine Unvollkommenheiten, seine Verletzungen und seine Sünden werden zum Tor, durch das Gottes Liebe eindringen, ihn verwandeln und heilen kann.[23]

3.2 Der Gekreuzigte ist der Liebende

Grün räumt dem Sterben Jesu für uns eine zentrale soteriologische Qualität ein. Doch in welcher Weise ist der leidende und sterbende Christus heilsam für die Menschen?

Für Grün ist das Kreuz Ausdruck der Liebe Gottes. Dabei verbindet er diese Liebe mit der Hingabe Jesu und versteht sie (durchaus ähnlich wie Hans Urs von Balthasar[24]) als Unterfassung des Sünders.

> Das Kreuz [...] soll uns [...] daran erinnern, dass wir von Gottes Liebe umfangen sind, dass Gottes Liebe sich bis in den Staub unseres Alltags hinab beugt, um uns dort an unseren verwundbarsten Stellen liebevoll zu berühren und zu heilen. Nichts ist ausgeschlossen von dieser Liebe Gottes. So ist das Kreuz ein Hoffnungszeichen, ein Liebeszeichen.[25]

Die Menschen sind gerufen, einander so zu lieben, wie Christus sie geliebt hat. »Jedes Wort, das wir [...] sagen, soll unter dem Zeichen des Kreuzes stehen, soll von der Liebe geprägt sein, die sogar den

---

[22] Ebd., 86.
[23] Vgl. ebd., 86–96.106–113.120.
[24] Zu von Balthasar vgl. die Ausführungen in meiner Dissertationsschrift, Fehling: Hermeneutik (s. Anm. 15), 138–171.356f.
[25] Grün, Kreuz (s. Anm. 2), 46; vgl. ebd., 120.

Tod noch verwandeln kann.«[26] Ein Mensch, der sich von dem Gekreuzigten lieben lässt, wird Mitgefühl mit leidenden Menschen entwickeln, er wird lernen, Gegensätze in sich selbst und in anderen anzuschauen und auszuhalten.

3.3 Das Kreuz: Bild des Leidens und/oder Bild der Überwindung des Leidens?

Das Kreuz, das uns den leidenden Christus zeigt, steht gegen den Trend der Zeit, das eigene Leiden oder das Leiden anderer Menschen zu bagatellisieren. Darin hat es eine unabdingbare, wichtige Funktion. Es war und es ist für Menschen ermutigend, ihr eigenes Leiden und das Leiden anderer Menschen angesichts des Gekreuzigten in den Blick zu nehmen und so mit Gott in Zusammenhang zu bringen.

Viele Stellen in Grüns Buch lassen eine bleibende Unvollkommenheit[27], ein bleibendes Gekreuzigt-Sein erahnen. Gleichzeitig ist nicht zu übersehen, dass Grün seinen Hauptakzent auf eine andere Perspektive legt. An einer Stelle seines Buches formuliert er prägnant, was an vielen Stellen durchscheint: dass Bilder des Kreuzes »nicht einfach nur Leidensdarstellungen sind, sondern immer Bilder der Überwindung allen Leids, Hoffnungsbilder und Trostbilder, Bilder, die Licht bringen wollen in unsere Dunkelheit, Vertrauen in die Angst und Freude in die Trauer.«[28]

3.4 Eine offene Auswertung

Grüns Überlegungen zum Symbol des Kreuzes in den verschiedenen vorchristlichen Kulturen sind für mich interessant und nachvollziehbar. Hier wird anhand eines Symbols anschaulich gemacht, was es bedeutet, ein ganzer, ein heiler Mensch zu werden. Die An-

---

[26] Ebd., 123.
[27] Vgl. ebd., 121.
[28] Ebd., 34; vgl. ebd., 8.31.33.115.

schlussfähigkeit an das tiefenpsychologische Modell Jungs ist für mich ebenfalls erhellend gewesen. Es wird in den Ausführungen sichtbar, dass der Weg zur Ganzheit kein leichter Weg ist. Es ist ein Weg, der durch Leiden und Zerrissenheit führt und darin zur Hingabe an Gott. Dass der liebende Blick des Gekreuzigten diesen Weg unterstützend begleitet, ja, immer erst wieder möglich macht, ist eine vom Kreuzesgeschehen her stimmige Vertiefung dieser symbolischen Deutung. Ebenfalls stimmig finde ich Grüns Plädoyer gegen die Leidvergessenheit.

Manche Überlegungen zum Leiden klingen mir jedoch zu einseitig. Hier möchte ich weitere Perspektiven ergänzen. Im Bild des leidenden Christus, so Grün, erkennen Menschen gegenwärtiges Leid, das eigene und dasjenige anderer Menschen. Im Blick auf den Gekreuzigten werden wir ermutigt, diese Leidensorte aufzusuchen und auszuhalten. Eine Frau, die diese Zusammenhänge gerade anders herum in den Blick nahm, ist zum Beispiel Mutter Teresa: In den gegenwärtig Leidenden erkannte sie den heute immer noch leidenden Christus. Den Dienst an den Armen hat sie einmal als Eucharistie bezeichnet![29] Dieser Christus leidet heute immer noch, weil wir uns nicht lieben lassen wollen von ihm. »Mich dürstet ...« Dieses Wort Jesu am Kreuz versteht sie als Ausdruck seiner Liebessehnsucht zu den Menschen.[30] Ihre Worte stimmen mich nachdenklich. Hier wird Jesus wirklich als Leidender, heute noch Leidender ernst genommen. Bei Grün entdecke ich Tendenzen, dass der gekreuzigte Christus als Gegenüber primär der mich liebende Christus ist. Sein Leiden wird dagegen weniger in dieser Gegenüber-Qualität wahrgenommen, vielmehr als Spiegel des eigenen Leidens und des Leidens anderer Menschen.

Welche neuen Akzente würden sich aus diesen Beobachtungen für die Frage nach der Heilung des Menschen ergeben? Die Fragestellung wäre eine andere. Sie würde nicht mehr lauten: »Wie

---

[29] Vgl. Josef Neuner: Mutter Teresas Charisma, in: Geist und Leben 74 (2001), 336–348, hier: 337f.
[30] Vgl. Kolodiejchuk: Mutter Teresa (s. Anm. 17), 58.

kann ich heil werden?« Sondern: »Wie kann ich dem heute immer noch Gekreuzigten beistehen? Wie kann ich leidenden Menschen beistehen?« In einem solchen Fragen verstehe ich mich primär von anderen her, eine Perspektive, die der jüdische Philosoph Emmanuel Levinas entfaltet hat. Solches Fragen zeigt, dass Heil kein individuelles Programm ist, sondern ein Beziehungsgeschehen, mehr noch: etwas, das radikal vom anderen her gedacht werden könnte.

Ein zweiter Punkt: Es konnte herausgearbeitet werden, dass bei Grün das Kreuz vor allem die Überwindung des Leidens darstellt. So kann er den Ruf Jesu: »Mein Gott, mein Gott, warum hast du mich verlassen?« (Mk 15,34) als Siegesschrei deuten.[31] Ich merke, das mir das zu weit geht. Das Vermissen Gottes scheint mir sehr aktuell zu sein. Wie stelle ich mich selbst zu diesem Jesus, der Gott so schmerzlich vermisst? Teile ich diese dunkle Erfahrung der Abwesenheit Gottes? Oder gehe ich vielleicht zu schnell dazu über, dass Jesus mich zwar gekreuzigt, aber vor allem liebend anschaut? So dass die helle und dunkle Seite Gottes, die liebende Nähe Gottes und das schmerzhafte Vermissen Gottes zu schnell in die leichter zu ertragende Richtung hin aufgelöst werden? Der Verlassenheitsschrei Jesu am Kreuz könnte jedenfalls ein möglicher Anknüpfungspunkt für eine Theologie sein, die sich mit »dunklen« Gottesbildern und -erfahrungen befasst, und sollte nicht zu schnell in einen Siegesschrei verwandelt werden.

---

[31] vgl. Grün: Kreuz (s. Anm. 2), 39; zudem Grün: Biblische Bilder (s. Anm. 14), 37.

Mit Gott verschärft sich alles!
Unheil und Heil: in Gottes unendlicher Liebe entfesselte Differenz

von Ottmar Fuchs

Wenn ich im Folgenden einen bestimmten Aspekt stark machen will,[1] so heißt das nicht, dass Anselm Grün die Gegenposition einnimmt. Sein Werk ist also nicht mit dem zu identifizieren, wogegen ich Stellung nehme. In dieser Form betrifft vieles Anselm Grün gar nicht. Mein Anliegen ist es vielmehr, manches von dem, was bei ihm selber zum Vorschein kommt, in eine Dynamik zu treiben, die die Untiefen menschlicher Erfahrung und Gottes in die Offenheit neuer Radikalisierungen führt. Das Helle des Glaubens, das Anselm Grün zumeist am Herzen liegt, soll dabei in keiner Weise in Frage gestellt werden. Es bleibt gültig und bestehen. *Mir* liegt am Herzen, daneben, wie bei zwei Punkten einer Ellipse, die entsprechende Gültigkeit des Dunklen, das der christliche Glaube in einer spezifischen Weise ernst zu nehmen vermag, in der Weise bedeutsam werden zu lassen, wie es den schlimmsten Erfahrungen der Menschen zu »entsprechen« vermag. Was Anselm Grün geschrieben hat, das gilt erst einmal und verliert nichts an Qualität dadurch, dass ich *daneben* einen anderen Akzent zum Vorschein bringen will, in dem ich es wage, in die Untiefen des nicht Integrierbaren zu gehen.

Anselm Grüns Texte sind offen für diese Radikalisierungen, und vielleicht kann und sicher könnte er auf seine unverwechselbare, von vielen Menschen verstehbare und ersehnte Art den Menschen Ähnliches oder auch Anderes in Richtung dieser Radi-

---

[1] Vgl. zu diesem Thema ausführlich Ottmar Fuchs: Der zerrissene Gott. Das trinitarische Gottesbild in den Spannungen der Welt, Ostfildern 2014.

kalisierung nahebringen. Inhaltlich geht es um die Fortsetzung der Anfrage von Ruth Fehling: Hat bei Anselm Grün das Erschreckende, Abgründige im Gottesbild wirklich genug Raum?[2], verbunden mit der Frage: Inwiefern ist das Kreuz ein Bild des erlösten Menschen?[3] Inwiefern ist der Gottesglaube eine Lebenshilfe, die auch noch die schlimmsten Auseinandersetzungen zwischen Mensch und Gott umfasst?

Ich fühle mich hier auch nicht in einer Beobachterposition[4], sondern versuche eine Theologie zu formulieren, die mit ihren Inhalten gar nicht anders kann, als sich selbst als ein Moment der angesprochenen Ereignisse wahrzunehmen, genauso unterbrechbar, überholbar und veränderbar wie die Ereignisse selbst. Mit diesem Inhalt steht mir kein »Siegervokabular«[5] einer selbstgerechten Ratgebergesellschaft zur Verfügung, sondern ich möchte die Theologie, die Rede von und mit Gott, zugunsten einer tabuzonenfreien Gebets- und Theologiesprache als flüchtigen Ausdruck dessen formulieren dürfen, was Menschen in den angesprochenen Situationen erfahren und erleiden. Diese Theologie hat also Anteil an der »Schwachheit«, die in diesen Ereignissen zum Ausdruck kommt. Inhaltlich geht es darum, dem menschlichen Leiden angesichts eines allmächtigen und guten Gottes eine Sprache in der Theologie zu geben. Unser Dialog geht weiter und niemand hat das letzte Wort.

Wenn Gott Adressat menschlicher Empörung wird, wenn nicht mit ihm sperrige Erfahrungen gedeckt werden, dann ist dies zum

---

[2] Vgl. Ruth Fehling: Der christliche Glaubensweg als Heilungsweg, in diesem Band, bes. 194–196.
[3] Vgl. Anselm Grün: Das Kreuz. Bild des erlösten Menschen, Münsterschwarzach [4]2005.
[4] Ich kenne auch aus dem akademisch-theologischen Bereich so manche kritische Reaktion gegenüber den Publikationen von Anselm Grün, etwa in Hinsicht eines fraglichen Ganzheits- und Heilsparadigmas. Deswegen ist auch für mich persönlich diese Tagung so wichtig, wo wir uns in gegenseitiger Wertschätzung in differenzierter Weise gegenseitig wahrnehmen, vieles klären und weiterbringen können.
[5] Wie Ulrich Luz es genannt hat, wenn die einen die Ideen anderer als Häresie bezeichnen; vgl. Anselm Grün – Ulrich Luz: Heute das Neue Testament verstehen, in diesem Band, 56.

einen eine Form ehrlicher Auseinandersetzung, zum anderen ist dabei schon richtig, dass diejenigen, die an Gott glauben, sich damit mehr Probleme und Turbulenzen einhandeln, als diejenigen, die dies nicht tun.[6] Ich möchte gleichwohl den Versuch machen,[7] angesichts der menschlichen Wirklichkeit zwischen Leben und Tod an einen liebenden Gott glauben zu können, und zwar so, dass die »dunkle« Seite Gottes, die unsere eigenen dunklen Erfahrungen widerspiegelt, einen Platz erhält, der unseren Erfahrungen angemessen ist. Wir haben leider die Tendenz, Gott nur im Schönen und Guten wahrnehmen zu wollen. Da spalten wir zu Unrecht wichtige Erfahrungen ab und nehmen Gott nicht ernst genug.

Eine Glaubensvernunft, die auch noch das Unverständlichste in ihre Rationalität aufzunehmen vermag, wie etwa das schlimmste Leiden noch mit dem Freiheitsargument zu rechtfertigen, führt als entsprechende *ratio* zur *fides,* zum Glauben, allerdings zu einem, der sich selbst mit solcher Flachheit begnügt. Das menschliche Leid ist nicht auffangbar durch das Pathos der Freiheitsgeschichte, weil die jeweiligen Kontextbedingungen eine Realisierung der beanspruchten Freiheit oder angeblich geschenkten Freiheit gar nicht zulassen (eine solche Freiheit geschieht erst im Angesicht eines Gottes, in dem Freiheit und Liebe zusammenfallen).

Im Diesseits geht es um eine Glaubensvernunft, die sich dagegen sperrt, das Katastrophale zu integrieren, und nur als solche mit einem Glauben mithalten kann, der Gott auf dem Niveau des Katastrophalen selbst attackiert. Papst Gregor der Große, zitiert von Thomas von Aquin, trifft auch in dieser Beziehung den Nerv: »Die Vernunft kann sich mit größerer Wucht dem Bösen entgegenstellen, wenn der Zorn ihr dienstbar zur Hand geht.«[8] Um diesen Zorn geht es, auch Gott gegenüber.

---

[6] Wie dies Gerd Rudolf in einer Wortmeldung auf der Tagung angedeutet hat.
[7] Für meine Ausführungen verdanke ich viel den Gesprächen mit und der kritischen Lektüre meines Textes durch Dr. Ruth Fehling, Pforzheim.
[8] Thomas von Aquin: Summa Theologiae, IIa-IIae q. 158 a. 1, eindrucksvoll wiederentdeckt vom Kabarettisten Georg Schramm in einem Programm, gesehen in Wien, März 2013.

1. Entschuldigungen hat Gott nicht verdient

Es ist nicht selten das Problem von Verkündigung und Seelsorge, dass viele Menschen erfahren, wie wenig das gepredigte Wort in den Kirchen, wie wenig Begegnungen mit Seelsorgern und Seelsorgerinnen das Niveau ihrer eigenen Erfahrungen und Brüche erreichen, aber auch nicht die Tiefen und Untiefen Gottes: wenn man das Geheimnis Gottes verdinglicht und in den Kategorien der Berechenbarkeit und des Besitzes zu »haben« vermeint (einschließlich der Machtförmigkeit eines derart kalkulierten Gottes in den Händen derer, die ihn verwalten). Die Symbole verweisen dann nicht mehr auf eine dahinterliegende Transzendenz, sind dafür nicht mehr durchlässig, sondern verstopfen durch ihre Instrumentalisierung für anderes selbst das, wofür sie öffnen müssten. Und die Verkündigungssprache wird dann schnell, so »wahr« sie in ihrer Semantik sein mag, in solch positivistischem Gebrauch zum rigiden, beliebig wiederholbaren, erfahrungsentfernten und langweiligen Klischee.[9] Die Diarrhoe dieser Sprache wirkt obstipativ. Hans Scholl hat am 17. August 1942 an der Ostfront in seinem Russlandtagebuch im Abschnitt *Über Schwermut* geschrieben: »Es zieht mich manchmal schmerzlich hin zu einem Priester, aber ich bin misstrauisch gegen die meisten Theologen, sie könnten mich enttäuschen, weil ich jedes Wort, das aus ihrem Munde kommt, schon vorher gewusst hatte.«[10]

So täuscht unser reiches Sprachgefüge des Glaubens darüber hinweg, dass es dennoch nicht verfügbar ist für die suchenden, ansatzhaften und manchmal ursprünglich-evidenten Erfahrungen Gottes im Auf und Ab des Lebens. Dies gilt insbesondere für Erfah-

---

[9] Zur entsprechenden Sensibilität bei Sterbefällen im Bereich der Schulpastoral vgl. Hildegard Bonse: » ... als ob nichts passiert wäre«. Eine empirische Untersuchung über die Erfahrungen trauernder Jugendlicher und Möglichkeiten ihrer Begleitung durch die Schule, Ostfildern 2008.

[10] Zit. n. dem Vorwort von Hinrich Siefken zu der von ihm besorgten ersten vollständig kommentierten Ausgabe von Theodor Haecker: Tag- und Nachtbücher 1939–1945, Innsbruck 1989, 15.

rungen seiner Abwesenheit, seiner Sperrigkeit und Andersartigkeit. Es geht also darum, die Glaubenssemantik offen zu halten und diesem Offenhalten mit aller Vorsicht Ausdruck zu verleihen. Also in Richtung einer Dogmatik als Kunst, nicht nur für die Benennbarkeit Gottes einzustehen, sondern über die Grenzen hinaus das Geheimnis Gottes offen zu halten.

Oder wie Margit Eckholt danach gefragt hat, ob denn die kirchlichen Deuteprozesse tatsächlich sowohl die Komplexität und die Tiefe menschlicher Erfahrung wie auch die entsprechende Komplexität Gottes und seines über alles hinausgehenden Geheimnisses erreichen bzw. berühren, ob Glaube und darin Gott selber dicht an das Lebendige rühren.[11] Denn was nicht durch Christus berührt und angenommen wird, ist auch nicht erlöst. Oder anders: Ein die Welt liebender Gott gibt sich dafür her, die Welt und die Menschheit und die menschliche Seele bis auf den tiefsten Grund ihrer Existenz so anzunehmen, dass sich deren Existenz in ihm selber widerspiegelt, oder besser: auf allen Ebenen in Gott selbst vitalste Resonanz erfährt, sodass die Menschen sich als zerbrochene, als solche, die nicht nur gut sind, sondern auch abgrundtief böse sein können und sind, von Gott und in ihm substanziell geliebt erfahren können.

Vieles in meiner theologischen und pastoralen Ausbildung Ende der 1960er und Anfang der 1970er Jahre war darauf angelegt, Gott und den Glauben zu »verteidigen«. Diese Haltung der Apologie und Defensive reichte bis in seelsorgerliche Begegnungen hinein, wo Menschen mit schlimmen Erfahrungen konfrontiert wurden und wo ich mich unter dem Druck fühlte, ich müsste mich anstelle von Gott und zu seinen Gunsten antwortgebend verhalten. Erst nach einiger Zeit setzte sich die befreiende Haltung durch, dass ich zuerst auf der Seite der Leidenden (und nicht auf der Seite Gottes) zu stehen und mit ihnen, und damit auf der Seite des menschgewordenen Gottes, die Unergründlichkeit des Geschehens Gott gegenüber mit

---

[11] Vgl. Margit Eckholt: Möglichkeiten und Grenzen einer inneren Wahrheit in der Theologie, in diesem Band, 78f.

zu vertreten habe. So mickrig ist der allmächtige Gott nicht, dass er unsere Verteidigung bräuchte; er kann schon selbst die Verantwortung wahrnehmen, Antwort zu geben. Die Gläubigen sind dafür verantwortlich, dass Gott gewürdigt wird, zur Verantwortung gezogen zu werden. Dies geschieht im Horizont der Doxologie, denn nur ein Gott, der als solcher anerkannt wird, nämlich als allmächtiger, und nur ein Gott, der als Liebe geglaubt wird, kann Adressat dieses Zur-Verantwortung-Ziehens sein. Ein Gott, der weder allmächtig noch gut wäre, könnte niemals zur Verantwortung gezogen werden. Auch ein satanischer Gott käme niemals in diese Verlegenheit. Wer Gott entschuldigt, nimmt weder den Menschen noch Gott noch beider salvatorischen Kontakt ernst.

Auch die Menschen werden im Jüngsten Gericht nicht entschuldigt, sondern als Schuldige sehen sie sich der nunmehr unverstellten Liebe Gottes gegenüber und erfahren darin, so hoffen wir, den Reueschmerz über ihre Lieblosigkeit. Erst so kommt das Dogma von der »ewigen« Hölle zu seinem Ziel, wenn sie als Reueschmerz *in* der ewigen Liebe Gottes begriffen wird. Gott straft nie mit Lieblosigkeit, sondern in seiner unendlichen Liebe verschärft sich der Schmerz mehr, als es jede aus der Liebe aussperrende Strafe tun könnte.

Es gibt also, sofern man die Existenz eines Gottes annimmt, folgende Möglichkeiten:
– ein *liebender* Gott bleibt universal für alles, auch das Schlimme, verantwortlich;
– man spaltet Gott in sich selbst oder in einer Zweiheit in einen nur bösen und einen nur guten Gott; in einem solchen *Dualismus* wird der eine wie der andere Gottesanteil um seine Universalität gebracht;
– ein *satanischer* Gott ist selbst universal und will die Vernichtung all dessen, was er, auch an Gutem, geschaffen hat.

Die Bibel vertritt die erste Position. Innerhalb der Offenbarung ist die noch so kontrafaktische heilsökonomische Semantik eine kritische Quelle gegen alle Versuche, Gott so zu verfinstern, dass er alles von den Menschen will, aber sie dann doch als Personen nicht leben lassen will, bis hin zu jener Verfinsterung, dass Gott selbst in seiner Totalität zum Satan wird, der die Vernichtung des Menschen will und dem es von daher entweder völlig egal ist, wie sie leben, oder der sich am liebsten an ihrer Selbstzerfleischung ergötzt, wie Georg Büchner dies eindrucksvoll ins Bild gebracht hat.[12]

2. Biblische Untiefen Gottes

Die Bibel geizt nicht mit dem menschlichen Entsetzen über das, was als Gottes dunkle Seiten in der Geschichte erfahren wird, wie etwa in Psalm 88 oder in Psalm 22, wo Gott beschuldigt wird: »Du hast mich in den Staub gelegt!« (Ps 22,16) Dies erfährt auch der Menschensohn. In Solidarität mit den leidenden Menschen klagt der Gottessohn mit den Worten dieses Psalms. Es handelt sich um einen Schrei des Protests, nämlich des Zeugnisses für das Leiden der Menschen vor dem Angesicht und auch gegen das Angesicht des göttlichen »Vaters«. Es ist der Protest auf der Seite derer, die die Gottverlassenheit erfahren haben, gegen den Gott, der *letztlich* für diese Verlassenheit verantwortlich ist. Wer Gott diesbezüglich entschuldigen will, macht Gott zum Kleinbürger, der alles Böse auf andere schiebt, um selbst unschuldig dastehen zu können. Einen solchen, auf Gott projizierten »theologischen« Unschuldswahn darf man Gott nicht durchgehen lassen, zumal er Gott in seiner Allmacht nicht ernst nimmt. Denn er könnte das alles verhindert haben, was Gott ja als guter Gott hätte wollen sollen.

Jesus selbst führt die Klage gegen Gott an (vgl. Mk 15, 34): Heilsökonomisch-trinitarisch vollzieht sich am Kreuz ein spannungsintensives Szenario. Indem Gottes Sohn gegen den Vater, den Schöpfer, klagt, ist das Kreuz Gericht gegen Gott. Indem im Menschensohn Gottes Sohn selbst der Gewalt der Menschen anheimfällt, ist es das Gericht Gottes gegen die Menschen zugunsten aller

---

[12] Vgl. Georg Büchner: Dantons Tod, in: ders.: Sämtliche Werke (Tempel-Klassiker), Wiesbaden o. J., 7–77, hier: 73f.

Opfer. Und indem Jesus sein Kreuz als Sühne für die Täter begreift, wird das Kreuz zum Ort, von dem her er den Tätern Vergebung und Rettung zuspricht. Insofern ist das Kreuz tatsächlich »Symbol der Einheit aller Gegensätze und damit ein Heilssymbol«[13], aber um welchen Preis? Nicht nur um den Preis der Sühne für die Menschen, sondern auch der Sühne für die Schattenseiten der Schöpfung.

Mit Christus am Kreuz hat Gott keine erklärende Antwort gegeben, sondern Gott »reagiert« in einer anderen Form, zwar noch unzureichend (was ihren Erklärungswert anbelangt), aber höchst intensiv, in einer Form, die glauben und hoffen lässt. Denn die oft schreckliche Ambivalenz des Lebens ist nur auf dem analogen Erfahrungsniveau theologisch aushaltbar, das Gott hinsichtlich seiner Schöpfung im Inkarnationsgeschehen auf sich nimmt. Nicht nur affektloses Erinnern ist, wie Thomas Philipp verdeutlicht hat, wirkungslos[14], sondern auch der Glaube an einen affektarmen Gott, der nicht bis in die tiefsten Phasen seiner eigenen Wirklichkeit vom Schicksal der Menschen ergriffen wäre, der sich nicht einfühlen könnte bis zum Äußersten – nicht in einem romantischen, sondern in einem realistischen Sinn.

Dies hat Gott uns noch vor jeder »Sinnantwort« geoffenbart: dass er sich nicht heraushält, dass er nicht von außen zuschaut, sondern dass er selbst in dem gleichen Maße das Leid der Menschen erlebt, wie diese es erleben. Nur dadurch können die Opfer ihn als durch und durch glaubwürdig erfahren und ihn als den annehmen, der das Gericht gegen die Täter führen wird: nämlich nicht nur als der Anwalt der Opfer, sondern als durch und durch Mitbetroffener. An seiner Antwort wird bereits zu erfahren sein, dass Leid nur mit dem »aufgewogen« werden kann, was es selber ist, auch auf der Seite des Schöpfers und hier mit seinem substanziellen Mitleiden. Unterhalb dieses Niveaus kann es »später« keine befriedigende Antwort Gottes auf die Klagen der Menschen geben.

---

[13] Grün: Kreuz (s. Anm. 2), 8.
[14] Vgl. Thomas Philipp: Ohne Empathie keine Erkenntnis des ganzen Menschen, in diesem Band, 65.

Im Bild des Auferstandenen formuliert: Dadurch, dass Gott den Auferstandenen mit seinen Wundmalen (vgl. Lk 24,39f.; Joh 20,25.27f.), mit seinem Martyrium in sich hineinholt, holt er das Leiden der ganzen Menschheit, das Martyrium unserer Geschichte in sich hinein. Es ist der gekreuzigte Gott. »Ein Gott, der nicht mehr ohne die Foltermale Jesu denkbar ist.«[15] Diese im »Heiligen Geist« geschehende komplexe Vernetzung zwischen Gott und Mensch in Christus bestimmt auch die Qualität des Geistes zwischen dem Vatergott und der zweiten göttlichen Person in Gott selbst. In den Schreien und Klagen der Menschen schreit und klagt Christus, nicht nur innergeschichtlich, sondern zugleich als der in Gott existierende Gottessohn, wodurch das Leiden der Menschen in Gott selbst substanziell erlitten und derart gehört wird. Christus ist die offensive Öffnung zwischen Gott und der Welt. Und als diese Öffnung ist er eine Wunde, nicht heilend, bis alles heil ist. Diese Gotteswunde ist *das* Gotteswunder der christlichen Botschaft schlechthin.

Es gilt also beides: Wir denken Gott und Welt so, dass Gott »außerhalb« der Welt als ihr Gegenüber existiert, als Schöpfer, der die Welt geschaffen hat und dessen In-der-Welt-Sein dann als ein Eingriff von außen verstanden werden muss. Und: Mit Jesus Christus, dessen Geist in uns »seufzt« (vgl. Röm 8,25), ist uns Gott näher, als wir selbst es uns sind. So ist er nicht nur ein Außen, sondern ein zutiefst Innerstes. Und zwar in allem. Dann leidet er und freut sich schon immer in allem mit. Und bleibt darin Gott und unverfügbar.[16]

Um ihrer Selbstachtung willen müssten die Menschen einen noch so jenseitig mächtigen Gott ablehnen, der in sich selbst nichts mit dem Leiden der Menschen zu tun hätte. Man könnte ihm dann auch nicht mehr die Gesinnung abnehmen, dass er die Opfer retten will und die Täter zur Verantwortung zieht. So wäre die Allmacht

---

[15] Magnus Striet: Der vermisste Gott (2), in: Christ in der Gegenwart 64 (2012) 13, 165f., hier: 166.
[16] Vgl. Susanne Glietsch: »Was oben war, das wurde innen«: Religiöse Bildung im Horizont der Mystik, in: Ulrich Kropač – Georg Langenhorst (Hg.): Religionsunterricht und der Bildungsauftrag der öffentlichen Schulen, Babenhausen 2012, 208–222.

Gottvaters ohne die Leidempfindlichkeit des Menschensohns nur eiskalte Sphärenmusik. So wäre aber auch die Rede vom leidenden Gottessohn ohne die eschatologische Allmacht des Schöpfers eine deprimierende Hoffnungslosigkeit.

3. Zweifach verwundet

Dies ist keine sinnlose Verdoppelung des Leidens, von der niemand etwas hat; vielmehr ist hier die Rede von einer Dynamik, mit welcher der Gottessohn das negative Mysterium des Leidens in Gott selbst vertritt und darin »gegen« ihn klagt. Das menschliche Leiden wird dadurch nicht theologisch verklärt, sondern bekommt in seiner entsetzlichen negativen, syntheselosen Wirklichkeit einen Raum in Gott.

Indem die Unendlichkeit Gottes es ist, die die schärfsten Gegensätze zusammenhält, sind diese Gegensätze als solche ewig verschärft, sie treffen sich genauso(wenig) in der Unendlichkeit wie zwei Parallelen. Hier geht es also absolut nicht um das Muster hegelianischer Synthesen, sondern um das Gegenkonzept Adornos, nämlich um eine »negative Dialektik« sich ausschließender Mächte.[17] Gott ist nicht nur der ganz *andere,* sondern der ganz *unheilvolle* Gott. Dunkel ist nicht nur sein Geheimnis, rabenschwarz dunkel ist auch sein Motiv, diese Welt dem Grauen des Bösen und der Zerstörung auszusetzen.

Am Kreuz begegnet uns Gott an unserer verwundbarsten Stelle, verwundbar in dem Sinn, dass das menschliche Leben nicht nur an Freude, sondern auch an unvorstellbares Leid gebunden ist. Und zugleich begegnet uns Gott im Kreuz an unserer bösesten Stelle, an der grauenvollsten, und hält auch diese am eigenen Leib aus. Derart zum Opfer und derart (im Sinne von 2 Kor 5,21) »zur Sünde gemacht« reicht Gott Christus nicht nur in den tiefsten Kreis der Hölle von pas-

---

[17] Zum Begriff der negativen Dialektik vgl. Theodor W. Adorno: Negative Dialektik, Frankfurt a. M. 1975; Herbert Marcuse: Ideen zu einer kritischen Theorie der Gesellschaft, Frankfurt a. M. 1969, 185–190.

siver Leiderfahrung, sondern auch in den tiefsten Kreis der Hölle von aktiver Leidzufügung. Und darin reicht er auch in die Abgründe unserer Seele, die selbst auch an diesem tiefsten Grund noch ambivalent ist. Derart trifft zu, dass Christus nicht nur für *alle* Menschen gestorben ist, sondern immer auch für den *ganzen* Menschen.[18] In der Seele gibt es den Raum der Stille und unverletzbarer Gutheit. In der Seele gibt es aber auch den Raum höllischer Unterwelt, mit dem Trieb zu verletzen und zu zerstören. Wie Ludwig Uhland es in einem Gedicht über seine Alpträume formuliert:

Schwere Träume

Das war mir eine schwere Nacht,
Das war ein Traum von langer Dauer;
Welch weiten Weg hab ich gemacht
Durch alle Schrecken, alle Schauer!

Der Traum, er führt mich an der Hand,
Wie den Aeneas die Sibylle,
Durch ein avernisch dunkles Land,
Durch aller Schreckgestalten Fülle.

Was hilft es, daß die Glocke rief
Und mich geweckt zum goldnen Tage,
Wenn ich im Innern heimlich tief
Solch eine Hölle in mir trage.

4. Gott in der Gottverlassenheit

Das intensivste Merkmal der Beziehungsaufnahme des trinitarischen Gottes durch den Gottessohn und im Heiligen Geist mit der Menschheit ist, so paradox dies klingt, die Gottverlassenheit des

---

[18] Wie Thomas Philipp: Ohne Empathie keine Erkenntnis des ganzen Menschen, in diesem Band, 73, in seinen Ausführungen betont.

Gottessohnes. Am Kreuz trägt Jesus nicht nur das Leid der Menschen mit, wie es von Menschen zugefügt wird, sondern er trägt auch das Leid der Menschen an einem Gott, *der nicht hilft, der nicht heilt*. Es ist deshalb konsequent, dass der heidnische Hauptmann genau an der Stelle die Wahrheit des Sohnes Gottes erfährt, als dieser so gottverlassen stirbt: »Das ist Gottes Sohn!« (vgl. Mk 15,39)

Intensiver kann man die Verbindung von Gottverlassenheit und Gottesgegenwart in Jesu Geschichte, von daher auch weitergehend durch den Heiligen Geist, der zugleich der Geist des Auferstandenen ist, in unserer Geschichte und in unseren Geschichten kaum mehr zum Ausdruck bringen. »Dieser Schrei [...] stellt mitten in der Gründungsphase einer neuen Religion in aller [...] Radikalität die Kernfrage, ohne eine Antwort zu haben. Sie implantiert schonungslos den Atheismus und begründet paradoxerweise aus ihm die neue Religion.«[19]

Gott manifestiert sich auch in der Gottlosigkeit, in der Gottesferne, im Gotteskonflikt. Die Gottlosigkeit ist selbst Ausfaltung der mit Christus gegebenen Gottesdynamik. Denn schon die Nicht-Möglichkeit des Glaubens ist nicht nur um der Freiheit des Menschen willen von Gott in Kauf genommen, sondern wird von Gott selbst in der biblischen Kategorie der Erwählung aktiv betrieben. Gerade deswegen kann der Glaube die »Ungläubigen« gar nicht vom Heil ausgrenzen, er steht vielmehr für deren Rettung selbst. Dies erst recht, wenn Rudolf Bultmann doch mit seiner Vermutung ins Schwarze treffen sollte, dass Jesus am Kreuz alles, auch seinen Glauben verloren hat und derart mit den Nichtgläubigen ein Nichtgläubiger geworden ist. Denn *Jesus* hat den Anfangsvers des Psalms 22 nicht weiterbeten können, sondern ist darin stecken geblieben.[20]

---

[19] Aus der Bibelarbeit von Joachim Lux, Intendant des Hamburger Thalia Theaters, auf dem Evangelischen Kirchentag 2013 in Hamburg zum Ruf Jesu am Kreuz (»Mein Gott, mein Gott, warum hast du mich verlassen?«).
[20] Vgl. Thomas Söding: Macht und Ohnmacht des Gebetes, in: Zur Debatte (2012) 5, 21–23, hier: 23.

5. Gottes Reue

Wenn man Reue als jenen Vorgang definiert, in dem es einem Menschen leidtut, Leid zugefügt zu haben, wenn also die Reue mit einem Leid eigener Art verbunden ist, nämlich mit einem Resonanzleiden, das dem zugefügten Leid entspricht, dann nähert sich der Reuebegriff der Sühne. Denn auch die Sühne beinhaltet ein responsorisches Verhalten, das sich die Wiedergutmachung nicht weniger kosten lässt als das, was die Sühne erfordert. Auch die Sühne verbindet sich also mit der Übernahme eines »Leidens« und weiß darum, dass zugefügtes Leid nur auf dem entsprechenden Niveau bzw. in der entsprechenden Tiefe »beantwortet« werden kann.

Der nordamerikanische Theologe Ronald Goetz rekonstruiert den Tod Jesu Christi nicht nur als Gottes Sühne für die Sünden der Menschen, sondern auch als Sühne Gottes selbst, »nämlich dafür, dass in letzter Instanz er selbst es ist, der sowohl für das Böse wie auch für das Gute verantwortlich ist.«[21] Dass Gott in der zweiten göttlichen Person am Kreuz das Leiden der Menschen aushält, kann dann angesichts seiner Verantwortlichkeit für diese Welt als Sühne Gottes selbst verstanden werden: für diese Schöpfung, weil es in ihr so viel Böses und so viel Leid gibt.[22]

Man kann darin, von der menschlichen Leidensgeschichte her gesehen, auch so etwas sehen wie ein Hinabsteigen Christi in die »höllische« Tiefe Gottes, wie eine Sühne Christi für jene unerklärliche abgründig-dunkle »Tatenlosigkeit« Gottes, wie sie durch die Menschen leidvoll erfahren wird, für den aus unserer Perspektive (wie auch sonst) jedenfalls dunklen Teil Gottes, der als Gottverlassenheit bereits Ursache der Klage Jesu am Kreuz und der innergöttlichen Klage ist. So dass Gott die dunklen Erfahrungen seiner Wirk-

---

[21] Ronald Goetz: Jesus Loves Everybody, in: The Christian Century 109 (1992) 9, 275–277, hier: 276: Gewissermaßen stirbt Christus für Gottes »Verbrechen«. Zugleich protestiert er für alle Opfer gegen diesen Gott.
[22] Vgl. Ottmar Fuchs: Das Jüngste Gericht. Hoffnung auf Gerechtigkeit, Regensburg ²2009, 103–109.

lichkeit in der Geschichte der Menschen so betreffen, dass er dies in Christus als eigenem Sühneanteil (ein anderes Wort ist mir in diesem Zusammenhang nicht verfügbar) ausleidet, einem Sühneanteil, der den Menschen als göttliche Empathie zugutekommt und der in das verheißene Sühnewerk der Rettung des und der Verlorenen mündet. So wird der dreieine Gott zur Offenbarung seiner Leidempfindlichkeit mit den Leidenden, seiner Versöhnungsbereitschaft mit den Bösen und seiner Verantwortungsbereitschaft für beides.

In Christus zeigt sich nicht nur das Mitleid Gottes mit menschlichem Leiden, nicht nur der Versöhnungsschmerz mit den Verursachern von Leid, sondern auch der Schmerz darüber, dass »Gott Vater« dem Leiden und dem Bösen kein Ende setzt, ja, dass er es überhaupt in die Wirklichkeit gegeben hat. Diese Einsicht stelle ich neben die Einsicht Anselm Grüns: Dass Jesus uns als Liebender begegnet, deutet Grün »innerpsychisch«, d. h. das Leiden Christi spiegelt mir mein eigenes Leiden und hilft mir, das eigene Leiden wahr- und ernst zu nehmen und mich darin heilen zu lassen. Darüber hinaus ist zu betonen: dass Christus *wegen* uns und wegen Gott selbst leidet.

Das Sühneleiden eines guten Gottes, den es *reut* (eine durch und durch biblische Kategorie hinsichtlich der Einstellung Gottes den Menschen gegenüber[23]), dass er Leid zulässt und zugelassen hat, ist das Gegenteil von Selbstentschuldigung. Interessant sind hier die Psalmverse: »Und er sah ihre Not an, da er ihre Klage hörte, und gedachte an seinen Bund, den er mit ihnen gemacht hatte; und es reute ihn nach seiner großen Güte« (Ps 106,44f.). Diese Reue setzt einen Verursachungs- und Schuldzusammenhang voraus. In Psalm 106 reut Gott, was er selbst verursacht hat, was er verschuldet hat, nämlich sein Zorn gegenüber seinem Volk. Mitleid und Reue führen zur Sühne. So kann man sagen, dass Gott in seinem Mitleid für seinen »Zorn«, für das von ihm beim Volk verursachte Leid Sühne leistet.

---

[23] Vgl. Jan-Dirk Döhling: Der bewegliche Gott. Eine Untersuchung des Motivs der Reue in der Hebräischen Bibel, Freiburg i. Br. 2009.

Es ist zwar richtig, dass in der Bibel nicht von der Sühne Gottes die Rede ist. Aber wenn man die Semantik tatsächlich auch über die Bibel hinaus beweglich hält, kann, ja, muss man vielleicht sogar die in den biblischen Texten zum Vorschein kommenden Motive, vor allem das Motiv der Reue Gottes, durchaus auf das neue Motiv der unvertretbaren Sühne Gottes hin weiterführen: herausgetrieben von der neuen praktisch-hermeneutischen Lage angesichts der höllischen Erfahrungsseiten in dieser Welt, die mit der Shoah eine neue traumatische Wucht erhielten.

Das Faszinierende an Anselm von Canterbury war, dass er eben nicht daran glauben konnte, dass Gott einfach so, nämlich umsonst, vergibt. Umsonst schon, was die Menschen anbelangt, aber nicht umsonst, was Gottes Engagement selbst anbetrifft. Im Satisfaktionskonzept wird mit den damaligen, soziokulturell bedingten Kategorien rekonstruiert, dass diese Liebe Gott selbst unendlich viel kostet, nämlich dass sein Sohn Sühne für die Sünden der Menschen leistet. Anselms *Anliegen* hat bleibende Bedeutung: Bis hinein in die Vorstellungsmöglichkeit, dass Gott in der Menschwerdung »die Satisfaktion für seine eigene Schöpfungstat« leistet, »indem er sich als Sohn das zumutete, was er allen Menschen zumutet.«[24]

6. Das Diabolon im Symbolon

Dies ist keine Dämonisierung Gottes, die vorläge, wenn Gott koextensiv, also samt und sonders böse gedacht wäre. Gegenüber dieser satanistischen Position geht es mir mit dem Einbezug des aus menschlicher Perspektive Dämonischen in einen insgesamt guten Gott darum, dass es in Gott selbst eine Bewältigung des Dunklen gibt. Das Dunkel wird in Gott vom Licht überströmt und Luzifer wird wieder so sein, wie er heißt, sodass es derart zur »Versöhnung« von Himmel und Hölle kommt, in der in Gott selbst die alle Frei-

---

[24] Magnus Striet: Erlösung durch den Opfertod Jesu?, in: Zur Debatte (2012) 3, 19–21, hier: 21.

heit tragende Ge-walt der Liebe, getrieben im Sohn und im Heiligen Geist, in allem waltet.

Dies rettet eine Doxologie, eine Gottesanerkennung, die ihrerseits dem Dunklen gegenüber nicht blind ist. Damit sitzt man nicht über Gott zu Gericht, man beschuldigt Gott nicht in der Hybris von oben nach unten, sondern sucht und stottert eine hilflose Sprache, um ohne Verdrängung dessen, was alles aus dem Menschen angesichts des Übels herausdrängt, sanktionsfrei und angstfrei beten zu können. Gebetshermeneutisch kann nichts aus der Gottesbeziehung ausgeschlossen werden, solange sie doxologischer Ausdruck der Anerkennung des universalen und guten Gottes ist.

Darin, dass der Gottessohn radikal als gekreuzigter Menschensohn auch die innertrinitarische Beziehung zu Gottvater prägt, repräsentiert er so etwas wie die Verantwortungseinsicht Gottes, dass er der alleinige Schöpfer aller Dinge ist und letztlich für alles verantwortlich bleibt, auch für die Erfahrungen seiner selbst als dunkel und zerstörend. Selbstverständlich sind für die Erfahrungen des Leidens die Bosheit der Menschen, das Böse ihrer Strukturen und Technik, sowie die Katastrophen der Natur verantwortlich, doch kann man den Schöpfergott nicht aus seiner Gesamtverantwortung für das Gesamtgeschehen der Schöpfung bis zum heutigen und bis zum letzten Tag entlassen, denn sonst wäre er als letztverantwortlicher Schöpfer entlassen. So ist Striet zuzustimmen: »Denn weil Gott als vollkommene Liebe geglaubt wird, verschärft sich ja die Frage nach dem *Warum überhaupt?* der Abgründigkeit menschlichen Leidens – und doch wird zugleich die Antwort von dem erhofft, der sich als trinitarische Liebe erwiesen hat«[25]. Das letzte Warum dieses Zusammenhangs kann nur Gott selbst beantworten. Und diese Antwort wird niemals unterhalb des Niveaus dessen sein, was an Leid und Gottesfinsternis auszuhalten war.

---

[25] Magnus Striet: Konkreter Monotheismus als trinitarische Fortbestimmung des Gottes Israel, in: ders. (Hg.): Monotheismus Israels und christlicher Trinitätsglaube (Quaestiones disputatae 210), Freiburg i. Br. 2004, 155–198, hier: 197.

Der englische Visionär und Dichter William Blake (1757–1827) bringt ein ganzes Feuerwerk von unorthodox eigenwilligen Sichtweisen, vor allem wenn er Gott zuerst zerreißt, den Schöpfer als grausam und den Sohn als sanft und barmherzig auffasst, und dann doch beide zum Fest der Liebe, zur »Hochzeit« führt.[26] Dass in Christus am Kreuz Gut und Böse, Gottessohn und Satan »zusammenkommen«, diese staurologische (kreuzestheologische) *coincidentia oppositorum*, nämlich dass beide hochzeitlich, also in Liebe zusammenkommen, ist Bedingung der Erlösung vom Bösen und vom Leid. Im Anschluss an Thomas J. Altizer ist die Selbst-Annihilierung des Satans in Gott identisch mit der Sühne des Gottessohnes, die sich in seiner sich selbst aufopfernden Compassion mit den Opfern und für die SünderInnen ereignet.[27]

Für das Satanische in Gott, das, was den Menschen Böses und Leid bringt, steht die Sühne für das zugefügte Leid an, damit sich der weltliche und der innergöttliche Dualismus auflösen kann. Wer den *dia-bolos* aus Gott heraus exkludiert, bringt Gott um seinen real *sym-bolischen* Gehalt: dass beides in ihm in einer besonderen Weise zusammenfällt, nämlich beides in Liebe (trinitarisch ist dies der Heilige Geist) zu umfangen und zu retten in eine Welt hinein, wo sich Freiheit, Liebe und Glück die Hand geben. Auch nur mit einem einzigen Wesen in einer Hölle außerhalb dieser Liebe würde Gott um seine Universalität gebracht.

In diesem Sinn benötigen wir eine negative Theologie, nicht nur bezüglich des unendlichen Geheimnisses Gottes und seiner ewigen Entzogenheit, sondern hinsichtlich seiner Negativität im Sinne des Verursachens und Zulassens von Leid und Bösem, gewissermaßen eine diabolische Theologie, die das Satanische in Gott selber aufsucht. Wie bisher im christlichen Glauben geht es um das antidua-

---

[26] Vgl. Kathleen Raine: William Blake, London 1970, 60f.; vgl. auch Thomas J. Altizer: … daß Gott tot sei. Versuch eines christlichen Atheismus, Zürich 1968, 62–84.110–115.117ff.132–151.
[27] Vgl. Thomas J. Altizer: The Revolutionary Vision of Blake, in: Journal of Religious Ethics 37 (2009), 33–38.

listische Anliegen, dass Satan und Tod besiegt werden. Aber nicht durch den Hinauswurf Satans, sondern durch eine völlig unwahrscheinliche und universale Liebe, die Luzifer mit seinem Ursprung konfrontiert, mit dem Geschenk seiner Existenz, und zwar am tiefsten Abgrund seiner selbst. Dualistisch ist dagegen alles, wo eine Hölle bzw. ein Satan außerhalb des Machtbereichs Gottes, also seines Liebesbereiches, existieren könnte. Damit hätten wir aber nicht nur einen Dualismus zwischen Gut und Böse, zwischen Gott und Satan, sondern Gott selbst würde sich um seine allumfassende Gottheit bringen.

Der Unterschied zwischen dem Lichtträger Luzifer und der Lichtgestalt des Auferstandenen liegt darin, dass der Auferstandene als verklärte Lichtgestalt die Wunden zeigt, die er in seiner Verwundbarkeit für das Leid, für die Schuld der Menschen und die Schuld Gottes trägt, und genau diese Wunden sind das Wahrheitszeichen seiner Identität. Luzifer, der Lichtträger, wird deswegen dunkel, weil er sich nicht verletzen lassen will. Der sogenannte ungläubige Thomas fragt und zweifelt also zielsicher. Man könnte aus dieser Perspektive diese Perikope auch dahingehend auslegen, dass es gar nicht so sehr das Problem war, dass Thomas nicht geglaubt hätte, dass Christus auferstanden sei, sondern dass er nicht sicher war, ob denn der Auferstandene tatsächlich der Verwundbare und Verwundete ist. Was also den Luzifer, den Satan zum Satan macht, ist nicht zuerst sein Stolz, vielmehr ist der Stolz selber die Folge seiner Sehnsucht, unverwundbar zu sein. Im Auferstandenen wird er sich neu erkennen können.

Natürlich ist dies alles aus menschlicher Perspektive gedacht, aber aus welcher denn sonst? Darin jedenfalls konsequent, auf der Suche nach einem universal liebenden Gott, dessen Liebe die höllischsten Untiefen der Schöpfung (und Gottes selbst) unendlich »umfasst« und in die Ewigkeit hinein ausbrennt. Die Alternative wäre: dass nicht nur die Welt, sondern auch Gott in sich zerfällt. In beiden Fällen steht Gottes unendliche »Größe« selber auf dem Spiel, spirituell die Doxologie, nämlich Gott im Gebet und in der Anbetung größer sein zu lassen als alles und auch als alle Gegensätze der Welt.

7. Täterpastoral

Es geht bei Christus also nicht nur um ein Mitleiden mit den Opfern, sondern auch um ein Mitsündersein mit den Sünderinnen und Sündern, also auch um ein »Mitbösesein« mit ihnen (im Gegensatz zur apotropäischen Abwehr, als hätte man mit dem Bösen der anderen nichts zu tun) und darum, als solcher Täter behandelt zu werden, einschließlich des Mitböseseins mit den ruinösen Anteilen Gottes selbst. Dabei wird das Mitleiden mit den Opfern zur Ausdrucksform der Sühne, stellvertretend für die sündigen Menschen und für Gottes Anteil an ihrem Elend. Damit ratifiziert Christus im Kreuzigungsgeschehen, was er in seinem Verkündigungsleben gezeigt hat: Er kommt nicht nur den Leidenden rettend nahe, sondern auch den Sündern und Sünderinnen kommt er versöhnend nahe. Beide berührt er mit seiner Liebe.

Nach Ottmar John gehört es zur kritischen Methode Walter Benjamins, »die Wahrheit der Unterdrückung bei den Unterdrückern zu erfahren«[28]. Dies gilt auch für einen christlich vertieften Solidaritätsbegriff: Die Wahrheit der Solidarität mit ihnen bzw. der Sünde gegen sie ist nicht nur bei den Opfern zu erfahren, sondern am Ort der Sünder und Sünderinnen selbst. Wir werden um der Solidarität mit den unter der Sünde anderer Leidenden willen lernen dürfen, den Sündern und Sünderinnen in uns und um uns nahezukommen. Jesus hat die Destruktion, die sich Menschen antun, bekämpft, aber nicht durch Distanzierung von den Sündern und Sünderinnen, sondern durch eine umso größere Nähe zu ihnen. Ihnen gegenüber legt er absolut keine Berührungsängste an den Tag. In solchen Begegnungen hat er sie zur Umkehr aufgerufen und je nach Reaktion versöhnt bzw. mit ihnen gestritten und sie prophetisch beschimpft. Zur christlichen Dimensionierung der Solidarität gehört folglich, dass jene, die sich in die Dynamik der Solidarität hineinbegeben,

---

[28] Ottmar John: »… und dieser Feind hat zu siegen nicht aufgehört« – die Bedeutung Walter Benjamins für eine Theologie nach Auschwitz (Münster Univ. Diss. 1982), 216 [Maschinenmanuskript].

sich auch auf die Suche nach dem Bösen, nach dem Unsolidarischen in sich selbst machen, auch schon in seinen »schwachen Signalen«.

Für die diakonische Pastoral hätte dies schon längst in weit größerem Umfang bedeutet, nicht nur den leidenden Menschen nahezukommen, sondern auch den Tätern, Verursachern und den Bösen.[29] Für die Elisabethlegende würde das bedeuten, dass Elisabeth nicht nur den leidenden Aussätzigen in ihr Ehebett nimmt, sondern auch den Verbrecher.[30]

So unmöglich und ungewöhnlich uns diese Dimension christlicher Pastoral erscheint, so notwendig wäre sie im Horizont einer Christologie und Theologie, in der niemand und nichts exkludiert wird und die gleichwohl auf einen salvatorischen Gott setzt. Kontrafaktisch zur Wirklichkeit genauso wie zur Unwahrscheinlichkeit eines solchen Glaubens. Und die Kirche würde zum Ort werden, wo in Christus nicht nur bedrängten Menschen beigestanden wird, sondern wo auch in genau dieser Form mit Christus stellvertretende Sühne gelebt wird für jene Anteile der Menschen und Gottes, die von den Menschen als ruinös erlebt werden. Dann steht die Kirche für einen guten Gott nicht unterhalb des Niveaus des Leidens und des Bösen ein; sie muss Gott dann nicht mehr verteidigen oder gar entschuldigen, sondern kann ihn in der Doxologie als den lobpreisen, der auch noch einmal größer und weiter ist als alle diesseitigen Gegensätze und sie auf eigene Kosten umfängt.

---

[29] Zu dieser Einsicht als konstruktive Provokation der Caritasseite der Kirche vgl. Ottmar Fuchs: Den Glauben bezeugen – in sozialem und politischem Engagement. Kriterien und Perspektiven, in: Rainer Krockauer – Manfred Körber (Hg.): Glaubenszeugnisse in sozialer Arbeit und Diakonie, Berlin 2008, 37–69.

[30] Vgl. Ottmar Fuchs: »Unmögliche« Gegenwart der Gabe. Elisabeth und Derrida als akute Provokation, in: Franz Gruber u. a. (Hg.): Geistes-Gegenwart. Vom Lesen, Denken und Sagen des Glaubens, Frankfurt a. M. 2009, 155–178.

8. Am Ende bleibt die Doxologie

Gotteslob und Anbetung bilden den spirituellen Erfahrungsraum eines Gottes, der in keinem Erfahrungs-, Interessen-, und Intentionenbezug, auch nicht im Interesse geheilt bzw. ganz zu werden, aufgeht. In der Doxologie geht es darum, Gott die Radikalität seines Gottseins zu lassen. Die Doxologie entspricht als äußere Mystik jener inneren Mystik, die Gott größer sein lässt als das eigene Ich, größer sein lässt als alles auf der Welt. In ihr kommt zum Ausdruck: Weder Gott noch Glaube gehen in den Kategorien und Erfahrungen von Sinn, von Heil, von Heilung oder Gesundheit und Wohlergehen, auch nicht von Plausibilität und Therapie auf.[31]

Die Doxologie bringt in die Gebetssprache, was auch das Wesen der inneren Doxologie der Mystik ist, nämlich am Ende alles Kategoriale abzugeben und sich der Unendlichkeit Gottes zu überlassen. Dieses »sich« bezieht sich auf ein ambivalentes Selbst, das sich als solches in die Hand Gottes hinein loslässt, in der Hoffnung, dass Gott substanziell all diese Tiefen und Untiefen umfängt.

Die Mystik ist der Ort, wo man auch über die Verzweiflung hinaus Gott Gott und größer als die eigene Not sein lässt und wo so die Sehnsucht nach Rettung einen Hoffnungsschimmer erhält. In unübertroffener Verdichtung bringt Ijob diese Doxologie zum Ausdruck, die als menschliche Antwort auf Gottes Allumfassung al-

---

[31] Auch die Therapie selbst geht nicht in Heilung auf, wie Gerd Rudolf: Zwischen Theologie und Psychotherapie, in diesem Band, 113–115, zum Ausdruck bringt: Die Therapie kann in den wenigsten Fällen heilen, weder nach innen noch nach außen in die Gesellschaft hinein. Sie kann nicht verändern, dass es auf dieser Welt nicht gerecht zugeht, aber sie kann sich solidarisch um jene Haltung bemühen, in der ein menschenwürdiges Aushalten der Gebrochenheit menschlichen Lebens und zugleich Formen konstruktiven Verhaltens möglich werden. Auch in der Therapie überwiegt die Erfahrung der Fragmentarität, dahingehend, dass Therapien selten gut ausgehen. Heilung ist nicht Gegenstand der Therapie, sondern Begleitung. Oder, mit Thomas Bernhard, der auf der Tagung entsprechend zitiert wurde, formuliert: die Aufhebung der Ablenkung vom eigenen Selbst; und die Erfahrung einer Bedeutsamkeit, die tief und untief genug ist, dieses Selbst zu erreichen (vgl. Thomas Bernhard: Minetti, in: ders.: Stücke 2, Frankfurt a. M. 1988, 242).

ler Wirklichkeit selbst alles zu umfassen versucht und dieses alles, soweit es der Mensch erfährt, in das unendliche Alles Gottes abzugeben vermag: »Der Herr hat's gegeben, der Herr hat's genommen; der Name des Herrn sei gelobt.« (Ijob 1,21)

Wahrnehmungen – Beobachtungen – Klarstellungen

von Anselm Grün OSB

Zunächst möchte ich mich bedanken für Ihre offenen und ehrlichen Beiträge. Ich habe bei dieser Tagung Wertschätzung erfahren. Auch die Kritik an meinen Positionen war immer von Wertschätzung und Achtung getragen. Ich bin auch dankbar dafür, dass meine Bücher gerne von vielen Leuten gelesen werden. Ich weiß, dass es nicht mein Verdienst ist. Ich war in der Schule ein ehrgeiziger Schüler. Aber Deutsch war nicht mein bestes Fach. Und ich bin erst im Studium aufgewacht, um möglichst viel zu lesen. Und damals habe ich auch versucht, im Schreiben für mich selbst manche Zusammenhänge klarer zu sehen. Dass meine Bücher einen solchen Erfolg haben, hätte ich nie gedacht. Und ich bekenne auch, dass es eine bestimmte Konstellation war, die diesen Erfolg herbeigeführt hat. Nach den großen Theologen der sechziger und siebziger Jahre entstand gleichsam ein Vakuum. Die spirituelle Sehnsucht war groß. Aber das Interesse an der Theologie ließ nach. In dieses Vakuum stießen meine Bücher, ohne dass ich das so geplant hätte. Ich habe meine Bücher überhaupt nicht geplant. Ich habe einfach immer geantwortet auf Fragen, die mich selbst bewegen, und auf Fragen, die mir die Menschen in Kursen und Gesprächen stellten.

Ich bin dankbar, dass die Menschen meine Sprache verstehen. Aber mir ist bewusst, dass ich keine Sprache habe, die die Menschen immer erreicht. Es ist auch eine begrenzte Sprache. Und ich spüre, dass ich die Sprache nicht als Besitz habe. Ich bin vielmehr immer neu auf der Suche nach einer Sprache, die mich zufrieden stellt und die die Herzen berührt. Auch wenn ich schon oft über Weihnachten und Ostern gepredigt habe, muss ich mich immer wieder neu fragen: Was heißt es wirklich, dass Gott Mensch geworden ist, dass Jesus gestorben und auferstanden ist? Ich kann meine Antworten nicht einfach zementieren. Ich muss sie immer wieder neu finden, weil auch in mir immer neue Fragen auftauchen. Ich halte es da mit Peter Handke. Er spricht davon, dass er mit Worten den Schlüssel sucht, der das Geheimnis der Dinge aufschließt. So fühle ich mich auch. Manchmal denke ich: Ich habe schon über alle Themen geschrieben. Aber dann reizt es mich doch wieder, ein neues oder ähnliches Thema wieder zu bearbeiten und nach dem Schlüssel zu suchen, der mir das Geheimnis Gottes und das Geheimnis meines Menschseins von neuem aufschließt.

Manche werfen mir vor, dass ich über alles schreibe. Natürlich werde ich manchmal von Verlagen gedrängt, über dieses oder jenes Thema zu schreiben. Aber ich höre dann immer in mich hinein. Nur, wenn in mir etwas anspringt, wenn ich Lust verspüre, über dieses Thema zu schreiben, sage ich zu. Typische Kirchenthemen und Strukturthemen interessieren mich nicht. Da bin ich sicher auch einseitig. Doch es interessiert mich immer wieder, biblische Texte auszulegen, Riten katholischer Liturgie zu deuten, die Symbole katholischer Volksfrömmigkeit für den modernen Menschen zu erschließen. Ich bin Missionsbenediktiner. Und so ist es auch ein missionarisches Anliegen, in dieser Welt, in der immer mehr spirituell suchende Menschen sich für östliche Religionen interessieren, den Reichtum der christlichen Tradition so zu vermitteln, dass die Leute spüren: Da steckt viel Weisheit und Menschenfreundlichkeit in der christlichen Tradition.

Mir ist dabei die Weisheit der frühen Kirche wichtig geworden. Die frühe Kirche hat die heidnischen Traditionen – etwa der Griechen, der Römer, der Kelten, der Germanen – nicht ausgerottet, sondern in den christlichen Weg integriert, sie gleichsam getauft. Ein Beispiel: Jacobus de Voragine erzählt bei der Schilderung des Festes Mariä Lichtmess am 2. Februar, dass die Römerinnen an diesem Tag in Rom eine Lichterprozession veranstalteten, um ihre verlorenen Töchter zu suchen. Dieses Ritual hing mit dem Mythos der Proserpina zusammen, die von Pluto geraubt worden ist und die Zeit vom 1. November bis 2. Februar in der Unterwelt verbringen musste. Jacobus meinte nun: Als die Römerinnen Christinnen geworden waren, hielten sie an diesem Ritus fest. Papst Sergius wusste, dass man einen so andächtigen Brauch nicht abschaffen kann. Also gab er ihm eine neue Bedeutung. Er taufte den Brauch gleichsam. Er spürte, dass in diesem heidnischen Brauch eine Ursehnsucht steckte, auf die er durch das christliche Fest antwortete. Ich habe das einmal bei einem Segensgottesdienst zu diesem Fest in einem Ritual aufgegriffen. 400 Leute gingen mit brennenden Kerzen schweigend durch die dunkle Kirche, um ihre verlorene Mitte, die verlorenen Ideale, die verlorene Begeisterung, die verlorene Kraft, die verlorenen Wurzeln zu suchen. Da spürte ich, dass ein christliches Ritual durch die Bilder der heidnischen Tradition auch im christlichen Sinn neu die Herzen der Menschen und ihre Sehnsucht berührt. Ich verband dieses Bild mit dem Gleichnis von der verlorenen Drachme (Lk 15,8–10). Da mahnt uns Jesus auch, uns auf die Suche zu machen, in den Räumen unserer Seele nach der Drachme – für die Kirchenväter ein Bild für Christus in uns – zu suchen.

Ich habe in Rom an der Benediktinerhochschule Sant'Anselmo gerne und mit großem Ehrgeiz Theologie studiert. Ich habe jeden Tag 150 Seiten theologische Literatur gelesen, viel Exegese, viele protestantische Autoren wie Friedrich Gogarten, Gerhard Ebeling und Rudolf Bultmann, aber auch die deutschen, französischen und niederländischen Theologen im katholischen Bereich. Wenn ich jetzt schreibe, habe ich die Theologie im Hinterkopf. Aber ich habe immer konkrete Menschen vor Augen, um ihnen aus dem theologischen Hintergrund heraus auf ihre Fragen Antworten zu geben, die mich selbst und die die andern befriedigen. Das ist ein ständiges Suchen. Dass ich da manchmal einseitig bin, dass ich manches – etwa die kirchliche Situation oder die politische Dimension – ausklammere, das ist mir bewusst. Ich stelle mich auch der Kritik und frage mich immer: Was ist daran berechtigt? Wo bin ich einseitig? Aber ich stehe dann auch zu meiner Einseitigkeit. Allerdings möchte ich doch einige Vorwürfe relativieren.

Da ist der Vorwurf, ich würde eine Wellness-Spiritualität verkünden. Ich komme aus einer sehr rigiden asketischen Tradition, in der ich mit meinem Willen alle meine Fehler ausradieren wollte. Doch mit diesem reinen Asketismus bin ich gescheitert. Und daher ist mir der barmherzige Umgang Jesu mit den Menschen zum Vorbild geworden. Das bedeutet auch einen barmherzigen Umgang mit mir selbst. Das hat aber mit Wellness nichts zu tun. Ein anderer Vorwurf lautet, ich sei Esoteriker oder ein Synkretist, der die Religionen miteinander vermische. Ich versuche, auf die Sehnsucht der Esoterik einzugehen, aber dann eine christliche Antwort zu geben. Da weiß ich mich in der Gemeinschaft mit Johannes, der in seinem Evangelium die Schlagworte der Gnosis aufgegriffen hat – wie Licht, Leben, Weg, Erleuchtung, Wahrheit – und sie doch zugleich kritisiert und christlich gedeutet hat. Ich führe einen Dialog mit anderen Religionen, vor allem mit dem Buddhismus und Hinduismus. Aber es geht mir nicht um Vermischung, sondern darum, eine christliche Antwort zu formulieren auf die Fragen, die andere Religionen uns stellen. Auch darin weiß ich mich in Gemeinschaft mit Paulus, der im Zweiten Korintherbrief auf die Mysterienkulte seiner Zeit reagiert hat, und mit dem Zweiten Petrusbrief, der die christliche Botschaft auf dem Hintergrund der religiösen Strömungen im Hellenismus neu formuliert hat. Ähnliches gilt vom Vorwurf, ich würde zu viel Psychologie in die Theologie hineinbringen. Für mich ist der Dialog mit der Psychologie wichtig. Theologie ist seit der Bibel immer im Dialog mit der jeweiligen Philosophie und Psychologie entstanden. So hat Lukas manches im Evangelium als Antwort auf die stoische Philosophie verstanden. Und Paulus kannte offensichtlich auch die stoische Philosophie, wenn er die Christen ermahnt, die Werte der Philosophie in ihrem christlichen Leben zu verwirklichen: »Was immer wahrhaft, edel, recht, was lauter, liebenswert, ansprechend ist, was Tugend heißt und lobenswert ist, darauf seid bedacht!« (Phil 4,8)

Ein anderer Vorwurf kommt von evangelikaler Seite. Die wirft mir vor, ich würde in meiner Erlösungslehre das Zentrum des Glaubens, dass Christus am Kreuz unsere Schuld gesühnt hat, leugnen. Ich weiß mich aber da im Einklang mit Papst Benedikt XVI. und vielen katholischen und evangelischen Theologen, die die Vielfalt der biblischen Antworten auf die Frage, wie wir die Erlösung durch das Kreuz verstehen können, in ihrer Theologie berücksichtigen.

Eine andere Frage bezieht sich auf den Umgang mit Leid, mit Verzweiflung, mit den dunklen Gottesbildern. Ich spüre, dass jeder da immer auf dem Hintergrund seiner eigenen Lebenssituation seine Theologie entwickelt. Ich bin dankbar für die Erfahrung von Geborgenheit und zugleich von Freiheit, die mir meine Eltern vermittelt haben. Dass meine Theologie für manche zu optimistisch klingt, versuche ich wahrzunehmen und zu verstehen. Ich stelle mich durchaus dem Leid und der Verzweiflung der Menschen. Ich gebe immer wieder Kurse für Trauernde und speziell für verwaiste Eltern, die ein Kind verloren haben – durch Krankheit, Unfall und häufig auch durch Suizid. Ich bin da sehr vorsichtig, eine Antwort zu geben. Ich möchte auf gar keinen Fall mit frommen Worten vertrösten oder mit Gott die Verzweiflung der Menschen zudecken. Trost kommt von Treue und meint: einfach stehen bleiben beim Trauernden, seine Tränen, seine Verzweiflung, seine Rebellion, seine Klage aushalten, ohne mit einer »Sinnkeule« darauf einzuschlagen. Erst nach einem langen Schweigen und Aushalten kann ich dann überlegen: Was ist die Botschaft des Verstorbenen an mich? Und wie finde ich eine neue Beziehung zu ihm und zu mir selbst?

Ich kann keine Antwort geben auf die Frage nach dem Warum des Leids oder des Bösen. Alle Antworten, die die Theologie gegeben hat – Preis der Freiheit, Pädagogik Gottes usw. – stellen mich nicht zufrieden. Ich weiß nicht, was Gott sich denkt. Ich kenne seine Gedanken nicht. Ich kann mich nicht über Gott stellen. Die einzig intellektuell vertretbare Antwort ist für mich die Antwort, die Karl Rahner gibt. Er sagt: Das Leid ist unbegreiflich. Das Leid will in seiner Unbegreiflichkeit ausgehalten werden. Aber die Unbegreiflichkeit des Leids entspricht der Unbegreiflichkeit Gottes. Auch Jesus gibt uns keine Antwort auf die Frage nach dem Warum. Und sein Schrei am Kreuz gibt uns die Erlaubnis, unsere eigene Verzweiflung vor Gott auszudrücken. Aber Jesus gibt durch sein Leben und Leiden eine Antwort, wie wir mit dem Leid umgehen können. Und da ist für mich – in einer weiterführenden Interpretation von Lk 24,26 – der Grundsatz wichtig: Das Leid zerbricht unsere Vorstellungen von uns selbst, vom Leben und von Gott. Wenn wir durch das Leid unsere Vorstellungen zerbrechen lassen, werden wir aufgebrochen für unser wahres Selbst, aufgebrochen für neue Möglichkeiten des Lebens und aufgebrochen für den ganz anderen Gott. Wenn wir aber festhalten an unseren Vorstellungen, werden wir am Leid zerbrechen. Ein Beispiel: Eine Frau lebte gesund und ernährte sich gesund. Dann bekam sie vom Arzt die Diagnose einer Autoimmunkrankheit. Sofort suchte sie die Schuld bei sich: Was habe ich verkehrt gemacht? Habe ich gegen mich selbst gekämpft, mich selber abgelehnt? Ich sagte ihr: »Lassen Sie die Deutung. Wir wissen es nicht, warum Sie diese Krankheit haben. Sie ist Ihnen widerfahren. Sie zerbricht Ihre Vorstellungen von sich, vom Leben und von Gott.« Die Krankheit zerbrach die Illusion, als ob ich durch eine gesunde Ernährung meine Gesundheit garantieren könnte. Weder durch eine gesunde Ernährung noch durch eine gute Psychologie, noch durch eine authentische Spiritualität können wir unsere Gesundheit garantieren. Die Krankheit zerbricht die Illusion, dass ich immer stark bin und mein Leben in der Hand habe. Und sie zerbricht das Bild von Gott, der mich belohnt für mein gutes Bestreben. Die Frau versuchte, an ihren Vorstellungen festzuhalten. So klagte sie sich selbst an und dann die Ärzte, sie hätten sie falsch behandelt. Für mich ist der Ritus des Brotbrechens in der Eucharistie ein Weg, mit dem Leid umzugehen: Wir brechen den Leib Jesu Christi, der für uns am Kreuz zerbrochen wurde, damit wir nicht zerbrechen an dem, was uns widerfährt, sondern aufgebrochen werden für unser wahres Selbst, für unsere Brüder und Schwestern und aufgebrochen werden für den unbegreiflichen Gott.

Ich möchte auf die Frage des Leids und der Verzweiflung antworten mit Friedrich Nietzsche, dem man wohl keine Banalisierung des Christentums vorwerfen kann. Er hat in seiner Rebellion gegen christliche Werte durchaus ein Gespür gehabt für das, was Jesus uns eigentlich vermitteln wollte. Und er hat an sich gelitten wie wohl kaum ein anderer. In den nachgelassenen Schriften heißt es sinngemäß: »Wo Verzweiflung und Sehnsucht sich paaren, da ist Mystik.« Wir sollen die Verzweiflung nicht durch fromme Worte zudecken. Aber wir sollen uns auch nicht in sie vergraben. Es gilt, die

Verzweiflung mit der Sehnsucht zu verbinden. Dann geschieht der Sprung in die Mystik. Mystik ist hier keine sichere Erfahrung Gottes, auf der wir uns ausruhen können, sondern immer wieder ein Springen aus der Verzweiflung in das Vertrauen, aus der Dunkelheit in das Licht, aus der Zerrissenheit in die Ahnung von Einswerden.

Was Friedrich Nietzsche in diesem Wort ausgedrückt hat, das möchte ich in meiner Theologie vermitteln. Ich möchte nichts verdrängen, nichts zudecken, sondern die Erfahrungen anschauen, die ich selber mache und die mir die Menschen erzählen, und sie verbinden mit dem anderen Pol, mit dem Pol des Glaubens und der Hoffnung, dass die Verzweiflung nicht das letzte Wort ist. Ich verstehe meine Theologie als Brückenbauen. Meine älteste Schwester ging 1955 nach Frankreich als Au-pair. Viele Bekannte warnten sie, das sei doch zu gefährlich. Die Franzosen würden die Deutschen wegen der letzten beiden Kriege hassen. Mein Vater sagte zu meiner Schwester: »Geh und baue Brücken!« Diesen Auftrag meines Vaters habe auch ich verinnerlicht. Ich möchte Brücken bauen zwischen den Erfahrungen der Menschen und der christlichen Botschaft, zwischen meiner eigenen Erfahrung und den Erfahrungen der Menschen, die ich begleite, zwischen den verschiedenen Strömungen der Spiritualität in der Kirche. Ich habe Vorträge gehalten vor konservativen Kreisen in Wigratzbad, in evangelischen Freikirchen, vor Buddhisten. Ich habe keine Berührungsängste. Aber ich weiß mich immer fest verwurzelt in der christlichen Tradition. Und ich vertraue darauf, dass die Weisheit der christlichen Tradition auch heute die Menschen berührt. Ich möchte mit meiner Theologie nicht belehren, sondern die Menschen mit der Weisheit ihrer Seele in Berührung bringen. Damit weiß ich mich mit meinem großen Lehrer Karl Rahner und natürlich mit meinem Namenspatron Anselm von Canterbury verbunden, der die christliche Botschaft so verkünden wollte, dass die Menschen sie verstehen und dass sie dadurch in Berührung kommen mit dem inneren Wissen ihrer Seele.

Lebenslauf von Pater Anselm Grün

1945	Anselm Grün wird am 14.1. in Junkershausen, Rhön, geboren
1964	Abitur in Würzburg, Eintritt in die Abtei Münsterschwarzach
1965–1971	Studium der Philosophie und Theologie in St. Ottilien und Rom, Sant' Anselmo
1971	Priesterweihe
1974	Promotion zum Dr. theol. mit der Arbeit: »Erlösung durch das Kreuz. Karl Rahners Beitrag zu einem heutigen Erlösungsverständnis«. Doktorvater war P. Magnus Löhrer OSB aus der Abtei Einsiedeln
1974–1976	Studium der Betriebswirtschaft in Nürnberg
Seit 1970	Teilnahme an Kursen in Meditation sowie an gruppendynamischen Kursen. Psychologische Kurse bei Graf Dürckheim in Rütte (bei Todtmoos im Schwarzwald). Auseinandersetzung mit der Psychologie C. G. Jungs
Seit 1975	Auseinandersetzung mit den Quellen der monastischen Tradition (vor allem Evagrius Ponticus, Johannes Cassian und den Wüstenvätern) und Verknüpfung mit der Psychologie C. G. Jungs
1977–2013	Cellerar (wirtschaftlicher Verwalter) der Abtei Münsterschwarzach
	Daneben: Kurstätigkeit, Vortragstätigkeit, Autor zahlreicher Bücher (etwa 300 mit einer Gesamtauflage von über 19 Mio. Exemplaren und Übersetzungen in 35 Sprachen). Er versucht, die geistliche Tradition des Christentums, aus der Bibel, dem Mönchtum, der Liturgie und dem Kirchenjahr, für die Menschen von heute fruchtbar zu machen, indem er sie mit psychologischen Einsichten vergleicht und ihre heilende Wirkung beschreibt.
Seit 1991	Geistlicher Begleiter im Recollectio-Haus, einem Haus für Seelsorger/innen und Ordensleute in Krisensituationen

Verzeichnis der Mitarbeiterinnen und Mitarbeiter

François-Xavier Amherdt (geb. 1957), Dr. phil., Dr. theol. habil., Professor für Pastoraltheologie, Religionspädagogik und Homiletik an der Universität Freiburg (Schweiz).

Margit Eckholt (geb. 1960), Dr. theol., Professorin für Dogmatik und Fundamentaltheologie an der Universität Osnabrück.

Ruth Fehling (geb. 1970), Dr. theol., Pastoralreferentin und Freie Mitarbeiterin in der Erwachsenenbildung in Pforzheim.

Eckhard Frick SJ (geb. 1955), Dr. med. habil., M.A., Facharzt für Psychosomatische Medizin, Psychiater und Psychoanalytiker, Professor an der Hochschule für Philosophie in München, Professor für Spiritual Care an der Medizinischen Fakultät der Ludwig-Maximilians-Universität München.

Ottmar Fuchs (geb. 1945), Dr. theol. habil., Professor für Praktische Theologie an der Eberhard Karls Universität Tübingen.

Anselm Grün OSB (geb. 1945), Dr. theol., Schriftsteller, geistlicher Begleiter im »Recollectio-Haus« der Abtei Münsterschwarzach.

Ulrich Luz (geb. 1938), Dr. theol. habil., emeritierter Professor für Neues Testament an der Universität Bern.

Dietmar Mieth (geb. 1940), Dr. theol. habil., emeritierter Professor für Theologische Ethik unter besonderer Berücksichtigung der Gesellschaftswissenschaften an der Eberhard Karls Universität Tübingen, Fellow des Max-Weber-Kollegs für kultur- und sozialwissenschaftliche Studien an der Universität Erfurt.

Thomas Philipp (geb. 1965), Dr. theol., Leiter der katholischen Hochschulseelsorge in Bern (aki), Schriftsteller.

Josef Römelt CSsR (geb. 1957), Dr. theol. habil., Professor für Moraltheologie und Ethik an der Universität Erfurt.

Gerd Rudolf (geb. 1939), Dr. med., Facharzt für Psychotherapeutische Medizin, emeritierter Professor für Psychosomatik und Psychotherapie und ehemaliger Leiter der Psychosomatischen Universitätsklinik Heidelberg.

Jochen Sautermeister (geb. 1975), Dr. theol., Dr. rer. soc., Akademischer Rat auf Zeit am Lehrstuhl für Moraltheologie an der Ludwig-Maximilians-Universität München, Psychologischer Ehe-, Familien- und Lebensberater.

Jörg Schwaratzki (geb. 1981), M.A., Assistent am Lehrstuhl für Pastoraltheologie, Religionspädagogik und Homiletik an der Universität Freiburg (Schweiz).

Basil Schweri (geb. 1982), MTh, Mitarbeiter der katholischen Hochschulseelsorge in Bern (aki), Filmemacher.

Helmut Zander (geb. 1957), Dr. theol., Dr. phil., Professor für Vergleichende Religionsgeschichte und interreligiösen Dialog an der Universität Freiburg (Schweiz).

Register

Personenregister

Altizer, Thomas J. 219
Anselm von Canterbury 84, 217, 231
Aristoteles 23, 109, 118, 137
Augustinus, Aurelius 14, 27, 36, 40f., 104, 142, 144

Benedikt von Nursia 82, 130
Benedikt XVI., Papst 228
Benjamin, Walter 221
Bernhard, Thomas 143, 223
Blake, William 219
Bloch, Ernst 22–24
Bonhoeffer, Dietrich 112
Bono, Edward de 150
Boros, Ladislaus 24
Bours, Johannes 99
Bovon, François 29
Breuer, Josef 64
Buddha 29
Bultmann, Rudolf 214, 227
Bunge, Gabriel 23

Camus, Albert 24
Charcot, Jean-Martin 64
Chenu OP, Marie-Dominique 71f., 76
Clemens von Alexandrien 27

Descartes, René 11, 132, 138
Drewermann, Eugen 10, 13, 19, 29, 40, 42, 46, 48f., 63f., 67, 70, 73, 174
Dufner OSB, Meinrad 97
Dürckheim, Karlfried Graf 15, 26, 30, 91–105

Ebeling, Gerhard 227
Eckhart von Hochheim / Meister Eckhart 16, 22, 103, 142f., 146, 148

Elisabeth von Thüringen 222
Evagrius Ponticus 22, 26, 82, 103, 165, 193, 196
Evola, Julius 92, 95f.

Felder, Michael 19, 77
Franz von Assisi 22
Franziskus, Papst 8
Freud, Sigmund 64, 66f., 100, 107, 110, 113f., 120
Fordham, Frieda 113
Foucault, Michel 130
Furger, Franz 156–159, 161

Gadamer, Hans-Georg 43
Gebser, Jean 92
Giegerich, Wolfgang 123, 131, 133–139
Gnilka, Joachim 29
Goergen, Aloys 99
Goethe, Johann Wolfgang von 122
Goetz, Ronald 215
Gogarten, Friedrich 227
Gregor der Große, Papst 40, 205
Gregor von Nazianz 73
Gregor von Nyssa 27
Grün OSB, Sturmius 25
Grundmann, Walter 29

Haas SJ, Adolf 24
Haeffner, Gerd 79f.
Hage, Volker von 141f.
Handke, Peter 226
Häring, Bernhard 159
Hebel, Johann Peter 122
Hegel, Georg Wilhelm Friedrich 131, 134f., 212

Register

Heidegger, Martin 24, 37, 122, 142
Heraklit 109
Hippius, Maria 94, 97
Hölderlin, Friedrich 37f.
Hume, David 87
Huonder OSB, Quirin 24

Ignatius von Loyola 74, 76, 183
Irenäus von Lyon 68, 166

Jacobus de Voragine 226
Jäger OSB, Willigis 93, 99
James, William 79
Jaspers, Karl 24, 111
Johannes, Evangelist 36, 39f., 44, 60f., 68, 126, 210f., 228
Johannes XXIII., Papst 75
Johannes Cassian 26
Johannes vom Kreuz 197
John, Ottmar 221
Jonas, Hans 155
Jung, Carl Gustav 13, 26, 28, 32, 42f., 64, 92, 96, 99–102, 104–120, 123, 127, 131f., 136, 138, 164, 167, 199, 201

Kant, Immanuel 66, 87
Kast, Verena 63, 113
Keyserling, Hermann Graf 93
Krueger, Felix 95

Lange, Friedrich Albert 130, 133
Laotse 94
Lassalle SJ, Hugo (Hugo-Makibi Enomiya-Lassalle) 30, 93, 98
Lautenschlager, Bruno 123
Levinas, Emmanuel 202
Lévi-Strauss, Claude 67, 74
Lukas, Evangelist 33, 35, 37, 39f., 58, 126, 143, 164, 210, 227–229
Luther, Martin 22, 33, 69f.
Lutterbach, Hubertus 169
Luz, Ulrich 29, 75
Lux, Joachim 214

Mann, Thomas 142
Maria 32–34, 91, 102f., 105, 226

Markus, Evangelist 21, 39, 46f., 49–54, 126, 202, 209, 214
Matthäus, Evangelist 14, 29, 39, 48f., 54–59, 126, 164
Mead, George Herbert 143
Mill, John Stuart 153f.
Moreno, Jakob Levy 134
Moser, Tilmann 56, 59
Müller, Wunibald A. A. 109–111, 123, 131, 137
Mutter Teresa 196, 201

Newman, John Henry 88
Nietzsche, Friedrich 124, 136, 230f.

Origenes 27, 40, 42, 46, 48
Overhage SJ, Paul 24

Pachomius 26
Paulus, Apostel 14, 33, 39f., 44f., 61, 68, 102, 117, 191, 193, 211f., 228
Peng-Keller, Simon 197
Petrus, Apostel 61, 228
Pius IX., Papst 102
Platon 20, 126f., 137

Rahner SJ, Hugo 27
Rahner SJ, Karl 12f., 22, 25f., 31, 33, 72, 75, 80f., 83, 87, 101–104, 173, 177–179, 182, 229, 231
Ricœur, Paul 87, 90, 142
Ritschl, Albrecht 25
Ruppert OSB, Fidelis 26f., 97, 99

Sailer, Johann Michael 184
Schellenbaum, Peter 57
Schillebeeckx OP, Edward 25, 87f.
Schleiermacher, Friedrich Daniel Ernst 25
Schnackenburg, Rudolf 29
Scholl, Hans 206
Schoonenberg SJ, Piet 25
Schramm, Georg 205
Segundo SJ, Juan Luis 73
Sergius, Papst 226
Shih Chao-Hwei 30

Sokrates 137, 147
Stelzenberger, Johannes 159
Striet, Magnus 218
Sudbrack SJ, Josef 70, 99

Tauler, Johannes 83
Taylor, Charles 9f., 15, 144
Tertullian 132
Thomas, Apostel 220
Thomas von Aquin 68, 70, 127, 161, 205
Tillich, Paul 25

Tillmann, Fritz 159–161
Tolstoi, Leo 154
Tomberg, Valentin 93

Uhland, Ludwig 213

Venetz, Hermann-Josef 29
Verweyen, Johannes Maria 93
Vogel OSB, Bonifaz 97

Walser, Martin 141f.

Sachregister

Aggression 36, 52, 164f.
Aktivität / Passivität 13, 15, 44, 49, 85, 101, 120, 168, 192, 196f., 212
Angst 17, 29, 35f., 41, 51f., 55–59, 66, 89, 126, 147, 165f., 168, 200, 218
Archetyp 32, 92, 96, 100f., 114, 135, 194
Askese 18, 35, 78, 156f., 168f., 180, 227
Authentizität 9f., 18, 33, 79, 118, 136, 143, 146, 152, 162, 169, 177, 179, 182–186, 230

Barmherzigkeit 18, 164, 195, 219, 228
Bedürfnis 43, 83, 119, 136, 158, 177, 185, 190
Begleitung, geistliche 16f., 30–35, 49–52, 74, 85, 90, 94, 163, 167, 170–174, 177, 182–187, 223, 231
Benediktsregel 22, 49, 138, 181
Beziehung 9, 12, 17, 29, 45, 50f., 65f., 75, 116, 118, 153f., 166, 189, 202, 229
– Gottesbeziehung 48, 89, 117, 164, 179, 183, 218
Bibel 12, 14, 21, 25, 28f., 39–43, 46, 60–62, 69f., 73, 101, 120, 149, 164, 177, 208f., 217, 228
Bildhaftigkeit 12, 21, 27, 33f., 40–50, 58–63, 74, 101, 104, 110–114, 119, 121, 190, 200f., 227

Biografie 8, 12f., 18, 38, 71, 117, 119, 169, 214
Böse 14, 17, 25, 27, 70, 84, 101, 116, 119f., 181, 195, 205–222, 228f., 231

Compassion 71, 157f., 166, 210, 216, 219–221
Credo 34, 68, 107

Dämon 87, 114–119, 165, 190–194, 217
Demut 76, 82, 85–87, 147, 166f., 181f., 193
Depression 14, 29, 35f., 109, 127, 129, 138, 165
Dialog 8, 12, 24–28, 39f., 56–62, 67, 70, 112, 119–122, 157, 204, 228
Dogma / Dogmatik 15f., 22, 28–34, 39f., 78, 88–90, 98, 101–105, 135, 141, 207f.
Dualismus 208, 219f.
– Leib-Seele-Dualismus 123, 125f.

Einheitsstreben / Einswerdung 16, 81–85, 115–118, 144, 166, 231
Emotion 17, 32, 36, 51f., 65–67, 71f., 79, 82, 94, 110–121, 124, 135f., 143, 165–169, 179
Empathie 10, 12f., 17, 21, 63–67, 71, 76, 176, 210, 216

237

Empirie / empirische Wissenschaft 14, 108, 115, 128, 131, 135–137, 147, 155
Erbsünde 32–34, 44, 91, 102f.
Erfahrung
- Alltagserfahrung / Lebenserfahrung 16, 20–22, 27, 50, 111, 114, 120, 147, 163, 167
- religiöse Erfahrung 9, 16, 31, 43, 48f., 68, 70, 77–82, 85–90, 93–95, 105, 117, 143–147, 163f., 168, 170, 173, 202f., 206, 215, 218, 223, 231
Erkenntnis / Erkenntnistheorie 14, 63–67, 71–75, 81, 89, 146, 150, 177–180, 201, 220
Erlösung / Soteriologie 16, 25, 29, 32, 39, 73, 80–86, 89, 101f., 117, 157, 168, 188, 193, 198f., 204, 207, 219, 228
Esoterik 15, 91–96, 99, 102–105, 118, 228
Exegese 13, 21f., 40–49, 52–57, 61, 227
- bildhafte Auslegung 40, 47, 61, 63
- historisch-kritische Methode 13, 29, 42, 46, 57

Ganzheitlichkeit 92, 95, 101, 110, 115f., 122, 166, 181–189, 198, 201, 204
Gebet 9, 13, 15, 17, 26f., 34, 47–49, 120, 126, 159, 192–194, 204, 214, 218, 220, 223
Geborgenheit 16, 112, 146, 154, 174, 229
Geheimnis 30–32, 37, 68, 81, 84, 89, 122, 125, 132, 194, 206f., 212, 219, 226
Gehorsam 26, 68–70, 87
Gelassenheit 145, 147, 167f.
Gemeinschaft 9f., 45f., 70, 78, 88, 90, 117, 198
Gericht 15, 56, 70, 195, 208–210
Gewissen 35, 59, 69f., 87, 128, 142, 170, 178
Glück / Glückseligkeit 9, 17, 23, 30, 112, 154, 169, 183, 186, 219
Gnade 13, 45, 49, 68, 81f., 85f., 103
Gnosis 40, 44, 46, 228

Gott
- Gottesbild / Gottesvorstellung 16, 32, 55–58, 61, 84, 95, 114, 145, 168, 171, 191, 194–196, 202f., 210, 229f.
- Gotteserkenntnis 83f., 180, 190, 194
- Gottesferne / Gottlosigkeit / Gottverlassenheit 202, 209, 213–215
- Gotteskindschaft / Gottebenbildlichkeit 68, 84f., 158, 160, 169, 171
Häresie 91, 141, 204
Heil, seelisches / Heilung 16f., 21, 28f., 32–35, 39–41, 45–51, 64, 67f., 71, 74f., 77, 85, 103, 109, 114, 116f., 123, 130, 141, 147, 165, 169f., 188–202, 211, 214, 216, 223
Herz 9, 12, 23, 26, 37, 40f., 49, 51, 68–70, 81–89, 109, 134, 137, 168, 181, 225

Ideal / Idealisierung 10, 13, 20, 22, 109, 115, 117, 163, 167f., 172, 180f., 183, 186f., 227
Identität 35, 59, 67, 92, 115, 143, 145f., 154, 167–171, 175, 179, 190f., 220
Individualität / Individuum 15, 78, 86, 126–132, 141, 151, 153, 156–170, 175–179, 185, 190f., 202
Innenwelt / Innerlichkeit 15, 68, 74, 86, 104, 109, 140, 145f., 189

Jugend 8f., 28, 78

Kirche 9, 12, 44, 59f., 69, 75, 89, 122, 150, 159, 172–177, 187, 222, 226f., 231
Kirchenväter 22f., 27, 34, 37, 40, 118, 198, 227
Kommunikation 11f., 14, 17f., 53, 70, 152, 170, 184f.
Krankheit 21, 32, 45, 47, 51, 55, 58, 64, 107, 114, 116, 136, 161, 165, 181, 194f., 229f.
Kreativität 109, 113–115, 134, 139f., 166, 175

238